EVA 业绩考核
理论与实务

赵治纲　编著

经济科学出版社

图书在版编目（CIP）数据

EVA 业绩考核理论与实务 / 赵治纲编著 . —北京：经济科学出版社，2009.3

ISBN 978 - 7 - 5058 - 8010 - 8

Ⅰ. E… Ⅱ. 赵… Ⅲ. 企业管理—经济评价—研究 Ⅳ. F272.5

中国版本图书馆 CIP 数据核字（2009）第 030457 号

责任编辑：卢元孝
责任校对：王凡娥
技术编辑：潘泽新

EVA 业绩考核理论与实务
赵治纲 编著
经济科学出版社出版、发行 新华书店经销
社址：北京市海淀区阜成路甲 28 号 邮编：100142
总编室电话：88191217 发行部电话：88191540
网址：www. esp. com. cn
电子邮件：esp@ esp. com. cn
北京密兴印刷厂印装
880 × 1230 32 开 11.5 印张 310000 字
2009 年 3 月第 1 版 2010 年 6 月第 2 次印刷
印数：5001—9000 册
ISBN 978 - 7 - 5058 - 8010 - 8 定价：28.00 元

前　言

　　EVA 是英文 Economic Value Added 的缩写，即经济增加值，1982 年由美国思腾思特公司（Stern Stewart & Co.）提出，其核心理念为：一个企业只有在其资本收益超过为获取该收益所投入资本的全部成本时才能为企业股东带来价值。重视资本成本特别是权益资本成本是 EVA 的明显特征。EVA 既是一种有效的公司业绩度量指标，又是一个企业全面管理的架构，是经理人和员工薪酬的激励机制，是战略评估、资金运用、兼并或出售定价的基础。由于 EVA 在业绩评价和管理理念上的突出优点，国际知名公司纷纷引入，取得了卓著成效。但 EVA 在我国还是一个新概念，无论是理论研究还是实践探索都处于起步阶段，如何将这一先进的理念和管理方法引入我国，建立适合我国企业的 EVA 管理体系，是一个重要的研究课题。

　　业绩考核是一门科学，也是一种艺术，如何科学合理地对国有企业负责人的业绩进行考核，是一个必须认真对待和积极探索的问题。在中央企业负责人第一任期（2004～2006 年）前，各主管部门对中央企业也有不同形式的考核，但这些考核多是行政性的，缺少系统性和科学性。在这种背景下，中央企业负责人的动力更多地来自于自觉性和责任感，缺少比较，缺乏量化标准。2007 年 1 月，国务院国资委颁布的《中央企业负责人业绩考核暂行办法》，首次把 EVA 引入业绩考核体系。中央企业负责人第二任期（2007～2009 年）业绩考核办法提出，凡企业使用 EVA 指标，并且 EVA

比上一年有改善和提高的，给予奖励。2007 年纳入国资委考核的 138 家企业中，有 84 家选择了 EVA 指标，部分董事会试点企业也开始采用经济增加值考核。按照国务院国资委的要求，从 2010 年第三任期起，中央企业将全面实行 EVA 业绩考核。

本书对 EVA 的概念框架进行了系统介绍，对新会计准则下 EVA 的调整事项和调整方法、如何建立基于 EVA 的业绩评价体系、薪酬激励体系和企业财务战略以及我国企业建立 EVA 业绩考核体系的对策等进行了全面阐述，为企业建立 EVA 业绩评价体系提供了一个较为完整的解决方案，具有很强的实用性和可操作性。

本书内容共分 9 章，主要包括 EVA 的概念框架、新会计准则下 EVA 的会计调整、EVA 的功能和评价、EVA 与平衡计分卡、我国业绩评价现状与问题分析、建立基于 EVA 的业绩评价体系、薪酬激励体系和企业财务战略、我国企业建立 EVA 业绩考核体系的对策和建议等。本书不仅可以作为业绩评价工作人员业绩考核的实用指南，也可以作为高等院校人力资源管理专业、财务会计专业教学的参考用书，同时还可以作为企业进行 EVA 培训的教材。

在本书的编写过程中，虽然作者尽力做到内容全面、举例贴切、结构严谨，但限于水平，难免会存在一些不足，恳请学界同仁不吝指正，以便今后修改和完善。

赵治纲　博士

2009 年 2 月 10 日于财政部科研所

目　　录

第一章

EVA 概念框架

第一节　企业经营目标：股东财富最大化

　　企业目标是在分析企业外部环境和内部条件的基础上确定的企业各项经济活动的发展方向和奋斗目标，是企业经营思想的具体化，企业目标为企业决策指明了方向，是企业计划的重要内容，也是衡量企业绩效的标准。

　　企业目标是企业经营思想的集中体现，企业经营思想是企业开展经营活动的指导思想和理念。企业经营思想和理念随着时代的变迁而不断变化，企业的目标也在随着企业界经营指导思想和理念的变化而不断演变，传统的企业目标定位在利润最大化上，这种观点认为，企业是经济组织，其生存的目的就是追求利润最大化。在完全竞争的市场环境下，企业在追求自身利益最大化的同时，通过市场"看不见的手"的引导，实现资源配置的优化，从而实现全社会的公共利益最大化。

　　企业目标是我们研究价值创造的出发点。如果企业目标不清晰，或者根本就不知道企业存在的目的的，那就无从谈起企业的价值创造。因为价值创造有它的服务对象，即为谁创造价值，企业的目的是什么。显然，企业的目标就是价值管理的根源。

那么，企业的目标是什么？回答这个问题的前提是回答企业的产权问题。只有明确企业为谁所有，企业所有权处置者的目标是什么，才能分析企业的目标是什么，这是一个紧密相连的问题。上市公司是公众公司，所谓公众公司，在国外公司立法和实务中，是指公司股份在股票交易所进行交易的公司。对于上市公司而言，股东数量极其地多，其存在的目标到底是什么，相对于一般公司而言，显得更为复杂。

现在企业理论关于产权问题主要有两大学派：占主流地位的产权（property rights）学派和当前发展迅速的利益相关者（stakeholders）学派，相应地就形成两种不同的企业目标。前者主张企业由股东所有，企业的剩余索取权和剩余控制权应该由股东享有，委托代理理论（principal-agency theory）是其核心理论，企业的目标主要是股东财富最大化（shareholder wealth maximization）。持这种观点的有阿尔钦和德姆塞茨（Alchain & Demests，1972）、曼内（Manne，1965）、詹森和麦克林（Jesen & Meckling，1976）、哈特（Hart，1995）和张维迎（1999）。后者主张股东、债权人、员工、消费者、供应商、社区等利益相关者对企业拥有共同产权，认为利益相关者理论是解决公司治理问题的核心理论，企业的目标主要是利益相关者财富最大化（stakeholders wealth maximization）。持这种理论观点的有布莱尔（Blair，1999）、弗里曼（Freeman，1984）、米歇尔（Mitchell，1997）以及杨瑞龙和周业安（2000）。

一、价 值 最 大 化

企业的目标是什么？这个看起来简单的问题对企业管理实践却有着很重要的影响，比如公司治理、公司的业绩考核方法。对此有两种基本回答：一种是价值最大化。"企业价值"指的不仅是股权价值，而是包括了对企业所有的经济要求权——债权、认股权、优先股权和股权。另一种回答是基于"利益相关者理论"。该理论认为管理人员的决策应基于企业所有利益相关者的利益。利益相关者包括所有可以有效影响企业财富或被企业有效影响的个人或组织。这里不仅包括能对企业提出经济要求权的主体，还包括员工、客户、社区和政府官员。

迈克·C·简森（Michael C. Jensen）认为："利益相关者理论并不合乎逻辑，因为它没有给出一个有关公司目的和目标函数的全面阐述。具体来说，价值最大化为管理层指出了一个单一目标，而利益相关者理论要让管理层服务于众多主体，当众多主体存在时，没有人能够得到公正报答。没有一个单元的目标来阐明企业任务，企业运用利益相关者理论会产生困惑、冲突、效率低下、甚至竞争失败。"那么企业管理层能否忽略利益相关者的利益而实现价值最大化的目标呢？答案是否定的，为了最大化价值，企业管理层不仅要满足利益相关者，而且要得到所有企业利益相关者的支持。

产权理论学派认为，股东是企业的所有者，股东出资创办企业的目的就在于让企业为其创造价值、实现股东财富最大化，因此企业的剩余索取权和剩余控制权都应由股东享有。显然，企业的目标就是股东财富最大化，这是股东一切决策的基础。当然，企业价值最大化也是该学派认可的一个目标。国内学者冯静（2000）和邹树平（2002）认为股东财富最大化和企业价值最大化有很大的区别；美国学者哈伊姆·利维和马歇尔·撒奈特（Haim Levy & Marshall Sarnat, 1986）在一定的假设条件下，运用数学证明论证了两种提法的实质都是股东财富最大化；国内著名学者余绪缨（1996）认为两者是完全相同的概念。尽管如此，产权学派对企业产权的认识是明确的，即股东拥有产权。无论是股东价值最大化还是企业价值最大化，都强调股东对于企业的剩余索取权，显然股东利益导向是该理论的根本。企业的目标是为股东创造价值和财富。

股东财富最大化是企业的根本目标（见图1.1）。股东财富最大化是企业财务管理的最终目标和出发点。

图 1.1　企业财务管理目标

从财务管理的角度看，股东是企业的实际投资者，因此无论从形式上还是法律上，股东都是企业的所有者。股东之所以创办或者投资企业，唯一的目的是为了获利，得到投入价值的增值，直至投入价值的最大化。

从经济学的角度看，基于经济人要求自身利益最大化的假设，股东拥有企业，企业的目标必然是为股东服务，以使用股东投入资源为限，最大限度地为股东创造价值。这一点不论是在个体企业、合伙企业、有限公司还是股份公司，也不论是在股东实际经营企业还是两权分离实际由股东聘任的经理人经营企业的情况下，都是整个市场经济运行的基础。

二、利益相关者理论

美国斯坦福大学战略研究所（1963）率先提出了企业的利益相关者概念，认为企业是一系列利益相关者的集合。弗里曼（1984）第一次将利益相关者理论作为一个完整的企业理论提出，认为公司应该是一个平衡利益相关者的工具，而且必须强调公司的社会责任。美国布鲁金斯研究所（Brookings In.）的重要著作《所有权与控制权：重新思考 21 世纪的公司治理》认为将股东视为企业的所有者是一个错误，公司经理必须对企业的长远发展和全部利益相关者负责。

具体而言，利益相关者理论认为企业是一系列契约关系的集合体，企业涉及相关利益索取者，只有满足各种利益相关者的利益要求，企业才能可持续发展。这种理论所论及的利益相关者不仅包括企业的法律所有者——股东，还包括员工、经营者、客户、消费者、债权人和社会等。按照这一理论，企业实际上就是股东、债权人、员工和社会等一系列利益相关者之间缔结的一系列契约的集合体，既然或多或少存在一定的契约安排，而且各利益相关者已经以各种方式向企业投入了一定生产要素，因此企业利益相关者必然有对企业产出利益的索取权。布莱尔（1995）认为，除了股东之外，企业的供应商、债权人、消费者、企业雇员都向企业投入了专用性资源，都做出了特殊的投资，从而承担企业经营的风险。另外，风险承担者应该获得风险的控制权，所以，那些向企业提供了专用性资源并承担企业经营风险的利益相关者都应该分享企业的剩余索取权和剩余控制权。

由此，利益相关者理论提出的企业目标是利益相关者财富最大化或者利益相关者价值最大化。

（1）利益相关者理论认为，即使将股东财富最大化作为唯一的目标，也并不能真正为股东创造价值。因为无论理论还是实践都证明，现代两权分离的公司治理条件下，股东并不具备足够力量控制企业的实际经营者，很难有效防止公司的资源被滥用，而且来自市场的压力也可能导致经营者的短期行为。

（2）利益相关者理论强调公司的目标是为社会创造财富，而不是单纯为股东创造财富。布莱尔（1995）认为，"这种认为公司在最大化股东回报之外还应该拥有部分社会目标的观点毕竟在竞争中生存下来了，而且还使那些率先思考公司治理问题的人对于公司的目标问题形成了一种新的认识，这一新的观点是：公司的存在是为社会创造财富"。

（3）利益相关者理论认为股东以外的其他利益相关者，特别是公司的经营者和员工可能是比股东更有效的公司经营者。一方面，现代公司股东的高度分散会导致"搭便车"行为，从而使大股东失去监管动力；另一方面，很多外部股东并不了解企业内部信息，因此很难做出正确的决策。

如何对经营者进行有效的激励和约束，一直是西方企业理论研究中的核心问题。不少学者对这一问题进行了深入研究，提出了种种理论。虽然这些理论是针对西方企业提出来的，但其中包含的许多一般性原则，具有相当的普遍性，对在社会主义市场经济条件下建立健全激励约束机制具有启发和借鉴意义。

三、建立基于 EVA 的财务管理理念

尽管财务理论界对财务管理目标还存在争议，但普遍的观点认为财务管理的目标之一是实现资本增值利润最大化。传统财务管理目标理论势必受到挑战。现代企业财务管理要求企业建立以价值管理为核心的财务管理体系。价值管理是一个综合性的管理工具，它既可以用来推动价值创造的观念深入到公司各个管理层和一线员工中，又与企业资本提供者（包括企业股东和债权人）要求比资本投资成本更高的收益的目标相一致，从而有助于实现企业价值和股东财富的最大化。因此，企业管理层应当建立创造 EVA 的理念，将企业财务管理的中心转向 EVA 指标，从而设计一套以 EVA 为核心的财务和非财务业绩评价指标体系，作为管理层为实现战略目标而应当实现的指标。

作为公司治理和业绩评估标准，EVA 正在全球范围内被广泛应用，并逐渐成为一种全球通用的衡量标准。EVA 被《财富》杂志称为"当今最为炙手可热的财务理念"。但是，EVA 不仅是一种有效的公司业绩度量指标，还是一个全面财务管理的架构，是经理人和员工薪酬的激励机制，是决策与战略评估、资金运用、兼并或出售定价的基础理念。将 EVA 价值与业绩考核挂钩，就构成了EVA 管理模式。

思腾思特公司认为，目前的企业财务控制系统是以传统的会计和预算程序为基础，而传统的预算目标会导致管理行为方面的问

题。因此，EVA 的目的在于完全消除财务管理中的主观性。通过将预期的业绩由内部的预算标准转变为外部以市场为基础的价值增值要求，将有助于减少采用传统会计和预算程序在标准制定过程中出现的"讨价还价"和其他的"粉饰"行为。EVA 的实施可以形成一个"用于指导和控制公司的经营和战略的财务政策、财务程序、财务指标和业绩评价方法的集合"的财务管理系统，包括"设立和宣传对内对外的财务目标；评价短期利润计划和长期战略规划；分配公司资源，决定是购买新的设备，还是收购或出售一家子公司；从财务角度评价经营业绩；根据现有业绩，追溯导致这种业绩的战略和经营因素，为改进管理提供依据"。因此，从根本上说，EVA 是一个以薪酬激励计划为核心、为各个方面的决策提供依据的财务管理系统。但是，实施 EVA 财务管理系统有几个前提：一是进行激进的分权，即授予经营单位经理进行更多的决策权；二是要求要有严格的组织结构，将经理转变为准所有者（quasi-own-ers），这是通过 EVA 激励系统的实施来实现的；三是以 EVA 为业绩的最终裁决者。

　　这条途径在实践中几乎对所有组织都十分有效，从刚起步的公司到大型企业都是如此。EVA 的当前的绝对水平并不真正起决定性作用，重要的是 EVA 的增长，EVA 连续增长才能为股东财富带来连续增长。

第二节　EVA 的起源与发展历程

一、EVA 产生的背景

（一）EVA 产生的经济背景

企业是社会经济活动的细胞，是社会财富的源泉。居民为了自我生存的需要，产生了政府；为了满足物质生活的需要，产生了企业。可见企业在社会机体中是非常重要的。早期的企业因其规模较小、工艺简单，一般都是个人独资企业，自己投资，个人或家庭成员集体经营，所有权与经营权集中。后来，随着经营规模的逐步扩大，特别是工业革命以来，家庭作坊式企业显然已不适应生产力发展的要求，在此情况下，出现了几个人共同经营的合伙企业。合伙企业是几个人共同出资、共同经营的企业，其经营权与所有权也没有分开。随着生产力进一步发展，产生了公司制企业新的组织形式。公司制企业就是以公司制进行生产和经营，并按投资人的投资份额承担风险和参与分配的一种企业制度。与家族式私人资本相比，公司制企业的资本提高了资本占有和使用的社会化程度，使原来一个个独立的私人资本联合起来，并具有一定的社会性。公司制企业与以上两种企业组织形式相比，最大区别是所有权与经营权分开。一般来说，投资者不具体管理经营企业，而委托具有经营才能的企业经营者经营企业，实现人力资本与货币资本的最佳结合。

公司制是现代企业制度的一种有效的组织形式，法人治理结构是公司制的核心。两权分离的法人治理结构是以货币资本为中心提出来的，主要是说出资人提供货币资本，行使所有权，而运作这些资本的人为经营者，行使经营权。出资人作为资金提供者，是企业资产的所有者，应该是企业最高权力的中心。但公司制企业因股东多，且较为分散，所以一般选举产生股东大会，并在此基础上选举产生董事会。董事会为公司的决策层，日常经营管理权则由企业经营班子行使。企业经营者由董事会聘任，为企业经营行为的执行层。为保证企业能维护全部股东及利益相关人的利益，由股东大会和企业职工大会推举监事会成员，对企业行使监督权。这种结构就是公司制企业的法人治理结构，因为它规定了相关人的职责和权利，用这种结构保证了企业健康生存和发展。不同的阶层或人员为一定经济利益而工作，激励机制对维护制度正常运行非常重要。

从理论上说，家族企业与现代公司各有利弊。现代公司由于所有者、经营者两权分离，所有者与经营者之间形成委托代理关系。对所有者来说，这里面就有一个代理成本问题，如所有者对经营者的监督成本、经营者偷懒给企业造成的损失、经营者损公肥私给企业造成的损失等。家庭企业虽然所有者与经营者合二为一，融资功能不强，但能省去代理成本。然而，由于受企业的经营者思维方式、能力等限制，容易造成决策失误，也会给企业造成损失。一个企业选择运用哪种形式，应该比较哪种形式可以使自己企业的损失降到最低。在公司制企业制度下，股东为企业提供了财务资源，但是他们处在企业之外，只有经营者在企业里直接具体地从事财务管理工作。股东是企业所有者，其目标是使股东财富最大化。股东委托经营者代表管理企业，为实现他们的目标而努力，但经营者的目标和股东的目标并不完全一致。经营者的目标一般有增加薪金、增加闲暇时间、减少风险等。如一个企业裁员就可以增加股东的财富，但经营者一般不会主动去干，因为这可能造成经营者与员工的冲突，对经营者本身利益没有好处。因此股东要实现自己的目标，应该诱使管理人代表股东的利益，股东付出监督成本，以使管理人对股东负责，解决代理成本问题。因此，法人治理结构的进一步发展要求企业采取一种措施，减少代理成本，使企业经营者能站在股东的利益上考虑问题。在这样的经济环境下，企业采取新的业绩度量模式和激励机制是经济发展到一定阶段的产物。

（二）EVA 产生的管理背景

企业制度决定了激励方式。如前所述，在古典企业制度下，业主制、合伙制的企业里，经营者与所有者合二为一，因此不需要激励制度。在现代企业制度下，企业的所有权与经营权分开，所有者与经营者不是一体或不完全是一体，产生了职业经理阶层，应该对经营者进行激励，同时赋予经营者一定的权力，对员工进行激励像一台演出，所有者提供资金搭建舞台，职业经理层为导演，员工就是演员，演好一台能够吸引更多观众观看的戏必须有导演的精心指挥策划，同时又要有优秀员工的尽力表演，所有这些，都需要进行激励。而建立现代企业制度的一个重要内容，就是要建立一个与企业经营发展相适应的内部激励机制和利益约束机制。

现代企业制度下，要求建立一种符合资本效率有效发挥的新型激励机制。也就是说，要在保证所有者财富增加的前提下，将创造的价值部分地奖励于经营者或员工，同时也让他们承担更多的风险。这是一种将人力资本与货币资本有效结合的新激励形式。

建立与现代企业制度相符合的激励机制，要求设计一种随时间而延续的激励机制。因为企业的发展在不断延续，过去的一些激励措施，如年薪制、奖金、工资等方式都是一个静态存量激励，不能将企业的收益风险同经营者的收益风险紧密结合起来，激励机制需要使用一种延滞的奖金指标。而 EVA 是一个流量指标，将它作为激励中的依赖变量正符合这种要求。如果每年的 EVA 改善未能持续，这种奖金就是不确定的，还可能受到损失，这是一种带有风险价值的奖金，并且将 EVA 与股票期权等激励方式相结合，更能体现人力资本价值的要求。

二、EVA 的发展历程

由于传统财务管理与财务战略的固有缺陷以及企业财务战略在制定与实施中的困境，近些年以来越来越多的企业开始从价值创造的角度研究财务战略的制定与实施，其中，EVA 便是一种新的思维与有益的尝试。

20 世纪 80 年代，随着保障股东权益活动的高涨，企业经营的目的是使股东权益最大化观念的强化，EVA 迅速风行欧美，引起企业界和学术界广泛关注。在众多国际性大公司中，EVA 正取代传统会计业绩评价指标成为衡量企业经营业绩的主要标准。EVA 不是一个新概念，EVA 只不过是对经济学家的"剩余收益"概念的发展，并且有可操作性和高度灵活性。作为一个经济学概念，尽管经济学家们对经济增加值的理论和实践做了不少的探讨，但真正成为现代公司的一种理财理念经历了一个长期的探索过程。

在 20 世纪 40 年代，一些西方会计学者就将一系列未来现金流的现值重新表述成目前账面价值与未来剩余收益（residual income）的现值之和（Preinreich，1938；Edwards and Bell，1961；Peasnell，1982）。这种方式将企业的价值表示为投入资本和未来的经营活动中创造的新增价值的折现。企业价值等于初始投入资本所有未来的新创财富的折现值。它的核心思想是，企业的价值就在于其增值的能力。奥尔森（1989，1995）、费尔森和奥尔森（1995，1996）对该方法进行的理论分析使其可信度和应用性日益增长，目前它已成为在以资本市场为基础的财务会计研究领域中的一个重要框架。在 1950 年，伊莱克特里科（Electric）提出了剩余利润的名词，并用于绩效评估。

在企业界，一些大公司自觉或不自觉地采用了 EVA 的理念，最早引入经济增加值思想的是美国通用汽车公司。1922 年，通用汽车公司在运营部门实施了类似 EVA 的管理体系。按照奖励方案，管理人员可以获得超出 7% 的资本回报之后全部利润的 10%。亦即通用汽车公司从税后利润中提取相当于其资产 7% 的资本费用，剩余的利润 10% 作为奖励基金，为有资格的员工发放奖金。这一方案一直实行到 1947 年开始实施购股期权制度以后才停止。20 世纪 30 年代，日本的松下公司也创立了一个类似的管理体系，通用电器公司 50 年代也有类似的做法。20 世纪 50 年代美国杜邦公司开始使用剩余收益概念，EVA 正是剩余收益概念的进一步发展。

EVA 从剩余收益的概念发展成为现代公司的一种理财理念，诺贝尔经济学奖获得者默顿·米勒（Merton Miller）和弗兰科·莫迪里阿尼（Franco Modigliani）功不可没，二人于 1958～1961 年发表的一系列关于公司价值模型的论文为 EVA 奠定了理论基础。他们与斯坦福大学的威廉·夏普共同致力于公司价值评估理论的研究，通过对股票表现和企业价值关系的探讨，指出经济收益是公司创造价值的源泉，临界回报率（资本成本）是由投资者假设所需要承担的风险决定的。但是米勒和莫迪里阿尼没有提供一种衡量公司经济收益的技术。1965 年，沃顿商学院的戴维·所罗门（David Solomons）将剩余收益引入业绩衡量，推动了 EVA 的发展。

首先引入 EVA 定义，并将其作为公司管理评价工具加以发展和推广的是美国思腾思特公司的约尔·思腾恩和贝内特·思图尔特。两人是思腾思特公司的创始人和高级合伙人。1976 年他们一道共同开始了公司价值评估方面的探索，提出了一系列问题：是什么因素影响公司的市场价值？投资者看重的到底是什么？是收益，股利，增长，回报，还是现金流？高级管理人员如何能够保证公司的目标设定、资源分配、绩效评估，从而可以给公司、客户和股东带来最好的结果？按照传统会计理论，企业的市场价值主要基于每股盈利和市盈率水平，要增加股东手里的财富，就应提高每股盈利以使股价升高。两人没受这种惯性思维的约束，而是将思想扎根于公司的经济模型而不是会计模型，认为公司的资本结构、价值评估、股利政策等重点应放在现金流上，尤其是未来自由现金流的净现值上面。

真正导致 EVA 在观念和实践层面产生突破的，是对可口可乐公司的业务重组。可口可乐公司为了增强竞争力，决定从罐装生产商中购回特许生产线，进行专业管理。公司请思图尔特评估了罐装业务价值后，把罐装厂购买下来，安排了新的管理者。财务总监拉里·考哈特（Larry Cowhardt）向思图尔特提出了新的问题："我们已经为新装的罐装线安排了合适的人，但怎样激励以确保尽其所能地创造出价值呢？"思图尔特进行了深入思考，认为：虽然在评估罐装线的价值时用的是现金流的概念，但在确定罐装线经理们的奖金时，应该采用经济利润的概念，他称之为 EVA。如果投资有好的回报，而且利润的增长超过了资本成本，EVA 就会提高；反之，如果投资带来的收益无法弥补资本成本，即使会计利润看起来不错，EVA 也会降低。如果能够通过奖金的方式让罐装厂的经理们分享到所创造的 EVA，就会有动力更明智地运用资产，并确保其投资增加价值。可口可乐公司采纳了思图尔特的意见，实施了 EVA 管理体系，取得了很好的效果，后来 EVA 在可口可乐公司全面推广。

思腾恩和思图尔特预见到了 EVA 潜在的巨大价值，1982 年共同创立了思腾思特公司，总部设在纽约，1989 年推出了 EVA 概念并在美国、加拿大、澳大利亚、法国、墨西哥、英国、中国等 22 个国家注册了商标。作为企业财务和管理咨询顾问机构，该公司已发展成为著名的国际咨询公司，目前在全球设有 13 个分公司、4 个代表处。公司的全球 EVA 项目重要客户有 400 多家，其中有美国可口可乐公司、日本索尼公司、德国西门子公司、美国邮政总署和新加坡航空公司等。公司还对全球 10 多个国家的上市公司进行 EVA 和 MVA 排名，并在各国的主要商业报刊上公布。

思腾思特公司于 2001 年 3 月进入中国开展业务，传播 EVA 价值管理理念。2003 年 9 月，公司与中国本土管理咨询公司——远卓管理顾问合作，成立思腾思特远卓管理顾问公司（Stern Stewart Bexcel），为中国企业提供价值管理咨询服务。自 2000 年开始，公司与《财经》杂志合作，推出了《中国上市公司财富创造与毁灭排行榜》，引起了社会各界的巨大反响，推动了 EVA 在中国的传播。

EVA 在国外已经有近 20 年的历史。EVA 的普遍应用使之成为评估公司业绩的重要标准，受欢迎的程度超过其他绩效评价手段。这些评价手段有 Boston 咨询组 Holt 价值协会的 CFROI（投资现金流回报率）、Alcar 的 DCA（折现现金流分析）、Marakon 协会的 EP（折现经济利润）以及 KPMG Peat Marwick 的 EVM（经济价值管理）。EVA 的倡导者认为："收益，每股收益，以及收益增长率扭曲了企业的业绩评价"，所以主张"摒弃每股收益指标"，并认为"最好的实用业绩评价工具是 EVA"（Stewart，1991）。《财富》（1993）称 EVA 为"创造财富的钥匙"。塔利（Tully，1993）认为 EVA 是"当今最热门的财务理念，而且会越来越热"。Scott Paper 公司的 CFO 巴兹尔·安德森（Basil Anderson）称 EVA"将所有业

绩评价工具集于一体"。AT&T 公司通讯服务部的 CFO 米南
（Meenan）称"所有的决策现在都基于 EVA"（Walbert，1994）。
一些著名的媒体如美国的《财富》杂志、英国的《星期天泰晤士
报》、《金融时报》、法国的《L'Expansion》、德国的《资本》杂志，
以及日本《日经》期刊，都大量刊文对 EVA 给予肯定。许多大型
投资机构如 CulPERS、Oppenheimer Capital 都深信 EVA 计划的巨大
价值。来自一些著名公司如 Credit Suisse First Boston、Goldman
Sachs ABN、AMRO 及 Banque Paribas Nomara Nikko 的证券分析师们
都能训练有素地分辨哪些是真正的 EVA 公司。

思腾思特公司进行的一项调查显示，应用了 EVA 概念的 66 家
美国上市公司的股东在 5 年内所获得的总回报比投资相似市值的同
类企业高出 49%，而对全面应用 EVA 员工激励机制的公司的股权
投资 5 年内所获得的回报要比同类投资高出 84%。EVA 帮助公司
增加了财富，实行 EVA 的公司也对 EVA 予以高度评价。

瑞士信贷第一波士顿认为：经济增加值体系能显著减少经营和
财务风险，使投资者能更好地衡量收益的数量和持续性。在所有财
务评估标准中，它最能体现股东权益的增值。所罗门联邦认为：经
济增加值不仅致力于股东权益增值的管理问题，也有助于投资者和
管理者衡量、观察以及理解影响公司业务的积极或消极的内在价值
因素。

彼得·德鲁克对 EVA 赞赏有加，认为 EVA 反映了管理价值的
所有方面，是一种度量全要素生产率（total factor productivity）的
关键指标。只有企业获得了超出资本成本的收益，才可以说企业盈
利。EVA 为这个观点建立了完整的体系。

目前国际上将 EVA 的研究大体分为三个阶段：

第一阶段，EVA 与现金流折现表示的企业价值关系研究。主
要代表作品包括普雷里奇（Preinreich，1938）、爱德华（Edwards）
和贝尔（Bell，1961）、皮斯奈尔（Peasnell，1982）和奥尔森
（Ohlson，1995）。基本结论是：在满足"净盈余会计（clean sur-

plus accounting）"的前提下，企业价值可以表示成剩余收益（RI）、期初账面价值和资本成本率的函数。普雷里奇（1938）、爱德华和贝尔（1961）以及皮斯奈尔（1982）的研究是基于整个企业生命周期背景下多期间人工和价值的关系，奥尔森（1995）则试图揭示单一期间剩余收益（RI）和价值的基本关系。经过这些研究，会计指标和价值的数量联系得以确立。20 世纪 90 年代之后，思图尔特（Stewart，1991）、陈（Chen，1997）、多德（Dodd，1997）等对 EVA 和企业价值关系进行了大量的实证研究。基本方法是选取企业样本，进行统计分析，来考察 EVA 或者 EVA 变动同股价或股价变动的关系。尽管用演绎方式推导出来的 EVA 和价值的数量关系已无人提出异议，但实证研究的结论却并不统一。

第二阶段，EVA 作为业绩评价指标的可行性研究。里米（Rmey，1969，1973）和汤金（Tomkin，1973，1975）就"是否应计算股权资本利息"、"是否应该让二级经营单位具备资本控制权"等问题展开了一系列争论。20 世纪 90 年代后，随着剩余收益与价值的数量关系越来越得到认可，新一轮的研究再次开始，代表人物有埃金顿（Egginton，1995）、布拉米奇（Bromwich）和沃克（Walker，1998）、杰夫雷（Jeffery，1999）等，他们从剩余收益与投资项目净现值（NPV）关系入手，探讨了剩余收益在业绩评价中的应用。

第三阶段，EVA 被引入激励合同后，EVA 与代理成本、股东经理人博弈关系的研究。代表人物包括罗杰森（Rogerson，1997）、蒂姆·鲍尔德缪斯（Tim Baldenius）等。这些研究均以委托代理理论为基础，借鉴委托代理理论的基本分析框架，通过构筑经理人和股东效用函数，分析剩余收益作为经理人考核指标情况下的代理问题。在一系列复杂的假设下，这些研究较统一的一个结论是：剩余收益作为考核指标时，可以使代理成本最小。

第三节　与 EVA 相关的概念比较

一、经济利润、会计利润与 EVA

（一）经济利润与会计利润

经济学上对收益理论的研究起因于 18 世纪中期对国民财富形成原因的研究，从这一动因出发，亚当·斯密在《国富论》中把收益定义为，"财富的增加"，并认为只有资本才能带来收益。以后的经济学家大都继承并发展了这一观点，如英国著名经济学家阿尔弗雷德·马歇尔（Alfred Marshall）于 1890 年为经济利润提出如下定义："从利润中减去其资本按照当前利率计算的利息之后所剩余的部分可被称为企业所有者的管理盈余（earnings of undertaking or management）。"英国古典经济学家约翰·希克斯于 1946 年在其《价值与资本》中提出了利润概念。他认为，利润是在期末与期初同样富足的情况下，利润主体可以在该期间消费的最大数额。在经济学家看来，富足可以用资本保全加以平衡，利润实质上是在保全（即保值）资本的前提下所能消费的价值，也就是实际物质财富的增加，即资本的增值。

经济利润具体表现为收入超过实际成本和隐含成本的剩余。隐含成本是指企业所有者自己提供资本、自然资源和劳动的机会成本。由于经济学家考虑的是资源的有效配置问题，也就是把资源用在能使他们的所有者所付代价最小的用途上，而保证做到这一点的手段是必须考虑每项资源的机会成本，这种利润能够表明企业投入资源这一方案比投入其他方案可获得多少净收入，经济利润是企业投资资本收益超过加权平均资本成本部分的价值。其计算过程如下：

$$经济利润 = (投资资本收益率 - 加权平均资本成本率)$$
$$\times 投资资本总额$$

传统的会计利润忽略了资本需求和资本成本，而价值管理要求将管理的中心转向经济利润指标。计算经济利润的目的是为了实现资源的最优配置，从经济上判断方案的优劣。因此，企业管理层应当建立创造经济利润的理念。

会计利润的含义与经济利润不同。会计利润是按照一定的程序和方法计算的，是配比结果，是企业在一定时期实现的收入，与为实现这些收入所发生的实际耗费相比较而求得的。从会计报表来看，会计利润是企业期末净资产减去期初净资产的差额。而从收入中减去实际发生的成本，即会计成本。会计成本是会计在账簿上记录下来的成本，这一成本并没有反映资产的经济价值。且更重要的是，会计成本只反映使用企业资源的实际货币支出，由于忽略了权益资本的隐含成本，没有反映企业为使用这些资源而付出的总代价。

经济利润由于考虑了资源应用的机会成本，能够指引人们把资源用于最优价值，即资本能够实现最大增值获利的地方。正因为如此，经济利润是资本增值经营决策的基础，随着企业资本经营概念的引入和增值经营活动的开展，会计在计划和决策中的作用不断加强，这就要求会计在确认会计利润的同时，还应根据现实需要估测经济利润。EVA 就是采用了经济利润取代了会计利润的概念，具有极大的优势。

（二）EVA 与经济利润

EVA 所考虑的增值，是基于经济利润的基础上的，由于考虑了资本成本（机会成本），EVA 既可以用于对高层经理及企业员工的业绩评估，也可用于具体的增值经营决策分析。

EVA 是企业管理、财务会计的一个新名词。但 EVA 概念并不是一个全新的创造，其思想源于经济利润（economic profit）基础

之上的剩余收益（residual income）法。在某种程度上，可以说
EVA 是剩余收益的一个新版本（Makelainen，1998）。按照华莱士
（Wallace，1997）的说法，剩余收益法可以追溯到阿尔弗雷德·马
歇尔（Alfred Marshall）。1890 年，马歇尔提出了经济利润的概念，
并认为一家公司要真正盈利，除补偿该公司的经营成本外，还必须
补偿其资本成本。

芬兰学术界和财务部门于 20 世纪 70 年代开始探讨剩余收
益，并认为它是比投资报酬率（ROI）更好的一种方法（Vir-
tanen，1975）。梅克雷宁（Makelainen）认为，经济附加值完全
是剩余收益同一概念的另一个不同名称，国外大部分学者与他持
同一观点。

根据 EVA 的创立者美国纽约思腾思特咨询公司的解释，EVA
表示的是一个公司扣除资本成本（cost of capital，COC）后的资本
收益（return on capital，ROC）。也就是说，一个公司的经济附加
值是该公司的资本收益和资本成本之间的差额。站在股东的角度，
一个公司只有在其资本收益超过为获取该收益所投入的资本的全部
成本时才能为公司的股东带来价值。因此，经济附加值越高，说明
公司的价值越高，股东的回报也就越高。

当然，EVA 并不是所有问题的答案，其本身也存在局限性，
特别是学术界对 EVA 的实证研究结果并不像 EVA 倡导者说的那样
近乎完美。例如，由詹姆斯·多德和陈世敏（Jams Dodd and
Shimin Chen）对 1983～1992 年间的 566 家公司经营业绩进行的一
项研究结果显示了股票报酬与 EVA 的相关性，但结果并不能证明
EVA 在解释股票报酬的变化方面明显地优于其他指标。

（三）EVA 与会计利润

EVA 就是采用了经济利润取代了会计利润的概念，具有极大
的优势。会计利润和 EVA 之间存在十分重要的区别。比如，运用
新技术的优越性之一是减少资金在企业运作过程中的占用。按照原

有的会计标准，6 天或 60 天的"存货"时间对利润的影响是没有差别的。事实上，缩减存货时间，提高资本的运营效率，可以降低资本成本。这正是新经济运营模式为公司经营带来的革新之一。再如一些书籍零售公司，能够及时收到顾客付款，但是通常经过一段时间才会向供货商支付货款。像银行一样，公司拥有大量的在途闲置资金，从而形成负的流动资金需要。按照传统的会计准则，负的流动资金需求对会计利润没有贡献，但是从经济附加值的角度来看，它增加了企业的效益，原因是负的流动资金减少了对现有资金的需求，从而降低了资金使用成本。这一例子表明会计意义上的损失有可能"转化"成正的经济利润。与会计利润相比，经济附加值包含了因节约资本带来的收益，减少资金的占用就意味着创造了更多的经济附加值。

除了会计利润外，利润率标准也同样失去了其原有的重要性。今天，许多成功企业都是低利润率的企业。一个低的利润率代表着一个良好的客户满意度、一种面向未来的投资、或者代表着加速资金周转、减少资金沉淀的结果。在许多情况下，低利润率并不意味着差的经营业绩。这种变化对许多既有的财务管理技能与方法提出了质疑。EVA 在这方面提供了正确答案。举个例子，某个公司其产品使用了多个生产商的配件，公司是自身生产配件，还是与其他厂商签订合同？显然，专业配件供应商在元配件生产方面更具优势，因为它们专注于这些元配件，并能够通过合同根据公司的实时要求，专业化生产。在会计看来，对外采购在一定程度上影响其损益表。如采用 EVA 眼光，对外采购降低了会计利润的同时，也降低了其资产负债表中所需要的支持这些装配的资金，增加了其经济利润。EVA 方法通盘考虑了损益表中的费用和资产负债表中的资本成本，从而让管理人员在对外采购与自身生产之间做出更好的抉择。

二、EVA 与 MVA、CVA

(一) EVA 与市场附加值 (MVA)

公司实施基于价值基础的管理，其目标是股东财富最大化，但如何衡量呢？思腾思特公司引入市场附加价值 (MVA) 的评估方法，他认为只有将公司总价值与投资者总资本之间的差异最大化，才能达到股东价值最大化，这一差异就是市场附加价值。由于 MVA 可以直接度量企业给股东带来的收益，故已成为国际上衡量公司价值变化的通用指标。MVA 的定义式为 (Makelanen, 1998)：

$$MVA = 总市价 - 总资本$$

其中，总市价是债务和权益的市场价值之和。总资本是对资产负债表中的总资产数值进行调整后的数，它根据 EVA 概念进行调整。显然，MVA 是公司管理者在经营过程中为投资者创造的额外价值，也是市场对一个公司盈利能力和未来发展潜力的综合评价。投资收益率只反映某一时期的业绩，而 MVA 能够评估公司长期业绩，在股市上体现公司过去及未来所有资本项目的净现值。对于关注股东财富的公司来说，MVA 最大化应是首要目标。

MVA 虽可直接衡量企业给股东带来的收益，但它反映的是企业开办以来经营活动总的效果，而 EVA 可集中对企业或某部门某年的经营业绩做出符合实际的评价，用途更广。EVA 是提升 MVA 的驱动力。从 EVA 的定义式可以看出，EVA 考察的是企业一年中的营运利润是否足以抵偿机会成本，即营运利润是否能抵偿该资本投资到风险相同的其他项目中去而期望得到的回报。EVA 是一种从基本面来评价企业的指标，可以衡量企业为股东创造财富的状况，全面反映企业当期盈利表现，适用于任何企业。对于上市公司，市场通过股票价格对其进行评价，基于此，思腾思特设计制作了 MVA，它反映了资本市场对企业未来盈利能力的预期。在衡量上市公司的价值时，MVA 是很简单和有用的指标，但对于政府机构和非上市公司而言，它就显得无能为力了，这时就要用到 EVA 的概念了。

虽然 MVA 的大小取决于公司预期的现金流，而 EVA 是一个公司在过去一年资本成本外的额外收益。一个公司如采用 EVA 来评价经营业绩，经营者必然尽量降低资本成本并努力增加运营利润。这将在很大程度上改善公司未来的现金流，增加公司的价值。这时公司股票价格的提高，也就是增加 MVA。一般来说，EVA 与 MVA 正相关。我们可用下式来表示 EVA 与 MVA 之间的关系（Brigham，1999）：

$$MVA = \sum \frac{EVA}{(1 + WACC)^n}$$

式中，n 是未来的年数，WACC 为加权平均成本。

由上式可以看出，MVA 实际上就是未来所有年份的 EVA 按加权平均资本成本折现的价值。如果市场认为某企业 EVA 为 0，利润刚好等于投资者的期望收益，而且永远保持"保本"状态，那么企业的 MVA 也将为 0。如果 MVA 上升，则意味着市场预期未来的 EVA 也会增加，反之亦然。真正一流的企业会努力实现 EVA 的持续增长，并获得 MVA 持续增长的回报。

EVA 能正确评估公司的市场价值，不仅可改善企业经营的状况，还可对兼并收购活动以及股票投资给予指导。20 世纪 90 年代，国外有大量文章讨论 EVA 与 MVA 的关系（Bennet，1990；Lehn and Makhija，1996）。尼耶姆拉·坎特和佩蒂特（Uyemura Kantor and Pettit）于 1996 年选择了 100 家美国银行 1986～1995 年的 MVA 和 EVA 以及各种财务指标数据，经研究发现 MVA 与 EVA 之间相互关系最强；同时还看到 EVA 与其他传统财务评价指标相比，它对 MVA 的解释度明显较高（Makelanen，1998）。这种解释度通常用回归分析中的多重确定系数（multiple coefficient of determination）R^2 来表证。该系数表示变量 Y 中可被独立变量 X 解释的变量所占的百分比，它也是回归模型与数据符合好坏的重要量度（Aczel，1989）。现将这 100 家银行的 EVA 数据以及资产收益率

（ROA）、净资产收益率（ROE）、净收入（NI）与每股收益率（EPS）等传统财务指标数据对 MVA 的解释度列于表 1.1 中。

表 1.1　　　　　各种业绩评价指标对 MVA 的解释度 R^2

评价指标名称	EVA	资产收益率	净资产收益率	净收入	每股收益率
R^2（%）	40	13	10	8	6

米卢诺维奇和特舒伊（Milunovich and Tsuei）于 1996 年在对计算机行业一些公司所做的研究中得到了相似的结果：EVA、净资产收益率与每股收益率的扩值分别为 42%、29%、29%（Makelanen，1998）。这些研究表明，在一个以股东权益为目标的环境中，EVA 是比传统会计指标更好的业绩评价指标。

（二）EVA 与现金附加值（CVA）

现金附加价值（CVA）是一种净现值模型，它将净现值（简称 NPV）计算周期化，即按年、季度、月等时间段计算周期性的净现值，而不仅仅只选取某个完整的期间计算净现值。现金附加值概念将投资分为两类：策略投资与非策略投资，策略投资旨在为股东创造新价值，例如公司扩张。因此，公司中能够创造价值的现金支出将被视作策略投资。策略投资可以投资于有形或无形资产，例如投资新产品或新市场。传统观念中关于现金支出是作为投资还是作为费用的争论在此已无关紧要。非策略投资则旨在维持由策略投资所创造的价值。

公司投资会产生相应的费用，现金附加值模型中策略投资构成资本，购置新办公桌椅之类的非策略投资将被视作成本。但在会计系统中，资本由购买办公桌椅之类实物的支出构成，却不计算对于无形资产的策略投资。

根据公司的每一项策略投资可以计算出经营所要求的现金流（OCFD），而公司每一项策略投资的经营所要求现金流的总和构成了公司的资本。经营所要求的现金流是以适当资本成本折现的现金流，它本质上是年金，但在实际中按每年的实际通胀率计算。而经营现金流（OCF）是在策略投资之前、非策略投资之后的现金流，它必须大于经营所要求的现金流。经营所要求的现金流并不能预测未来的经营现金流是多少，它只是未来现金流的一个不变衡量点。在投资的经济使用年限中，经营所要求的现金流是固定的。

如果一定期间内经营现金流大于经营所要求的现金流，策略投资就创造了价值。

计算如下：

$$现金附加值 = 经营现金流 - 经营所要求的现金流$$
$$= 销售额 - 成本$$
$$= 营业利润 - 营运资本 - 非策略投资$$

现金附加值也可以指数形式表达：

$$现金附加值指数 = \frac{经营现金流}{经营所要求的现金流}$$

思腾思特公司的 EVA 方法为什么构建在会计体系上，而不是现金流基础上呢？他认为净现值指标只有用于整个经营周期才有效，因此，现金流只适用于价值评估，而不宜作为衡量业绩的指标。对此，瑞典的弗雷里克·威森里德（Fredrik Weissenrieder）提出异议，他认为随着现金附加值概念的发展，它完全可以用于评估业绩和公司盈利性，思腾思特公司的见解显然有误。费雷里克还提出，由于应用 EVA 必须对现有的会计体系加以调整（复杂的调整将达到 164 项），实践中这么繁重的工作量令人难以承受，那这一方法是否真的有效也就值得怀疑了。实行 EVA 评估的公司往往只对会计体系做少量的调整，通常有 1～10 项。而实行现金附加值评估只需在公司财务管理体系重构时做一些基础工作，一旦实施时，会比 EVA 系统简单得多。此外，如果我们对于基于价值基础的管理过程中的信息质量要求更高，就应采用现金附加值方法。

费雷里克通过实例研究结果表明 EVA 的净现值 = 现金附加值

的净现值。

第四节　EVA 价值管理体系：4M

　　虽然国内大部分企业都对价值管理有或多或少的认识，但仍有较多的企业并不清楚价值管理在企业内部究竟有何作用以及如何应用，或者片面认为价值管理只不过是企业的财务部门简单计算 EVA 的数值，以其作为投资者计算的当期业绩。这些公司并没有真正认识到价值管理实际上绝不仅仅只是计算数字而已，而是一种可以提高公司的资本回报率和核心竞争力的有效机制，是一套以 EVA 为分析指标的包含了公司战略制定、组织架构和管理流程的完整的战略性管理体系，是一种可以使公司内部各级管理层的管理理念、管理方法、管理行为、管理决策致力于股东价值最大化的管理创新。

　　自从 1988 年 EVA 作为业绩衡量方法引起广泛关注之后，较为全面的价值管理体系也随之逐渐形成，这一体系主要包括四个方面：业绩考核、管理体系、激励制度和理念体系，如图 1.2 所示。

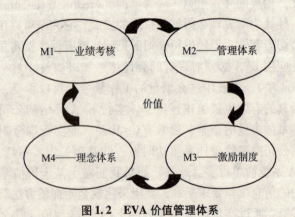

图 1.2　EVA 价值管理体系

EVA 价值管理体系从分析公司的 EVA 业绩入手，从业绩考核、管理体系、激励制度和理念体系四个方面具体提出如何建立使公司内部各级管理层的管理理念、管理方法和管理行为都致力于股东价值最大化的管理机制，最终目标是协助提升公司的价值创造能力和核心竞争力。

EVA 可以真实地衡量企业的经营业绩，建立与 EVA 考核体系相配套的激励机制，可以鼓励管理层积极进行价值创造。如果要保证价值的长期、持续提升，就必须建立以 EVA 为核心的价值管理体系，让价值管理真正成为企业核心管理制度的重要部分，使价值管理能够指导管理层和企业员工的行为。

一、M1——业绩考核

业绩考核是以 EVA 为核心的价值管理体系的关键环节。EVA 是衡量业绩最准确的尺度，对企业处于不同时期的业绩，都可以作出恰当的评价。在计算 EVA 的过程中，需要对利润表和资产负债表的部分内容进行调整，从而消除会计准则对企业经营运作的扭曲反映。以 EVA 作为业绩考核的核心指标，有利于企业在战略目标和工作重点的制定中贯彻以长期价值创造为中心的原则，从而与股东的要求相一致。此外，考核结果与激励机制相衔接，可以进一步实现对经营过程和经营结果的正确引导，确保战略目标和实现和经营管理的健康运行。以 EVA 为核心的业绩考核体系，实现以企业的长期价值创造为业绩考核导向，在考核中充分考虑了企业的规模、发展阶段、行业特点和行业对标等因素，并从股东的角度出发，侧重于对经营结果的考核。

（一）以企业的长期价值创造为业绩考核的导向

考核的导向作用不仅是对目标考核而言，而且要与企业的战略规划和业务发展方向紧密结合。在确定了发展战略和业务框架后，需要通过实行各种措施和手段，来保证这一目标顺利地实现。业绩考核就是一个非常重要的手段，重点引导什么，就考核什么；想让企业干什么，考核指标就定什么。以 EVA 为业绩考核体系的核心内容，可以较好地满足股东的以长期价值创造为中心的要求，实现企业的健康发展。EVA 管理体系中科学的会计调整能够鼓励企业的经营者进行可以给企业带来长远利益的投资决策。譬如，在计算EVA 时，将企业为提升其未来业绩、但在当期不产生收益的对在建工程的资本投入，在当期的资本占用中剔除而不计算其资本成本，这对经营者来说更加客观，考核结果更加公平，使他们敢于在短期内加大这方面的投入来换取企业持续的发展，从而为企业和股东持续创造财富。

（二）考核中要考虑企业的规模、发展阶段、行业特点和行业对标

以 EVA 为核心的业绩考核体系，强调要根据各企业的战略定位、行业特点、企业规模、发展阶段以及工作计划的具体情况来设计业绩考核方案：

（1）对相同或相近行业的企业，在设计考核方案的时候，考核指标也是相同或相近的，重点工作应放在根据企业各自的战略定位、企业规模、发展阶段和工作计划设定不同的考核指标基准值。

（2）对不同行业的企业，在设计考核方案的时候，除 EVA 之外的其他考核指标，还应尽量选取有代表性的行业指标，以充分体现行业特点。

（3）此外，在确定考核指标基准值时，还必须要与行业公司进行对标。对一些可比性较强的比率考核指标，如 EVA 率（资本回报率与资本成本率的差值）、总资产报酬率和净资产收益率，尽量以公司自身数据和行业公司对标数据的高者为考核指标的基准值，从而提出较高要求，促进被考核公司争当行业一流公司，提高核心竞争力水平。

(三) 侧重对经营结果进行考核

战略目标和业务发展的落实集中体现在经营结果上，以 EVA 为核心的业绩考核体系侧重于对经营结果进行考核，可以对企业的经营业绩有正确、客观的判断，发现不足，从而有利于实现对企业发展的正确引导。但是，对于企业的经营管理过程也不能完全忽视，可选用少数传统的财务指标和部分非财务指标包括定性指标（如安全生产等）进行考核，以此作为对结果考核的补充和完善。

二、M2——管理体系

EVA 是评价企业所有决策的统一指标，可以作为价值管理体系的基础，用以涵盖所有指导营运、制定战略的政策方针、方法过程，以及作为业绩评价指标。在 EVA 价值管理体系下，管理决策的所有方面全都囊括在内，包括战略规划、资源分配，并购或撤资的估价，以及制定年度计划预算。采用 EVA 作为统一的经营业绩指标，会促进企业形成资本使用纪律，引导其谨慎使用资本，为股东的利益做出正确决策。

管理层在对企业进行日常管理时，最关心以下几个主要问题：

（1）公司整体的价值创造情况如何？哪些业务板块或下属公司正在创造价值或毁灭价值？

（2）每个业务板块或公司的历史价值创造情况如何？

（3）是否需要制定新的战略来保持价值创造的持续性？

（4）是否需要修订业务或投资组合策略来重新进行资源调配？

（5）实行新的战略或调整业务或投资组合策略后能够为公司未来增加多少价值？

对以上管理层最关心的问题，可以从完善战略回顾和计划预算两个方面加以解决。

（一）完善战略回顾

战略回顾的内容包括价值诊断、基于价值的战略规划管理、分析和调整资源配置和业务组合策略、投资决策管理以及设计价值提升策略五个方面。

1. 价值诊断

企业必须通过 EVA 指标对其整体业绩状况和下属各业务板块公司的价值创造情况进行详细分析，这样才能真正知道其价值创造的实际情况，从而建立有针对性的价值管理体系。

通过对公司的各类业务、各下属公司、不同产品、不同客户、价值链上不同环节、公司各部门等进行的价值衡量，明晰公司内部价值创造的真实状况。同时，除了了解公司内部价值创造情况外，也需要知道公司在整个行业中的价值创造情况，进行行业分析，旨在通过与国内外同行业进行的对比和基准分析，了解公司价值创造的优势和劣势所在，为制定正确的价值战略提供信息。

2. 基于价值的战略规划管理

通常公司的战略规划往往与业务计划脱节，经营计划又往往与公司的预算脱节。但实施价值管理的公司的企业的战略、战略规划和经营计划、预算是密不可分的整体，同时又需要通过平衡计分卡促使形成战略与实施相匹配的管理机制。

为了最大化股东价值，战略规划过程本身必须以价值为导向。战略规划的目标是设计、选择和实施价值最大化战略。

（1）以实现长期价值创造作为战略规划的设计、选择和实施的基础；

（2）对拟订的各种战略规划方案，按照价值最大化原则进行分析和相应改进；

（3）对改进的战略规划方案，以企业内部管理层预期目标和股东及市场期望目标为标准进行衡量和评估；

（4）在企业内部各主要部门和管理层讨论和评估的基础上，

选择最终能反映价值最大化原则的战略规划加以实施；

（5）按照最终战略规划将战略目标合理分解为年度目标，并在企业内部制定资源调配计划和详细的业务计划预算。

3. 分析和调整资源配置和业务组合策略

基于年度战略规划目标和业务计划，以价值为基础进行资源配置。通过不同的业务组合决策分析，制定出合理分配资源的计划，将资源集中配置在能创造更多价值的业务单元中。

4. 投资决策管理

在投资、购并、扩张决策上，价值管理机制成为遵守资本规律避免盲目扩张的行为规范。价值管理以是否创造价值作为任何决策的标准，投资和购并行为同样如此。以价值为基础的投资管理可以帮助公司提高投资决策的质量，使投资成为价值增长的重要驱动力。科学严谨的价值评估和风险分析帮助发掘价值增值的机会并提供投资购并的决策基础。完善的投资管理流程能够确保投资购并过程的有效性。科学的投资行为的决策机制和以 EVA 为基础的业绩衡量体系可以保证投资购并行为真正实现价值增值。企业应明确长期的投资方向，并在企业的投资、购并、扩张决策上，应充分运用价值管理机制，从而使企业制定并遵守严格的资本规律，避免盲目扩张。

国内众多的公司在投资决策分析中普遍重视对投资项目的可行性评估，但是存在的主要问题是投资评估普遍采用的是静态的定点现金流贴现分析，缺乏对项目的风险进行量化分析，同时对项目投资后的后评估及项目运行绩效跟踪缺乏重视及配套的机制。

5. 设计价值提升策略

企业需要对其现有资产和未来投资设计不同的 EVA 提升策略。

（1）提升现有资产使用效率，改善业绩。EVA 具有"记忆"的功能，它能不断提醒企业管理层对企业现有资产的管理，提高现有业务的利润率或资本的使用效率，改善业绩。企业可以通过采取减少存货、降低应收账款周转天数、提高产品质量、丰富产品种类、增加高盈利产品的产量、寻找价格更合理的原材料供应商或改变销售策略等手段来提升现有资产的使用效率，进一步提升现有资产的收益率高于资本成本率。

（2）处置不良资产，减少不良资产对资本的占用。对不符合企业战略规划及长远来看回报率低于资本成本率的业务，则应采取缩减生产线、业务外包或行业退出的手段来处置，从而减少对资本的占用。

（3）投资于回报率高于资本成本率的项目，提高总体资产的价值创造能力。对现有创造价值的业务，企业可以继续加大投资以扩大业务规模；此外，企业也应对外寻找回报率高于资本成本率的新项目，从而提高总体资产的价值创造能力。

（4）优化财务和资本结构，降低资本成本率。通过对财务杠杆的有效使用，扩大融资的途径，从而降低付息债务的利息率，并最终实现资本成本率的降低，提高 EVA 回报率。

（二）完善计划预算

1. 完善计划预算编制流程

国内企业编制的业务和财务计划预算通常与其基于价值的战略规划和年度化的战略目标相脱钩，并且业务和财务计划预算目标没有与价值衡量紧密联系，导致一方面在提高收入、利润等指标的同时，另一方面却在损毁企业的价值。此外，有的企业虽然对其战略规划也实行战略回顾程序，但其内容仍然较空泛，尚未能做到将战略规划合理分解为年度战略目标并在此基础上制定详细的年度经营计划，从而使业务和财务预算缺乏对价值创造目标的支持。

2. 完善预算分析和经营监控体系

为了实现管理层对计划预算的执行和经营的实时监控，企业还应从财务、运营和行业与竞争三个方面着手，完善其业绩分析和经营监控体系。

（1）在财务方面。需要对企业的财务状况用 EVA 进行分析，看其直接影响 EVA 的几个方面，如资本回报率、税后净营业利润和资本周转率等的表现如何，找出企业需要加强的薄弱环节。

（2）在运营方面。需要从企业运营的角度将价值驱动要素进行分解分析，如将税后净营业利润分解为投资收益、其他业务收入、销售毛利率、经营费用率和管理费用率等指标，将资本周转率分解为净营运资产周转率和固定资产周转率，进行分析，掌握影响企业价值变动的主要原因。

（3）在企业所处的行业情况与竞争对手竞争能力方面。需要对所处行业的国际、国内竞争对手的相应指标进行对比分析，查找企业业绩变动原因，分析产品、渠道和客户价值贡献等情况，从而综合分析及预测企业未来的价值变动情况。分析企业的竞争能力，需要结合企业战略规划和计划预算，并对企业过去 3～5 年的 EVA 历史结果、当年 EVA 结果和未来 3～5 年的 EVA 预测结果进行趋势分析，从而确定企业的竞争能力。

3. 发现最敏感的关键价值驱动要素

企业的关键价值驱动要素在企业不同的下属公司不是完全一样的，企业需要根据不同下属公司所处的行业以及其业务和资本规模等，找到与之相应的最敏感的关键价值驱动要素来提升 EVA，从而始终做到有效地提升企业价值，实现企业价值的长期健康增长，最终达到企业战略规划的要求。

三、M3——激励制度

与以 EVA 为核心的业绩考核体系相挂钩的激励制度，可以有效地将管理层和员工获得的激励报酬与他们为股东所创造的财富紧密相连；避免传统激励制度下所出现的只关注短期目标的行为，在业绩好时奖励有限，业绩差时惩罚不足的弊端，实现以激励长期价值创造为核心的激励制度，既体现了经营者价值，又保障了股东利益，实现一种股东、经营者双赢的激励机制。

一个有效的激励机制能支持企业战略的实施，实现企业发展的目标，创造有特色的绩效文化，正确引导企业管理层和员工的行为，并能合理地协调管理层和股东之间的利益，平衡成本的付出和减少人才流失的风险。

（一）EVA 激励制度概述

EVA 薪酬方案由四部分组成：基本工资、年度奖金、中长期奖金和股票期权。这四部分薪酬的比例及与 EVA 的关系可以简单图示如下（见图 1.3）。

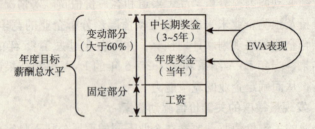

图 1.3　EVA 薪酬方案示意

其中固定部分的工资反映了人才市场的竞争性薪酬水平，应与在该员工所适用的营运力市场上具有类似教育背景、技能、经验、从事类似职业的人群的平均薪资水平相当；年度奖金和中长期资金共同组成 EVA 资金激励体系的目标资金部分，这两部分薪酬直接与 EVA 的表现相关。

（二）EVA 激励制度的特点

（1）使管理层的利益与出资者的利益一致。管理层收入直接与股东盈利挂钩，引导管理层能够像股东那样思考和做事，并且在为股东创造价值的同时增加自己的回报。

（2）激励制度的基础不是 EVA 的绝对值，而是 EVA 的改善值。当前 EVA 为负的企业如果能减少负值，与提高正值一样能有效提高业绩、创造价值，这使所有的管理层站在了同一起跑线上，有利于吸引有才能的管理层和员工进行问题企业的转型和重组。

（3）激励制度是建立于对整体业绩的综合评估上的。许多企业在奖金计划中考虑采用许多衡量标准，而这些标准可能本身就是矛盾的，而且重点不突出，导致管理层无所适从，不知道究竟应该提高哪一个指标。而 EVA 指标结束了多指标引起的混乱，为实施激励提供了坚实的基础。

（4）奖金激励没有上下限设置。经营者为股东创造了多少额外价值就可以得到相应奖励，有利于鼓励管理层为提高个人财富而努力提升公司业绩。

（5）关注长期业绩改善与人才留用。EVA 激励制度的另一个特点是"奖金库"的设置。

奖金库中留置了部分超额 EVA 奖金：只有 EVA 在未来数年内维持原有增长水平，这些奖金才发放给经营者。奖金库的设置使管理层要考虑已实现的但仍保存在奖金库的超额奖金被取消的风险，从而鼓励管理层做出有利于企业长期发展的决策，避免短期行为，实现价值创造的持续增长。同时，奖金库的设置可以使付出的奖金在市场发生周期性变化的情况下保持一定的稳定性，也有利于留住人才。

四、M4——理念体系

实施以 EVA 为核心的价值管理体系，有利于促进公司治理机制的完善，是企业管理文化的一种变化。当 EVA 管理体制在企业全面贯彻实施后，EVA 所带来的财务管理制度和激励报偿制度将使企业的文化发生深远的变化。采用 EVA 业绩评价体系，使企业所有营运部门都能从同一基点出发，大家会有一个共同的目标，为提升公司的 EVA 而努力，决策部门和营运部门会积极建立联系，部门之间不信任和不配合的现象会减少，企业管理层和普通员工都会从股东的利益出发来制定和执行经营决策。

通过实施 EVA 价值管理体制，以价值创造为使命，把 EVA 作为业绩考核指标，实施 EVA 激励体制，在股东、管理层和员工之间有效形成价值创造的机制，而这正是公司治理机制的核心。

公司治理指的是明确企业存在的根本目的，设定企业经营者和所有者（即股东）之间的关系，规范董事会的构成、功能、职责和工作程序，并加强股东及董事会对管理层的监督、考核和奖励机制。从本质上讲，公司治理之所以重要是因为它直接影响到投资者（包括国家和个人）是否愿意把自己的钱交到管理者手中去，它是企业筹集资金过程中的一个至关重要的因素。建立良好的公司治理结构包括三个方面。

1. 建立多元化、独立、有实权的董事会

建立多元化、独立、有实权的董事会包括：明确董事会在企业的职责和责任，建立健全董事会的相关规章制度和日常工作流程，如董事会成员的组成、主要的董事会成员资格、董事会召开的频率、董事会召开议程和相关流程等。强有力的董事会会扮演四种重要角色：监督公司的业务和控制机制的完善性，监管公司的风险状况，确保管理团队专业化，最大限度地保证股东利益。每种不同的角色下，董事会都承担着不同的职责，包括评估公司的战略和业绩，处理现存的和潜在的利益冲突，选拔、监控、评估、酬劳并确保管理层的换届继任，保证公司财务报表的可靠性，监管财务状况的披露和公司与投资者的沟通情况等。强大的董事会是良好的公司治理的基础，建立健全董事会的相关规章制度和日常工作流程，有利于董事会充分发挥以上作用，真正起到保护股东权益的作用。

2. 组织成立管理能力强、工作积极性高的企业管理层

组织成立管理能力强、工作积极性高的企业管理层包括明确管理层的任务和职责，建立以 EVA 为核心的管理层业绩衡量标准和考核目标以及建立 EVA 业绩评估和激励方案体系。

以 EVA 为核心的管理层业绩评价考核体系及激励制度，能够有效地激励管理者的行为，使其专注于价值的创造。将管理层的任务和职责明确，并将其与公司的考核和激励制度相结合，能够最大限度地发挥管理层的积极性。EVA 应成为联系、沟通管理各方面要素的杠杆，它是企业各营运活动，包括内部管理报告，决策规划，与投资者、董事沟通的核心。只有这样，管理者才有可能通过应用 EVA 获得回报，激励计划才能以简单有效的方式改变员工行为。

3. 建立投资者关系管理机制

无论对于上市公司还是非上市公司，维护与加强投资者对公司的信心以及股权的增值都非常重要。在投资者关系管理上，公司管理层与投资者的期望往往存在一定的差距，主要是由于公司信息披露的不充分、公司与投资者沟通的不充分造成的。这种信息的不对称性，对达成投资者对管理层业绩的认同、稳定投资者信心及上市公司的股票价格均有不利影响。

投资者关系管理从详细分析投资者的心理和需求的角度出发，理解投资者的各种类别和战略要求以及他们对公司优劣势的认识，从而探求他们对公司未来发展的信息需求。通过建立投资者与公司之间高效的沟通渠道，针对不同类别的投资者，提供不同的公司信息，包括重设长期预期值和对竞争者的预期业绩改变的战略变化等，并保证信息的充分与透明。注重向投资者传递或者解释公司的短期业绩，并对不良经营信息的透明度进行有效管理。

具体来说，投资者管理机制对公司提出了一定的要求：公司需要制定比分析员的价值模型更详细、更具体、更真实的公司财务模型，以协助公司管理高层更好地把握公司目前业绩及对未来业绩的预测，并且能够快速分析某些参数的影响可能对业绩预期变动的影响。另外，公司还应制定关于价值分析、变动管理方面的报告，作为沟通、信息披露的补充内容。公司还应树立建立资本规律的良好形象，除了披露定量业绩指标外，还应提出具体建议并披露相关的定性内容，指引投资者调整对公司未来的预期。以 EVA 为基础的公司治理体系能够保证企业管理层和投资者的利益得到统一，确保企业员工正确理解公司的短期和长期目标、业绩衡量标准、战略和资源配置的重点以及战略和薪酬之间的联系等。

第五节　EVA 核心理念及其计算原理

一、EVA 的核心理念

EVA 是建立在经济利润概念的基础之上，而经济利润是指公司从成本补偿角度获得的利润，它与从会计角度获得的利润不同，这就要求公司不但要将所有的运营费用计入成本，而且要将所有的资本成本计入成本。这种资本成本不但包括诸如向银行家和债券持有者支付的利息之类显而易见的成本，而且还包括公司股东所投入资本的机会成本。EVA 核算方法要求公司同时计算这部分资本成本。

由此可见，EVA 指标的核心理念是资本成本，资本成本就是资金投资项目所要求的收益率，从投资者角度看，资本成本就是机会成本。从企业角度看，资本成本就是使用资金的机会成本，是投资项目要求的最低收益率。如果企业资本收益率低于投资者要求的收益率，则难以在资本市场上吸引投资者青睐。理解资本成本需要明确以下几点：（1）资本成本取决于投资项目的预期收益风险，由资本使用决定。不同企业、同一企业不同投资机会和不同企业的资本成本不同。（2）资本成本不是企业自己设定的，而是由资本市场评价，必须到资本市场上去发现。

EVA 指标的核心理念反映了为股东价值最大化的西方企业经营哲学和财务目标。任何性质的长期资金都有它的使用成本即资本成本，因此在计算某个投资项目时，必须将资本成本考虑在内。资本成本隐含的价值理念体现在企业投资、融资、经营等活动的评价标准上；作为企业取舍投资机会的财务基准，或贴现率。只有当投资机会的预期收益率超过资本成本，才应进行该项投资；用于企业评估内部正在经营的业务单元资本经营绩效，为业务、资产重组或继续追加资金提供决策依据。只有投资收益率高于资本成本，业务单元继续经营才有经济价值；作为企业根据预期收益风险变化，动态调整资本结构的依据。预期收益稳定的企业可以通过增加低成本的长期债务，减少高成本的股权资本来降低加权资本成本。

所以，EVA 指标可以作为资本市场评价企业是否为股东创造价值、资本是否保值增值的指标。在 EVA 理论下，投资收益率高低并非企业经营状况好坏和价值创造能力的评估标准，关键在于是否超过资本成本。

二、EVA 的计算方法

J. L. 格兰特（Grant）认为，有两种流行的、具有操作性的方式来定义 EVA：

一种是会计的观点，EVA 被定义为公司的税后净营业利润（net operating profit after tax，NOPAT）与该公司加权平均的资本成本（capital charge，CC）间的差额，用公式表示为：

EVA = 税后净营业利润 – 资本成本

= 税后净营业利润 – 资本占用 × 加权平均资本成本率

由以上公式可知，EVA 的计算结果取决于三个基本变量：税后净营业利润，资本占用和加权平均资本成本率。其中，税后净营业利润衡量的是公司的运营盈利情况；资本占用是一个公司持续投入的各种资本，如债务、股权等；加权平均资本成本率反映的是公司里各种资本的平均成本。其中，税后净营业利润和资本占用的计算来源于企业财务报表。

（1）税后营业利润是根据资产负债表进行调整得到的，其中包括利息和其他与资金有关的偿付，而利息支付转化为收益后，也是要"扣税"的。这与企业财务报表中的净利润是不同的。

（2）资本投入额为企业所有筹措资金的总额，但不包括短期免息负债，如：应付账款、应付职工薪酬、应交税费等，即资本投入额等于股东投入的股本总额、所有的计息负债（包括长期负债和短期负债）以及其他长期负债总和。

（3）资本成本等于公司资本结构中资本各个组成部分的以市场价值为权重的加权平均成本。资本构成通常包括短期负债、长期负债以及股东权益等。即：

加权资本成本率 = 股东资本比例 × 股权资本成本率 + 债权资本比例 × 债权资本成本率 ×（1 - 所得税税率）

EVA 是指在扣除资本成本（包括债务成本和股本成本）之后剩余的利润，它是所有资本成本被扣除后的剩余收入。EVA 的定义表明：只有当公司利润高于其加权平均的资本成本时，公司价值才大于投资成本。站在股东的角度，一家公司只有在其资本收益超过为获取该收益所投入的资本的全部成本时才能为股东带来价值，这就是 EVA 体系的核心思想。

从上述 EVA 的计算公式不难发现，提升 EVA、增加价值的途径至少有：

（1）在现行投资成本的水平上增加回报。

（2）通过提高资金使用效率，加快资金流转速度，把沉淀的资金从现存营运活动中解放出来。

（3）增加利润，只要一项投资的预期收益率大于资本成本率，价值就会增加。

（4）从那些毁坏价值的项目中撤出资金以减少投资成本，当减少的投资成本大于减少的回报时，EVA 就会增加。

（5）投资于那些长期来看能够使净资产收益率高于资本成本率的项目。

（6）如果可能，尽量多的修理资产而不是更新资产，在保证现有资产可被修复，并且不影响企业正常的生产经营和技术水平的前提下节约资本。

（7）增加杠杆功能，重视内部融资的资本成本。详见图1.4。

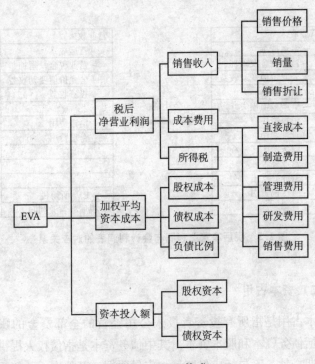

图1.4 EVA 构成

（一）税后净营业利润

税后净营业利润等于税后净利润加上利息支出部分（如果税后净利润计算中已扣除少数股东损益，则应加回），也就是公司的销售收入减去除利息支出以外的全部经营成本和费用（包括所得税）后的净值。

　　因此，税后净营业利润实际上是在不涉及资本结构的情况下公司经营所获得的税后利润，也即全部资本的税后投资收益，反映了公司资产的盈利能力。除此之外还需要对部分企业财务报表科目的处理方法进行调整，以确认企业的真实经营业绩。

　　税后净营业利润与利润表的对应关系如图 1.5 所示。

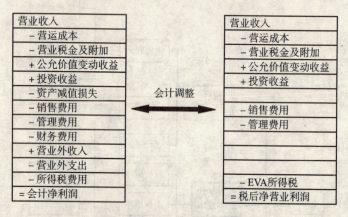

图 1.5　税后净营业利润与会计利润表的对应关系

（二）资本占用

　　资本占用是指所有投资者投入公司经营的全部资金的账面价值，包括债务资本和股本资本。其中债务资本是指债权人提供的短期和长期贷款，不包括应付账款、应付票据、其他应付款等不产生利息的商业信用负债（即无息流动负债）。股本资本不仅包括普通股，还包括少数股东权益。因此资本占用可以理解为公司的全部资产减去商业信用负债后的净值。同样，计算资本占用时也需要对部分会计报表科目进行调整，以纠正公司真实投入资本的扭曲。在实践中既可以采用年末的资本占用，也可以采用年初与年末资本占用的平均值。

资本占用额与资产负债表的对应关系如图1.6所示。

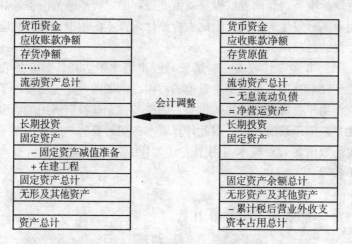

图1.6 资本占用与资产负债表中总资产的对应关系

从图1.6可以看出，从资产到资本占用的调整，主要包括以下几个项目：

（1）无息流动负债——不占用资本，予以扣除。资产来源于负债和所有者权益，在短期负债中除了短期借款和1年内到期的长期负债以外，都是无息债务，如应付账款、应付职工薪酬等。由于这部分无息负债不占用资本，因此在计算资本占用时应将此部分扣除。

（2）在建工程——收益在未完工前得不到反映，不作为当期资本占用。在建工程是企业对未来持续经营和发展的投入，在建设当期并不能为企业带来经济效益。如果将在建工程也计入资本占用中，由于在建工程涉及的金额较大，会导致资本成本有较大的提高，相应的对经济增加值的结果影响也较大、对经营者业绩考核不利，这样会使经营者对关系到企业未来发展能力的此类投资产生顾虑。因此，排除在建工程于资本占用之外，待形成固定资产后再计入其中。

（3）减值准备——非企业真实损失，不予扣除。坏账准备、存货跌价准备、长期股权投资减值准备和固定资产减值准备等都不是企业实际发生的损失，因此也应该计入资本占用中，调整时应该把计提的各项准备加回。

（4）非经常性收支——属于对股东资本的占用。营业外收支净额和政府补助等也属于对资本的占用，例如营业外支出侵占了这笔资金用于投资别的项目的机会，同样的，企业投资所用的资金也可能是来源于政府补助，因此计算资本占用时要将非经常性净支出的税后数值加入到资本占用中去（如果是净收入则应该从资本占用中扣除）。

三、资本成本的计算方法

资本成本是指投资者将资本投资到具有一定风险的项目、资产或者企业中，所预期获得的资本收益回报率。

资本成本在 EVA 体系中具有举足轻重的地位，考虑资本成本是 EVA 优于传统会计绩效指标的法宝之一。按照财务学对资本成本的定义，它表示投资者所要求的收益率。管理会计和财务学基本上都认为计算 EVA 所使用的资本成本就是公司的加权平均资本成本。

兰伯特（Lambert，2001）建立了一个委托代理模型，该模型假定代理人有一个和投资水平 I 相联系的非金钱的收益 V(I)，该函数可以是 I 的增函数。为了达到目标一致性，在进行 EVA 等业绩指标的计算时，有如下结论：（1）若代理人是风险中性的、或者他没有关于投资水平的非金钱的收益，最优资本成本正好就是委托人所要求的收益率；（2）若代理人是风险厌恶的，并且 V 的导数为正，则最优资本成本将高于委托人所要求的收益率；（3）若代理人是风险厌恶的，并且 V 的导数为负，则最优资本成本将低于委托人所要求的收益率。

　　克里斯腾森、弗尔瑟姆和吴（Christensen, Feltham & Wu, 2002）建立了一个单阶段的委托代理模型，来说明委托人在使用剩余收益的业绩评价指标来激励代理人的投资决策时，资本成本的确定问题。他们的分析集中在两种情形，一种情形是有完美的决策前信息，在用剩余收益对代理人进行激励时，最优的资本成本应该大于委托人的资本成本，从而消除代理人的过度投资行为。另一种情形是没有决策前信息，最优资本成本应该小于委托人的资本成本，以消除代理人投资不足的行为。

　　杜亚特和里瑟里斯腾（Duatt & Reichelestein, 2002）证明了为使剩余收益型的业绩评价指标体系满足目标一致性，除了采用相对收益的折旧程序外，资本成本必须综合考虑委托人的资本成本和代理问题，如果将委托人的最低收益率（hurdle rate）定义为公司项目的内部收益率，这个内部收益率是将项目的现金流量减去代理人的期望信息租金（information rent）后计算得到的。为保证目标一致性，计算剩余收益型的业绩评价指标时，资本成本必须等于最低收益率。他们证明了如果项目还有额外的风险，为了达到目标一致性，资本成本必须低于委托人的最低收益率。

　　与此同时，在 EVA 的模式中，资本成本具有决定性的因素。思腾思特公司用资本资产定价模型计算资本成本。资本资产定价模型是一个单因素的线性模型，仅仅考虑了风险的因素。同时，它假设市场是完全竞争无摩擦的，投资者对资产收益的联合分布有相同的预期。资本资产定价模型的假设比较抽象，模型也相对简单，与资本市场的实际情况相距甚远。现成的还有两个模型——套利定价模型（APM）和期权定价模型（B-SM）；套利定价模型可以说是一个多因素的资本资产定价模型，但其是后验的，总是能够将模型建立起来，同时也总能找到一些影响因素，而这些因素的确定具有很大的随意性，需要进一步验证；期权定价模型是一个非线性模型，可能比前两个模型更贴近实际，但是，情况是否真的如此，仍需要检验。

（一）企业加权平均资本成本

资本成本简而言之就是使用资本所要付出的代价。资本成本一般用一个百分数来度量，即公司的占用资本所花费代价的程度，是指企业为生产经营需要而筹集使用资金所付出的代价，是企业投资者对投入资本所要求的收益率，也是投资于公司的机会成本。例如投资甲公司的资本成本就是因投资于甲公司面不能进行其他类似风险投资所放弃的利益。资金是企业的一种经济资源，使用这种资源就必须对其做出一定补偿，同时也就失去了其他投资的机会。资本成本是以经济学中"机会成本"的概念为基础的。除非公司给投资者的回报能够弥补投资者因放弃类似风险最佳投资机会造成的损失，否则公司就不可能吸引到资本投入。由此，资本成本投资者要求的回报和机会成本之间的等价关系就建立起来了。企业的投入资本是企业所有筹集资金的总额，主要包括股东权益和计息的负债。股东投资与债权人借出资金遭遇的风险并不一样，因此他们预期的回报也不同。因此，企业作为一个整体所承担的资本成本就是一个股权与债权组合的成本。

计算加权平均资本成本（WACC）的一般公式为：

$$WACC = \frac{L}{L + E} \times K_L \times (1 - T) \times \frac{E}{L + E} \times K_E$$

其中：L = 企业负债的市场价值；

E = 企业权益的市场价值；

K_L = 企业负债的税前成本；

K_E = 企业权益资本成本；

T = 企业所得税税率。

一般地说，债务和权益的权重是基于市场价值而不是基于账面价值的。对于没有上市的公司或者估计市场价值较为困难的公司，可以使用账面价值进行计算，也可以用目标值确定资本结构的权重。因为偏离目标结构的资本，因其风险因素发生变化，资本成本也随之变化，但对加权平均资本成本却影响不大。

（二）债务与股权的权重比例

不管是借款还是发行股票，企业都是以市场价值为基础进行筹资行为的，所以债务与股权权重的计算是基于市场价值的，而不是企业财务报表上的账面价值。

股票的市场价值一般是根据企业发行在外的股票数乘以当前的股票价格来确定。如果企业不是上市公司则采取股权估价的形式进行。

关于债权的市场价值的计算，就比较困难，因为公司很多是通过银行借款来筹集债务，并不都是以市场可流通债券形式发行，因此缺乏将其市场化的依据。

戴蒙达兰（Damodaran，1999）提出一种方法，将企业全部负债当作一种附息债券，再将全部利息费用作为这种附息债券的票面利率，其到期日则采取企业全部负债以价值为权重的加权平均到期日，由此就可以把负债当作在市场流通的债券进行贴现，从而计算出其市场价值。

不过，在应用经济增加值的实践中，也可以使用目标资本结构 L/E 来取代债务及股权的市场价值计算工作。

（三）债务成本率

债务成本率就是企业实际支付给债权人的税前利率。一般企业都有不止一种的债务融资来源，各种债务都有不同的债务利率，这种情况需要全部考虑，分别计算它们的市场价值，然后根据其价值权重在计算加权平均资本成本时，进行加权平均就可以了。

债务成本率应反映的是公司在资本市场中的债务融资的边际成本。从银行角度来看，它是信贷风险（credit risk）的体现，实际上反映的是公司的信用度。通常情况下，我们可以从以下几个方面来获得债务成本的信息：

（1）评级公司的整体信用评级（针对上市公司）；

（2）评级公司对公司所发行的债务进行的评级（针对非上市公司）；

（3）公司近期所发行的中、长期债务成本（针对上市、非上市公司）；

（4）公司从银行中、长期贷款的平均债务成本（针对非上市公司）；

（5）行业类似公司的整体信用评级、债务成本（针对非上市公司）。

如果公司有多种债务融资来源，每种债务利率不同，那么，加权平均资本成本公式中的债务成本率应该使用加权平均值。另外，公司的所得税税率对于加权平均资本成本的计算非常重要，因为支付的利息是可以免税的。在实际应用中，公司通常用一个比较稳定的目标税率，反映出公司长期稳定运行的税率，从而避免了大的计算结果波动。

在实际操作过程中，我们可以以企业的举债利息率与扣除企业所得税影响后的乘积作为债务成本。例如：一企业举债利息为7%，其所得税税率为25%，则实际债务成本为：

$$税后债务成本 = 7\% \times (1 - 25\%) = 5.25\%$$

（四）权益资本成本率

相对而言，权益资本成本率的确定就比较困难了。债权人提供债务可以向企业明确要求回报的比率，并可以通过协议的形式明示，股东向企业投资并没有法律上明示的对于回报的要求，所以很难直接获知股东投入资金的成本率。

根据风险与收益理论，股东承担一定的风险自然会要求相应的回报。那么，理论上根据对风险与收益的分析与测量，就可以得到相应的权益资本成本率。在实际操作中，可以通过风险与收益模型，例如资本资产定价模型、套利定价模型等来确定向企业投资的权益资本成本率。其中，资本资产定价模型为思腾思特公司所推崇，普及程度较高，其计算公式为：

$$K = R_f + \beta \times (R_W - R_f)$$

式中：K = 股票的预期收益率；

R_f = 无风险收益率；

β = 股票的风险系数；

R_W = 平均股票预期收益率。

四、权益资本成本的计算

权益资本是投资者对股票投资的预期回报。股票投资是一种风险投资，所要求的回报应高于债务资本，需要在债务成本的基础上另加一块风险溢价（risk premium）。权益资本成本无法像债务资本成本那样依照合约上规定的利率来计算，只能依靠建立风险资产模型，通过对资本市场行为的观测来推断股票投资的预期回报。常用的模型有资本资产定价模型和套利定价模型。资本结构对加权平均资本成本也会产生重要影响。

（一）权益资本成本的计算——资本资产定价模型

1. 资本资产定价模型

资本资产定价模型（capital asset pricing model，CAPM）由20世纪50~60年代一些证券分析师和研究人员提出，斯坦福大学的威廉·F·夏普（William F. Sharpe）和哈佛大学的约翰·林特纳（John Lintner）在吸收了詹姆斯·托宾（James Tobin）和哈里·马克威斯（Harry Markowitz）投资组合理论的基础上，发展了资本市场理论，正式建立了这一模型。J. 莫森（J. Mossin）等人深化了夏普等人的研究成果，使其日臻完善，成为最基本、最重要的金融资产定价模型。

资本资产定价模型建立在一系列假设之上，主要有：（1）投资者是风险规避的；（2）资本市场信息公开化，每个投资者面临相同的选择机会；（3）投资者的选择多样化，在风险相同的情况下，投资者选择预期投资收益率最高的投资组合，在预期收益率相同的情况下，投资者选择风险最小的投资组合；（4）股票市场非常完善，赋税和交易成本为零；（5）所有资产无限可分，并可以在市场上自由出售；（6）投资者可以进行无风险贷出或无风险借入，买卖资产不影响借贷利率；（7）投资者是股票市场价格的被动接受者，其交易行为难以对股票市场价格产生影响。在这种理想的资本市场环境下，可以建立起证券风险与预期收益的数量关系：

$$R = R_f + \beta(R_m - R_f)$$

　　其中：R = 风险资产的预期收益；

　　　　　R_f = 无风险资产的预期收益；

　　　　　β = 所考察资产的风险相对于股票市场的风险测度；

　　　　　R_m = 股票市场平均收益。

　　资本资产定价模型的基本思想是：风险资产的预期回报应等于无风险资产的预期回报加上由于调节的市场风险酬金，可以用风险资产市场线来描述（见图 1.7）。

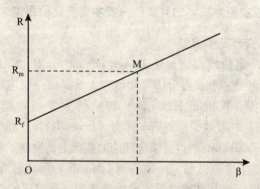

图 1.7　以 β 值分析的风险资产市场线

2. 风险报酬

从资本资产定价模型可以看出，估计权益资本成本要用到两个关键数值：市场风险报酬（market risk premium）和 β。戴维·扬（David Young）和 O. 伯恩（O. Byrne，2002）认为市场风险报酬应取 5%，以此值计算的美国大多数上市公司的 WACC 在 8% ~ 11% 之间。但也有研究人员认为市场风险报酬应当更低。沃顿商学院教授杰里米·西格尔（Jeremy Siegel）研究了 200 年来的股票市场回报，发现超过 20 年持有期的股票可以抵消通货膨胀的影响，因此他认为作为长期投资工具，股票比证券更安全。从长远来看，投资者对股票市场波动的担心是多余的，因而投资者要求获得额外回报的要求是"非理性"的。詹姆斯·格拉斯曼（James Glassman）和凯文·哈西特（Kevin Hassett）在此基础上进一步研究认为，随着投资知识的丰富、投资理性的增强、货币财政政策的完善、股市有效性的提高，市场风险报酬可能是 0，或者至少在向 0 逼近。值得注意的是，詹姆斯·格拉斯曼和凯文·哈西特的结论是建立在投资者的长期投资选择基础上的。事实上，许多投资者出于理性会选择较短期的投资，当投资期缩短时，股票投资的风险随之增大，市场风险报酬也就不可能为 0，取 5% 左右是一个合理的选择。

美国股市的风险报酬为 4.5% ~ 5%，计算方法是将 60 年左右的时间段里标准普尔指数的年均收益率与长期国债的年均收益率相减。我国证券市场只有 18 年左右的历史，股票和债券市场收益数据的质量和数量都不适合于进行长期估算。因此，建议市场风险报酬取 4.8%，与股票市场日益全球化的观点保持一致。

3. β 值的估计

对 β 值的估计主要有两种方法：一种是定性分析法，依靠专家判断、头脑风暴或者德尔菲法来估计；二是通过统计方法计算，常用的有平均法、最小平方法、回归分析法等。回归分析法又可分成时间序列法和横截面法。这里主要考察基于时间序列的回归分析。以 S&PS00 为例，选取 S&P500 和目标公司 60 个月的 60 对收益值，以 S&P500 的平均回报为 x 轴，以目标公司的回报为 y 轴，确定趋势线 y = a + bx，b 就是目标公司 β 的估计值。β = 1 表明目标公司的股票波动与股市波动相同；β > 1 表明目标公司股票波动性比股市整体波动高出 β − 1，β < 1 表明目标公司股票的涨跌幅度小于股市整体涨跌幅度。

在回报期的选择上，标准普尔以月为单位，也有用周或者日为单位的。布龙伯格（Bloomberg）和瓦鲁·里纳（Value Line）以周为单位。选取不同的样本空间计算出来的 β 值是不一样的，在计算前要根据目标公司的行业特征、风险程度等选择合适的参照样本。在我国，由于股市发育较晚，在计算 β 时可以以周为单位，利用股票的周收益率和相应的股票指数的周收益率进行线性回归。

当 EVA 用于部门管理，需要分析该部门的权益资本时，为了确定 β 值，可以选同行业上市公司的 β 值进行算术平均。由于资本结构对 β 值的影响较大（财务杠杆比率越高，β 越大），可以用目标公司的资本结构对 β 进行调整。

$$\beta = \frac{1 + (1 - T)(D/E)}{1 + (1 - T)\overline{(D/E)}}\overline{\beta}$$

其中：$\overline{(D/E)}$ =样本公司债务与权益资本的平均比例；
　　　　T =公司税率。

（二）权益资本成本的计算——套利定价模型

套利定价模型（arbitrage pricing model，APM）是另一种资产定价模型。它是斯特芬·罗斯（Stephen Ross）于 1976 年建立的。套利是指利用同一种金融资产在不同市场上价格的差异低价买进或高价卖出的获利行为，套利是无风险的，随着套利活动的发生，不同市场的金融资产供求关系会发生变化，最终导致差价消失。APM 模型也假定投资者是风险规避的，并且具有相同的预期，据此来确定受客观因素影响的证券的均衡报酬。

套利定价模型（APM）认为，任何风险资产的回报可以分成两个部分，一部分是可预期的回报，另一部分是不可预期的回报。不可预期的回报是两类因素作用的结果，一是宏观经济因素（普遍性因素），二是与特定资产相关的风险因素（特殊性因素）。亦即风险分成系统风险和非系统风险，非系统风险可以通过多元投资化解，不应得到风险补偿。宏观经济因素包括 GDP、通货膨胀、利率等的非预期变动。收益和风险的关系如下：

$$R = \alpha + \sum \beta_i F_i + \varepsilon$$

其中：α = 预期收益；

F_i = 代表第 i 种因素，同时表示市场对投资者承担第 i 种因素的非预期变化带来的风险而支付的价格；

ε = 公司特有的非系统风险收益。

APM 的计算比 CAPM 要复杂得多，实用性并不强。首先要通过时间序列分析获得多个公司的 β_i 值，然后再用从时间序列分析中获得的 β_i 值作为截面数据对某一特定时段的回报进行回归，得到 F_i 值，最后对多个时段的 F_i 值取平均，获得各种宏观因素的价格。

据格兰夏姆和哈维（Graham and Harvey）对 392 个 CFO 的调查，有 73% 的公司使用 CAPM 模型计算权益资本成本，其他方法最多的不超过 40%（一个公司可能使用两种或两种以上的方法）。

五、资本结构

从加权平均资本成本的计算公式可以看出，资本结构（债务和权益的比例）对资本成本的影响也至关重要。因为市场风险报酬的存在，权益资本成本要高于债务资本成本，公司融资战略要寻求最佳的资本结构，以最小化资本成本，最大化企业价值和 EVA。MM 定理说明，在没有"公司利润的课税制度和破产惩罚的存在"的理想假设下，任何公司的市场价值与其资本结构无关，而是取决于将其预期收益水平按照与其风险程度相适应的折现率进行资本化的结果，即：

$$V_L = V_U$$

其中：V_L = 杠杆企业的价值；

　　　　V_U = 无杠杆（完全权益）企业的价值。

通俗地说，在没有税收和破产成本的世界里，融资方式无关紧要。在现实世界中，不仅有税收，还有财务危机和破产成本。债务融资可以带来税收免除，但随着财务杠杆的提高，公司财务危机和破产威胁随之增大，公司面临高层离职、客户流失、供应链中断、股东和债权人矛盾冲突等潜在危险，公司价值也因之降低，如图1.8 所示。

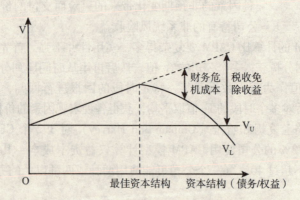

图1.8　资本结构与公司价值

因此，最优的资本结构在于权衡债务与非债务的税收收益和破产成本。大多数金融学家认为，理论上最佳资本结构是存在的，具体到某一个企业，最佳的资本结构无法通过模型计算出来，只能依靠公司 CFO 对市场环境、经营风险、利润水平、杠杆目标的主观判断，理想的资本结构是一个动态的、持续调整的、不断逼近的过程。达莫达兰（Damodaran，1997）给出了资本结构调整二叉树，如图1.9 所示。

应当看到，公司的 EVA 取决于内部现金流和真正的价值创造活动，而不是融资方式。决定价值创造的不是资本的来源，而是资本回报超过资本成本的能力，是识别竞争优势的战略眼光、创造竞争优势的战略决策和维持竞争优势的战略举措。

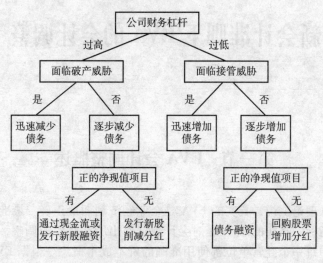

图1.9　资本结构调整二叉树

第二章

新会计准则下 EVA 的会计调整

第一节　EVA 会计调整概述

从理论上说，真实的 EVA 是企业经济利润最正确、最准确的衡量指标。真实的 EVA 是对会计数据作出所有必要的调整，并对企业中每一个经营单位都使用准确的资本成本概念。根据 EVA 的创造者思图思特咨询公司的研究，要精确计算 EVA 需要进行的调整多达 160 多项。但是如果一定要去追求准确，而浪费时间去做一些不必要的会计调整，可能会把 EVA 弄得过于复杂。倘若要一个偌大的企业实行如此复杂的工作，这显然与我们所提倡的简单易行是相背离的，并且不具有可行性。一般而言，一个公司只需要进行 5~10 项重要的调整就可以达到相当的准确程度。

一、会计调整的原因

(一) 传统会计的系统缺陷

传统会计的系统缺陷，主要源于收入与费用配比制度下利润的形成机制。利润作为传统会计系统中的关键衡量指标，自然受企业会计准则的影响。

我们知道"资产 = 负债 + 所有者权益"是会计系统模式中的恒等式，它体现了企业主要的利益相关者——债权人与所有者基于企业财富分配的需要而形成的一种平衡关系。

站在企业所有者的立场，负债更多是一种外部获取且需要支付利息的资源，而所有者权益才是自身财富的体现。因此，以所有者本位化的视角来看，企业资产构成中负债的取得是有其代价的，是需要为其使用付出费用的，而所有者权益更多属于内部资源，可以无偿使用。

一般而言，会计利润是用来反映企业经营业绩的指标，但是会计利润是扣除债务利息之后的企业净利润，显然它是站在企业所有者的立场构筑的一个评价指标。会计利润是在所有者本位化的角度构筑的评价方式，它视负债为必须支付使用费用的企业外部资源，关注所有者权益的创造。

（二）会计利润的不良后果

会计利润本质是为企业所有者服务的，是一种会计收入与费用配比的产物。企业的利润指标是在一般会计原则指导下形成的，由于收入与费用在会计上有特殊的反映标准，因此对收入与费用的操作，就会操纵会计利润。一味追求利润，只关注单纯反映利润水平的评价指标，将会陷入传统利润指标所设下的陷阱，引发诸多不良后果。

1. 容易导致过量生产和操纵利润的行为

在单位时间内增加产品的生产数量，可以降低单位产品的固定成本分摊额。因此，很多企业会在年末或季末大幅提高产品的生产数量，甚至使产量远远超出市场的实际需求，以降低产品的单位生产成本，在收入与成本和费用相抵确定利润的背景下，达到增加利润的目的。

就单纯的利润指标而言，此举确实可以粉饰业绩，但同时也可能带来极为严重的后果。因为在短期内进行过量的产品生产会占用企业大量的流动资金，一旦流动资金出现问题就会导致远期资金使用成本提高。同时过量的产品还会造成产品积压，加大销售部门的压力，从而间接造成销售费用的增加。此外，对单位产品生产成本的扭曲，还会造成对未来产品成本的错误预期。更为严重的是这一切会在利润光环的掩盖下继续进行恶性循环。

2. 容易导致盲目进行新技术投资的局面

我们知道，新的生产设备或者新技术会带来高的产品边际贡献率，也意味着高的单位产品利润率，因此投资新技术或设备通常可以取得高的利润率。正是基于这种概念，相当多的企业一味追求利润率，盲目投资，更新设备或技术，殊不知投资新技术或设备是需要花费大量投资资金的，只有投资所带来的利润能够抵偿投资资本成本，并能有一定剩余，这样的投资才值得进一步考虑。

3. 容易导致投资过度或投资不足

在拥有很多投资分部的企业中，关注利润的企业管理当局，会比较各分部的利润率水平，来决定下一预算年度的投资额度。那些带来较低股东回报率的部门，可能会因为项目利润率高，反而获得总公司更多的资金投入；一些销售毛利率虽然很低，但是占用资金较少的部门，会创造高的股东回报率，然而它们却因为总公司的错误决策而不能获得进一步发展的机会。

这些投资过度或投资不足的错误决策，都是因为管理者只关注利润而不了解股东利益所致。

二、会计调整的判断标准

为了更正企业财务报告的不妥之处，应将在企业会计准则下报告的利润进行调整，以期这些调整能产生更加可靠的 EVA 数值。值得指出的是，在 EVA 提出会计调整以前，这项工作就已经在理论界和实务界展开过，只是很多努力仍旧未能解决"会计信息失真"

问题，有些会计准则甚至导致财务报告越来越偏离经济现实，"会计扭曲"有加重的迹象。因此，从保守的一面看来，实施 EVA 管理的公司在进行会计调整时，应该保持谨慎的态度，因为：（1）会计调整使 EVA 这一概念变得更加难以理解，并可能导致 EVA 对制定管理决策的影响有所降低；（2）增加 EVA 值的调整可能会显得有点追求私利，因而削弱 EVA 在董事长、股东、证券分析人士以及媒体心目中的可信度。

目前，关于是否应该进行某种会计调整的一个比较统一的标准是：

（1）这项调整是否基于一个正确的财务理论？

（2）这项调整是否对激励性薪酬计划中采用的 EVA 衡量标准（例如 EVA 增量）产生重大影响？

（3）这项调整是否显著地提高了 EVA 对回报和市值的诠释能力？

（4）这项调整是否会对经营决策的制定产生重大影响？

根据上述标准，大约有 160 多种可行性的调整得到 EVA 咨询顾问的确认，但即使是 EVA 的倡导者也承认，没有任何一家公司有必要进行 15 种以上的调整。在美国等发达国家，近几年推荐的调整项目的数量呈现下降趋势，对此有两个比较合理的解释：（1）部分公司执行官对偏离美国通用会计准则的调整有抵触情绪，所以一般不会采纳很多调整项目；（2）许多公司通过研究市场的反馈信息发现，大多数推荐的调整项目对利润的增加不会产生太大的影响。结果，多数采用 EVA 或类似指标的公司通常采用 10 项以内的调整方案。

必须指出的是，由于受到会计核算方法、业绩衡量标准以及激励措施不一致的影响等，关于对 EVA 的会计调整没有达成一个各方面都能接受的统一规则。

第二节　我国新会计准则下的会计利润

一、新会计准则改革概述

(一) 新会计准则的基本内容和意义

财政部于 2006 年 2 月 15 日发布了《企业会计准则》，新《企业会计准则》包括一项基本准则和 38 项具体会计准则，38 项具体会计准则包括 22 项新发布的会计准则，以及 16 项对原会计准则的修订。这标志着适应我国市场经济发展要求、与国际惯例趋同的中国会计准则体系正式建立。

我国企业会计准则体系由 1 项基本准则、38 项具体准则和应用指南构成，新会计准则分为四个层次：第一层次为基本准则，第二层次为具体会计准则，第三层次为具体会计准则的应用指南，第四层次为企业会计准则解释公告。

我国企业会计准则体系的建设，充分顺应中国社会主义市场经济体制和资本市场的发展和完善，以及经济全球化和"走出去"战略的客观需求。

(1) 适应中国市场经济体制发展和完善的客观需求，尤其是资本市场的完善是市场经济体制完善的重要组成部分，在这一过程中需要共同的商业语言，需要适应企业发展客观需求的公开、透明的会计信息系统。

(2) 适应经济全球化的客观需求。2001 年中国加入 WTO 后的 5 年过渡期已经结束。资本市场、企业发展和改革均与全球主要经济体密切相关，市场经济的运行规则需要与 WTO 成员共同遵循的规则相协调。在新形势下要贯彻中共中央、国务院"走出去"战略，在境外办企业、在境外上市，会计信息系统的国际化也是与境外投资者、境外市场主体的需求相协调的需要。

（3）我国新会计准则体系的建立是以提高会计信息质量为前提，以满足投资者、债权人、政府和企业管理层等有关方面对会计信息的需求，进一步规范会计行为和会计工作秩序，维护社会公众利益为目的的。

根据投资者决策有用目标，财务报告所提供的信息应当如实反映企业所拥有或控制的经济资源，包括各项收入、费用、利得、损失的金额及其变动情况，各项经营活动、投资活动、筹资活动等所形成的现金流入和现金流出情况等，从而有助于现在或潜在的投资者正确、合理地评价企业的资产质量、偿债能力、盈利能力和营运效率等，最终做出理性的投资决策。新会计准则将满足投资者的信息需要作为企业财务报告编制的首要出发点，将投资者作为企业财务报告的首要使用者，凸显了投资者的地位，体现了保护投资者利益的要求，也是市场经济发展的必然选择。

（二）新会计准则主要变化

对企业而言，新会计准则是一项重要的管理制度，有助于企业可持续发展。新会计准则体现企业可持续发展的会计政策，主要体现在以下几个方面：

（1）长期股权投资准则：原母公司对子公司的投资核算由权益法改为成本法，这一方面是国际趋同，而其经济意义是体现了"现金流入"理念，解决确认就分配所面临的现金流量问题。

（2）无形资产准则：开发支出资本化，体现科技创新的要求。

（3）资产减值准则：准确计量资产减值。这样防止资产泡沫，要求做到"迹象＋测试＋可验证性"，防止随意资产减值损失。

（4）或有事项准则：充分确认预计负债，如要充分考虑重组义务，环境事项，对亏损合同进行了补充，不能待合同完成时才确认合同亏损；对弃置费用的处理也要予以充分考虑，不能"将子孙的钱都花掉"。

(5) 职工薪酬准则：预计辞退福利。

(6) 股份支付准则：按公允价值计量并计入成本费用。

(7) 所得税准则：确认递延所得税费用，准确计量税后利润。所得税准则的经济意义就是准确计量税后利润。如公允价值变动导致的利润，先要确认所得税负债，税要先留够，才能分配，所以，递延所得税的完整性就意味着税后利润的准确性。

因此，从以上几个具体会计准则中都体现出，要防止高估利润而超前分配，从而导致企业持续发展风险增加的情况；也说明准则不仅是个会计问题，也是企业的可持续发展问题，这是理解准则的"基本点"和"核心价值"。对企业而言，新准则是为企业的管理层、治理层制定的，不是专用来限制其行为的，这是精髓，是会计行为的出发点，也是我们制定准则的出发点。

二、新会计准则的核心理念

新会计准则引入资产负债观，提高了会计信息质量。按照资产负债观，企业财富的增加不能只单纯关注利润，而是要关注净资产，关注期末净资产和期初净资产相比是否真正增加。同时，也要关注净资产的价值是否为真实价值，只有在真实价值的前提下净资产增加，才能表明企业财富的增加。

(一) 资产负债观介绍

1976 年，美国财务会计准则委员会（以下简称 FASB）在其公布的一份讨论备忘录《会计报表的概念框架》中提出了三种不同的会计理念：资产负债观（asset-liability view）、收入费用观（revenue-expense view）和非环接观（non-articulated view）。如今，认为资产负债表与收益表是各自独立的报表、其数据不需要环接的非环接观已经被摒弃。因此，当前人们争论较多的是，在会计准则的制定中应当以资产负债观为指导，还是应当以收入费用观为指导。

经历了安然公司事件等一系列美国会计丑闻带来的经济阵痛之后，人们感到只有资产和负债才是真实的存在，是净资产价值增值带来收益的增加，而非相反，因而认为资产负债观明显优于收入费用观。为此，美国证券交易委员会（SEC）在其针对会计准则改革的报告中呼吁，FASB 在制定会计准则时应以资产负债观全面取代收入费用观，在准则制定特别是在确立目标导向的体系时，FASB 采用收入费用观是不恰当的，而资产负债观实质提供了最有力的概念描述，是准则制定过程中最合适的基础。2004 年 7 月，FASB 在其答复 SEC 的报告中称："FASB 同意 SEC 报告中的观点——在给定的框架下分析资产和负债及其变化，对于制定财务报告准则是最合适的方法。"同时 FASB 还明确表示，在其准则制定项目上坚持资产负债观。

资产负债观是指会计准则制定者在制定规范某类交易或事项的会计准则时，应首先定义并规范由此类交易产生的资产或负债的计量；然后，再根据所定义的资产和负债的变化来确认收益。在资产负债观下，利润表成为资产负债表的附属产物。

（二）资产负债观与传统收入费用观的比较

资产负债观和收入费用观原本是计量企业收益的两种不同理论。资产负债观基于资产和负债的变动来计量收益，因此当资产的价值增加或是负债的价值减少时会产生收益；而收入费用观则通过收入与费用的直接配比来计量企业收益，按照收入费用观，会计上通常是在产生收益后再计量资产的增加或是负债的减少。简言之，资产负债观关注资产和负债的变动来计量收益，而收入费用观则先计量收益然后再将之分摊计入到相应的资产和负债中去。

（1）收入费用观要求准则制定者在准则制定中，首先考虑与某类交易相关的收入和费用的直接确认和计量。在收入费用观下，资产负债表只是为了确认与合理计量收益的跨期摊配中介，成为利润表的附属。收入费用观认为，必须首先按照实现原则确认收入和费用，然后再根据配比原则，将收入和费用按其经济性质上的一致性联系起来确定收益。因此：

$$收益 = 收入 - 费用$$

（2）资产负债观是指会计准则制定者在制定规范某类交易或事项的会计准则时，应首先定义并规范由此类交易产生的资产或负债的计量；然后，再根据所定义的资产和负债的变化来确认收益。在资产负债观下，利润表成为资产负债表的附属产物。资产负债观认为，企业的收益是企业期末净资产比期初净资产的净增长额，而净资产又是由资产减去负债计算得到的，因此：

$$收益 = 期末净资产价值 - 期初净资产价值 - 投资者投入$$
$$+ 向投资者分配$$

我国新会计准则就是采用了"资产负债观"来制定的，由于采用了资产负债观，使会计确认、计量的方法发生了一系列重大变化。"资产负债表观"理念的实质是，在分析企业的财务状况、考核业绩时，关键是看净资产是否增加，即股东财富是否增加。在资产负债表观下，利润代表净资产的增加，亏损代表净资产的减少。在资产负债表中，可以通过资产预测未来的现金流入，通过负债预测未来的现金流出。

新会计准则的亮点之一便是从"利润表观"向"资产负债表观"转变。所谓的资产负债表观，从企业资产增长的角度看，实质上体现了一种综合收益观：即判断企业经营状况如何，要看净资产是否增长，利润或亏损仅是一个指标，不是事物的本质和全部；净资产的增长才是企业价值、股东财富的增加。"资产负债表观"从理念角度要求不追求虚假利润，而是将企业的发展落在实处，即企业净资产的增加。

（三）资产负债观在新准则中的体现

资产负债观在新会计准则中主要体现在以下几个方面：

1. 资产、负债的确认

《企业会计准则——基本准则》明确了资产和负债的定义，即资产是指企业过去的交易或者事项形成的、由企业拥有或者控制的、预期会给企业带来经济利益的资源。负债是指企业过去的交易或者事项形成的、预期会导致经济利益流出企业的现时义务。

资产负债观要求企业将所有符合资产、负债定义及确认条件的资产、负债在资产负债表内确认，如衍生金融工具的表内确认，亏损合同和重组义务的确认；企业应将不符合资产定义及其确认条件的资产、负债不在资产负债表中体现，如"待处理财产损溢"预期不能为企业带来经济利益，不符合资产的定义，因此不应再在资产负债表中确认为一项资产。原纳税影响会计法下的递延税款不符合资产、负债的定义。"待摊费用"和"预提费用"不符合资产、负债的定义，因此，"待摊费用"和"预提费用"不再在资产负债表中体现。

2. 公允价值计量

国际会计准则将公允价值定义为"公平交易中熟悉情况的当事人自愿据以进行资产交换或债务清偿的金额"。美国财务会计准则将其定义为"在自愿各方之间进行的现行交易（即在非被迫或清算交易）中，购买（或发生）或出售（或清偿）资产（或负债）的金额"。我国会计准则对公允价值的定义为"公允价值是指在公平交易中，熟悉情况的交易双方自愿进行资产交换或者债务清偿的金额"。在公平交易中，交易双方应当是持续经营企业，不打算或不需要进行清算、重大缩减经营规模，或在不利条件下仍进行交易。

为了反映资产、负债的真实情况，提高信息的相关性，在资产负债观下，主要计量属性采用公允价值。我国在这次会计改革中，新准则的制定也基本上采用了资产负债观，在许多具体准则中，可以看到"公允价值"的运用，并成为这次会计改革最引人注目的亮点。

《企业会计准则——基本准则》规定需要谨慎运用公允价值。公允价值确定的三个级次：第一是活跃市场中的报价；第二是同类或类似资产的公允价值加以一定调整；第三是运用估值技术。关于公允价值的具体运用，在《金融工具确认和计量》准则中单设一章予以讨论，同时在相关准则中也有相应的规定，但是总体理念是稳健的、有限的、慎重的。新会计准则体系在金融工具、投资性房地产、非共同控制下的企业合并、债务重组、非货币性资产交换和股份支付等方面均采用了公允价值。

3. 所得税采用资产负债表债务法

"资产负债表债务法"认为，所得税会计的首要目的应是确认并计量由于会计和税法差异给企业未来经济利益流入或流出带来的影响，将所得税核算影响企业的资产和负债放在首位。"应付税款法"在所得税会计处理中完全把所得税作为与本期配比的费用项目，所得税的确认和计量完全遵照税法，影响了财务会计报表的逻辑一致性。

资产负债观在所得税会计处理方法上要求采用资产负债表债务法。资产负债表债务法是以资产负债表为核心，按企业资产、负债的账面价值与税法规定的计税基础之间的差额，计算暂时性差异，据以确认递延所得税负债或资产，再确认所得税费用的会计核算方法。只要资产和负债的会计核算符合真实公允原则，所得税费用会计信息自然真实可靠。

所得税费用的核算是基于资产负债表中资产、负债账面价值与计税基础产生的暂时性差异，不再在利润表的基础上核算所得税费用。递延所得税资产反映企业未来经济利益的流入；递延所得税负债反映企业未来经济利益的流出。

4. 资产减值

《基本准则》对资产的定义："资产是指企业过去的交易或事项形成的、由企业拥有或控制的、预期会给企业带来经济利益的资源。"资产的主要特征之一是它必须能够为企业带来经济利益的流入，如果资产不能够为企业带来经济利益或者带来的经济利益低于其账面价值，那么该资产就不能再予确认，或者不能再以原账面价值予以确认，否则将不符合资产的定义，也无法反映资产的实际价值，其结果会导致企业资产虚增和利润虚增。因此，当企业资产的可收回金额低于其账面价值时，即表明资产发生了减值，企业应当确认资产减值损失，并把资产的账面价值减记至可收回金额。

三、我国新会计准则下的会计利润与国外综合收益

(一) 我国新会计准则下的会计利润

利润是指企业在一定会计期间的经营成果。利润反映的是收入减去费用、利得减去损失后的净额的概念。

新会计准则下的利润包括收入减去费用后的净额、直接计入当期利润的利得和损失等。其中收入减去费用后的净额反映的是企业日常活动的经营业绩，直接计入当期利润的利得和损失反映的是企业非日常活动的业绩。直接计入当期利润的利得和损失，是指应当计入当期损益、最终会引起所有者权益发生增减变动的、与所有者投入资本或者向所有者分配利润无关的利得或者损失。

利润表是反映企业一定期间经营成果的财务报表，而经营成果表现为该期间所取得的利润或亏损，故利润表的核心在于利润或亏损的确认。

首先，新会计准则下的利润表主要用来充分反映经营业绩的来源和构成，进而有助于报表使用者判断企业净利润的质量及其风险，有助于报表使用者预测净利润的持续性，从而做出正确的

决策。

　　其次，新会计准则下的利润表采用"功能法"列报，有助于报表使用者了解费用发生的活动领域。

　　最后，使用者可以通过利润表提供的财务成果等会计信息与资产负债表中的信息相结合，还可以提供进行财务分析的基本资料，及时反映企业资金周转情况及企业盈利能力和水平，从而为报表使用者判断企业未来的发展趋势，做出经济决策。

　　由于新会计准则凸现了资产负债表观的理念。引入了公允价值计量模式、所得税会计处理采用资产负债表债务法以及列报变化等因素，使得新准则下的利润表中的营业利润、利润总额、净利润内涵发生了很大的变化：

　　（1）新会计准则下的利润表将"投资收益"项目列入营业利润的范围，改变了旧准则下的营业利润仅反映企业正常营业活动所产生的经常性收益的状况，即企业利用资产对外投资所获得的报酬也属于营业利润，符合资产负债表观的理念。

　　（2）新会计准则下的利润表增加了"公允价值变动收益"项目，将未实现的资本利得和损失纳入了利润表，使得营业利润、利润总额、净利润中包含了部分资本性收益，符合综合收益观点，同样符合资产负债表观的理念。

　　（3）所得税的会计处理采用资产负债表债务法。即企业在取得资产和负债时，应当首先确定其计税基础，资产和负债的账面价值与其计税基础之间的差额为（应纳税或可抵扣）暂时性差异，然后确认所产生的递延所得税资产或递延所得税负债，资产负债表债务法实质上就是资产负债表观的体现。同时，资产负债表债务法所得税会计的实施使得新会计准则下的利润表中列示的所得税费用与当期会计利润相配比。减少了由于税法规定与会计准则不一致产生的税后利润的波动。

　　传统利润表以实现原则为基础，体现的是一种较为狭隘的经营成果观，反映的只是以净收益表示已确认并实现的经营成果。新会计准则的利润表中一些综合收益项目进一步增加，用综合收益代替净收益作为利润表的基础也就成了必然的发展趋势。

　　利润往往是评价企业管理层业绩的一项重要指标，也是投资者等财务报告使用者进行决策时的重要参考。通常情况下，如果企业实现了利润，表明企业的所有者权益将增加，业绩得到了提升；反之，如果企业发生了亏损（即利润为负数），表明企业的所有者权益将减少，业绩下滑了。

（二）国外综合收益概述

1. 综合收益概念的产生背景

　　收益一直是财务会计理论界争论的焦点，主要是基于权责发生制的会计收益和反映真实收益的经济收益之争。正是由于两种概念的争论，产生了收益计量的内容差异。

　　经济收益与会计收益最大的区别就是收益是否一定要基于明确可辨认的交易的存在。经济收益和会计收益产生差异的主要原因在于外部经济环境的变动。

　　如果经济环境不存在任何价格变动因素（包括技术进步引起的物价变动），交易完成后不存在任何不确定性风险。在这种条件下，经济收益和会计收益基本相同。该环境假设正是传统会计收益的应用前提，而这些环境假设也是传统的会计基本假设的内容，即历史成本原则、实现配比原则。

　　如果经济环境不稳定，物价变动及技术投入使得资产价值与历史成本明显脱离，传统会计收益以现时价格计量收入，以历史成本计量费用使得成本未能得到真正的回收。另外，市场的风险和不确定性较大时，建立在交易观上的收益确认模式难以准确反映各种风险。在不稳定经济环境中，按传统收益模式确定的收益只能反映账面业绩，并不是企业的全部收益，而且这使得收益确定在很大程度上仅仅成为一种会计程序，而没有什么经济意义。

　　发达的市场经济、科技的迅速进步和大量衍生金融工具的运用、投资人的信息需求都对传统会计收益应用的经济环境构成了巨大的挑战，非交易因素对企业的收益影响权重不断加大，历史成本计量模式无法体现资产的本质属性，越来越多的收益绕过收益表计入资产负债表，如外币折算调整差额、未实现证券销售利得、固定资产重估价盈余等。会计收益如何才能真实反映企业的业绩，是会计理论和实务需要面对的现实。如果按照市场风险对企业的资产、负债进行评估重新确认又不符合会计信息的可靠性原则，可行的办法：一是采用公允价值对资产、负债项目进行调整；二是改进财务报表，披露交易以外的事项引起的权益变动。

此外，在有关会计目标的问题上一直存在着两种不同的"信息有用"思想，也即"受托责任观"和"决策有用观"。当前，世界各国在认定财务会计目标时，大都已倾向于将"提供决策有用信息"放在更重要的位置，更加强调会计信息的相关性和有用性，而将"报告受托责任"作为次一级的目标。会计目标的转变使以历史成本为计量基础的传统业绩报表的局限性日益突出，因为它只能反映历史和现在的部分情况，在反映企业未来的经济前景方面无能为力。而事实上，投资者、债权人对企业未来发展趋势、发展前景信息的关心程度要远高于历史信息。客观上要求会计必须改革其计量体系，引入公允价值计量模式。在这样的经济背景下，传统的收益报告模式逐渐被打破，理论和实务界都呼唤新的收益观，综合收益应运而生。

美国财务会计准则委员会（FASB）于 1980 年 12 月在原《第3 号财务会计概念公告》（SFAC No. 3，后被 SFAC No. 6 所替代）中率先提出了"综合收益"的概念，并将其作为财务报告的十大会计要素之一。FASB 对综合收益的定义为："一个企事业单位在某一时期内的权益变化，这种变化可能是由经济业务或其他事件引起，也可能是由非业主拥有的资源状况的变化引起的。它包括该单位在一段时间内除了业主的投资和对业主的分配以外所有权益的变化。"此后，FASB 又在 1984 年发布的《第 5 号财务会计概念公告》中进一步指出，综合收益报告应当成为一整套财务报表的组成部分。与传统收益相比，综合收益概念所涉及的内容更为广泛。传统收益仅包括某报告期间内企业由于经营行为已实现的净资产的变动，而综合收益则指的是在某报告期间内全部已确认的净资产变动，包括可实现未实现的收益和由于客观经济环境的变化而形成的非经营收益。

与传统收益相比，综合收益分为两个部分：一部分是净收益即已确认及实现的收入、费用、利得或损失；另一部分是其他综合收益，即已确认未实现的利得和损失，包括外币换算调整、债务和权益证券的未实现利得和损失、衍生金融工具公允价值变动等。需要说明的是，综合收益要确认的其他综合收益项目都是由于脱离历史成本计量而采用（或部分采用）现行价值计量形成的。要采用综合收益，就必须采用现行价值或公允价值计量。

综合收益突破了传统收益的实现原则，同时又对价值变动的确认规定了严格的标准，从而保证了收益的可靠性，反映的是企业已发生的全部经济交易、事项、情况所带来的权益变动，包括已实现的经营收益、持有利得和能够可靠计量的未实现的持有利得。综合收益弥补了传统收益概念的缺陷和不足，能够更为完整地反映企业的业绩全貌。

2. 新会计准则的实施为我国引进综合收益报表提供了应用基础

综合收益的出现从宏观上讲是市场经济高度发达的产物，是基于发达资本市场中投资人对信息的需求和发达市场经济中风险较大这一客观经济环境的会计变革。从综合收益在美国产生的会计技术路径来看，资产、负债先在公允价值的使用上有了突破，在非交易事项的会计计量上取得了成果，会计报告中进行了改革。分析我国是否具备应用综合收益的问题，也应该从经济环境和会计技术两方面来进行。

3. 经济环境

2006 年以来，中国资本市场经过一系列制度建设和改革，正在向国际化迈进，中国的资本市场发生了巨大的变化，投资者数量剧增，无论是投资者还是企业都面对着巨大的资本市场的风险，企业的真实价值对每一个参与者都至关重要，大家有对真实收益的客观需求。中国经济飞速发展，技术投入和研究发展迅速，产品价格变动较快，不断前进的经济进程引发了我国的金融体制改革，投资方式和技术的变革，新的交易手段的不断涌现等，传统会计收益需要的那种相对静止、变化不大的经济运行环境已不复存在。

4. 会计技术

2006 年新会计准则为我国实施综合收益进行了技术准备，允许较大范围地采用公允价值，并对利润表的内容进行了调整，增加了公允价值变动损益这一项目。新会计准则根据我国的现状，在金融工具、投资性房地产、非共同控制下的企业合并、债务重组和非货币性交易等方面采用了公允价值。在公允价值模式下，计量成本时不对其计提折旧或摊销，而以会计期末的公允价值为基础调整账面价值，公允价值与原账面价值的差额计入当期损益，这实际上就是允许对一部分未实现的持有利得予以确认。这些规定实质上是将一部分未实现的收益如持有利得计入了企业的业绩报表。

新会计准则明确定义，利得是指企业非日常活动所形成的、会导致所有者权益增加的、与所有者投入无关的经济利益的流入；损失是指由企业非日常活动所发生的、会导致所有者权益减少的、与向所有者分配利润无关的经济利益的流出。新会计准则规定，利得和损失有两个去向，即直接体现在资产负债表中或作为非经常损益反映在利润表中。对于不应计入当期损益、会导致所有者权益发生增减变动的、与所有者投入资本或者向所有者分配利润无关的利得或者损失，如资产评估增值，直接列入资产负债表；对于直接计入当期损益、会导致所有者权益发生增减变动的、与所有者投入资本或者向所有者分配利润无关的利得或者损失，如处置固定资产收益，计入营业外收入等，直接列入利润表。利润的计算公式也因此而变为：

利润 = 收入 − 费用 + 计入当期利润的利得 − 计入当期利润的损失

我国新会计准则将利得和损失要素提上日程，实质上实现了利润要素向综合收益要素的靠拢，已经是在逐步实现与国际会计准则的趋同，为我国引进综合收益打下了概念基础。

第三节　新会计准则下 EVA 调整方法

财政部于 2006 年 2 月 15 日发布了新的《企业会计准则》，新会计准则在会计的确认、计量和信息披露等方面均发生了重大变化。通过前面对新会计准则相关内容的论述可以看出，新会计准则实施后，我国企业利润的核算原理和方法与旧准则相比发生了重大变化，我国利润表上反映的利润与国外的综合收益概念较为接近，与经济利润的理念也就更为接近，因此新会计准则下企业进行 EVA 计算时所需进行的会计调整事项也将大大减少。

一、新会计准则下不需要进行调整的事项

（一）研究开发费用的处理

先进的技术及技术创新能力和其高效运用已成为企业生存与发展的必要条件，这就迫使企业将大量的资金投入到技术的不断创新和改进上。没有研发费用的投入就无法开展创新活动，无法产生并利用新技术，一旦技术落后，其产品就将丧失技术竞争能力，失去核心技术，最终被市场淘汰。企业为此每年会发生大量的研究与开发费用。据统计，2006 年中国的研究费用支出达到了 370 亿美元左右，相当于 GDP 的 1.4% ~ 1.5%。预计到 2020 年，中国的研究

费用支出将占到 GDP 的 2.5%。

在新会计准则下，我国对于研究开发费用采用了费用化和资本化相结合的方法。在财政部 2006 年度发布的新会计准则中规定，对于符合条件的开发支出可以资本化。企业的研究与开发活动区分为研究阶段和开发阶段两部分。

研究是指为获取并理解新的科学或技术知识而进行的独创性的有计划调查。

开发是指在进行商业性生产或使用前，将研究成果或其他知识应用于某项计划或设计，以生产出新的或具有实质性改进的材料、装置、产品等。

1. 研究阶段

研究阶段是探索性的，为进一步开发活动进行资料及相关方面的准备，已进行的研究活动将来是否会转入开发、开发后是否会形成无形资产等均具有较大的不确定性。

比如，意在获取知识而进行的活动，研究成果或其他知识的应用研究、评价和最终选择，材料、设备、产品、工序、系统或服务替代品的研究，新的或经改进的材料、设备、产品、工序、系统或服务的可能替代品的配制、设计、评价和最终选择等，均属于研究活动。

2. 开发阶段

相对于研究阶段而言，开发阶段应当是已完成研究阶段的工作，在很大程度上具备了形成一项新产品或新技术的基本条件。

比如，生产前或使用前的原型和模型的设计、建造和测试，不具有商业性生产经济规模的试生产设施的设计、建造和运营等，均属于开发活动。

新会计准则规定，企业内部研究开发项目研究阶段的支出，应当于发生时计入当期损益。企业内部研究开发项目开发阶段的支出，同时满足下列条件的，才能确认为无形资产：

（1）完成该无形资产以使其能够使用或出售在技术上具有可

行性。

判断无形资产的开发在技术上是否具有可行性，应当以目前阶段的成果为基础，并提供相关证据和材料，证明企业进行开发所需的技术条件等已经具备，不存在技术上的障碍或其他不确定性。比如，企业已经完成了全部计划、设计和测试活动，这些活动是使资产能够达到设计规划书中的功能、特征和技术所必需的活动，或经过专家鉴定等。

（2）具有完成该无形资产并使用或出售的意图。

（3）无形资产产生经济利益的方式，包括能够证明运用该无形资产生产的产品存在市场或无形资产自身存在市场，无形资产将在内部使用的，应当证明其有用性。

无形资产是否能够为企业带来经济利益，应当对运用该无形资产生产产品的市场情况进行可靠预计，以证明所生产的产品存在市场并能够带来经济利益，或能够证明市场上存在对该无形资产的需求。

（4）有足够的技术、财务资源和其他资源支持，以完成该无形资产的开发，并有能力使用或出售该无形资产。

企业能够证明可以取得无形资产开发所需的技术、财务和其他资源，以及获得这些资源的相关计划。企业自有资金不足以提供支持的，应能够证明存在外部其他方面的资金支持，如银行等金融机构声明愿意为该无形资产的开发提供所需资金等。

（5）归属于该无形资产开发阶段的支出能够可靠地计量。

企业对研究开发的支出应当单独核算，比如，直接发生的研发人员工资、材料费，以及相关设备折旧费等。同时从事多项研究开发活动的，所发生的支出应当按照合理的标准在各项研究开发活动之间进行分配；无法合理分配的，应当计入当期损益。

在股东和管理层看来，研究开发费用是公司的一项长期投资，有利于公司在未来提高劳动生产率和经营业绩，因此和其他有形资产投资一样应该列入公司的资产项目。新会计准则规定对企业在研究开发过程中发生的费用进行区别对待：研究过程中发生的费用应予以费用化；研究达到一定的阶段而进入开发程序后发生的费用，如果符合相关条件，允许资本化。所以，在 EVA 调整事项中只需要对研究阶段发生的费用和开发阶段不符合条件计入当期损益的费用进行调整。当然，如果研究阶段发生的费用和开发阶段不符合条件计入当期损益的费用金额较少，企业在计算 EVA 时也可以不予调整。

（二）商誉的处理

按照我国 2001 年《企业会计制度》的规定，商誉作为无形资产的一种列示在资产负债表上，在一定的期间内摊销。这种处理方法的缺陷在于：（1）商誉之所以产生，主要是与被收购公司的产品品牌、声誉、市场地位等有关，这些都是近似永久性的无形资产，不宜分期摊销；（2）商誉摊销作为期间费用会抵减当期的利润，影响经营者的短期业绩，这种情况在收购高科技公司时尤为明显，因为这类公司的市场价值一般远高于净资产。但实际上经营者并没有出现经营失误，利润的降低只是由于会计处理的问题而造成的。其结果就会驱使管理者在评估购并项目时首先考虑购并后对会计净利润的影响，而不是首先考虑此购并行为是否会创造高于资本成本的收益，为股东创造价值。

但财政部 2006 年新颁布的《企业会计准则》规定："在非同一控制下的企业合并中，企业对合并成本大于合并中取得的被购买方可辨认净资产公允价值份额的差额，应当确认为商誉。初始确认后的商誉，应当以其成本扣除累计减值损失的金额计量。企业合并所形成的商誉，至少应当在每年年度终了进行减值测试。"

企业合并所形成的商誉，至少应当在每年年度终了进行减值测试。商誉难以独立于其他资产为企业单独产生现金流量，应当结合与其相关的资产组或者资产组组合进行减值测试，不再进行摊销。所以，EVA 调整事项中不再对商誉单独资本化调整，对商誉减值的调整合并到对资产减值准备的调整中。

（三）存货发出计价的处理

存货发出的计价方法是指对发出存货和每次发出后的存货价值的计算确定方法。发出存货价值的确定是否正确，直接影响到当期销售的成本，影响当期损益和有关税金的计算，也直接影响到各期期末存货价值的确定，从而影响到资产负债表中的相关项目。

1. 先进先出法

先进先出法是假定先收到的存货先发出，或先收到的存货先耗用，并根据这种假定的存货流转次序对发出存货和期末存货进行计价。具体做法是：接收有关存货时，逐笔登记每一批存货的数量、单价和金额；发出存货时，按照先进先出的原则计价，逐笔登记存货的发出和结存金额。

2. 加权平均法

加权平均法是根据期初结存存货和本期收入存货的数量和实际成本，期末一次计算存货的本月加权平均单价，作为计算本期发出存货成本和期末结存存货成本的单价，以求得本期发出存货成本和期末结存存货成本的一种方法。

3. 个别计价法

个别计价法是以每次（批）收入存货的实际成本作为计算该次（批）发出存货成本的依据。

4. 后进先出法

后进先出法是假定后收到的存货先发出，或后收到的存货先耗用，并根据这种假定的存货流转次序对发出存货和期末存货进行计价的一种方法。这一计价方法的假设，与先进先出法正相反。在这种方法下，期末结存存货的实际成本是反映最早进货的成本，而发出存货的成本则接近存货近期的成本水平。

采用后进先出法，材料发出的成本是按最近的购货单价确定的。这样做的好处是发出材料的成本接近于近期的市场价格，在物价持续上涨情况下，可以使当期发出材料成本升高，利润降低，延迟企业缴纳所得税，减少通货膨胀对企业带来的不利影响；同时由于期末材料结存成本是按早期价格确定的，这样也减少了库存材料的资金占用，可以增加企业后劲，提高企业抵御风险的能力。此种方法也是会计实务中实行稳健原则的方法之一。

新会计准则规定企业应当采用先进先出法，加权平均法或者个别计价法确定发出存货的实际成本。由于后进先出法不能反映存货流转的真实情况，所以我国新会计准则取消了后进先出法。因此，在 EVA 调整事项中不再需要对原采用后进先出法的存货进行调整。

（四）公允价值变动损益

公允价值变动损益主要包括：交易性金融资产、交易性金融负债，以及采用公允价值模式计量的投资性房地产、衍生工具、套期保值业务等公允价值变动形成的应计入当期损益的利得或损失。此外，指定为以公允价值计量且其变动计入当期损益的金融资产或金融负债公允价值变动形成的应计入当期损益的利得或损失，也包括在"公允价值变动损益"中。

由于公允价值变动损益反映了企业管理层对金融工具运用产生的损益，这些金融工具包括：（1）金融资产，如股票、债券、基金等；（2）衍生工具，包括远期合同、期货合同、互换和期权，以及具有远期合同、期货合同、互换和期权中一种或一种以上特征的工具。虽然公允价值变动损益只是"浮盈或浮亏"而不是已实现的利润或亏损，但公允价值变动损益也会企业管理层经营业绩的重大影响，因此公允价值变动损益作为营业利润的一部分体现在利润表中。

企业在计算 EVA 时，不需要对公允价值变动损益进行调整，但企业需要注意的是采用公允价值模式计量的投资性房地产期末公允价值变动产生的损益，由于投资性房地产的公允价值容易受到管理层的操纵，我们认为有必要对此进行调整，不计入税后净营业利润（NOPAT）。

此外，按照企业会计准则的规定，企业将可供出售金融资产公允价值变动计入了资本公积，由于企业管理层能够决定交易性金融资产和可供出售金融资产的分类，因此企业管理层很容易通过金融资产的分类来调整盈余，在计算 EVA 时，我们认为有必要需要进行调整，将计入资本公积的可供出售金融资产公允价值变动损益调出，计入税后净营业利润。

二、需要进行会计调整的事项

（一）计提的各种减值准备

随着市场经济和证券市场的进一步发展，企业利益相关者对会计信息提出了更高的要求。无论从宏观资本市场的发展需要出发，还是从微观企业资产的价值核算考虑，资产减值问题都始终备受关注。因为会计核算只有从客观性和有用性原则出发，通过客观反映企业资产价值的减少，全面而公允地反映企业现实资产价值的状况，才能揭示企业存在的潜在风险，为企业经营者以及会计信息的使用者提供有用的信息。

2006 年财政部颁布的《企业会计准则》中资产减值处理较之旧准则有很大的不同。新准则规定：资产减值是指资产的可收回金额低于其账面价值。如果可收回金额的计量结果表明资产的可收回金额低于其账面价值的，应当将资产的账面价值减记至可收回金额，减记的金额确认为资产减值损失，计入当期损益，同时计提相应的资产减值准备。此外，新会计准则还规定：资产减值损失一经确认，在以后会计期间不得转回。

按照新会计准则的规定，企业应计提的减值准备包括：坏账准备、存货跌价准备、长期股权投资减值准备、投资性房地产减值准备、可供出售金融资产减值准备、持有至到期投资减值准备、固定资产减值准备、在建工程减值准备、无形资产减值准备、商誉减值准备等。

根据我国企业会计准则的规定，公司要为将来可能发生的损失预先提取减值准备金，减值准备金余额抵减对应的资产项目，余额的变化计入当期费用冲减利润。其目的也是出于稳健性原则，使公司的不良资产得以适时披露，以避免公众过高估计公司利润而进行不当投资。作为对投资者披露的信息，这种处理方法是非常必要的。但对于公司的管理者而言，这些减值准备金并不是公司当期资产的实际减少，减值准备金余额的变化也不是当期费用的现金支出。提取减值准备金的做法一方面低估了公司实际投入经营的资本总额，另一方面低估了公司的现金利润，因此不利于反映公司的真实现金盈利能力；同时，公司管理人员还有可能利用这些减值损失账户操纵账面利润。因此，计算经济附加值时应将减值准备金账户的余额加入资本总额之中，同时将减值准备金余额的当期变化加入税后净营业利润。

（二）递延所得税的处理与调整

在旧会计准则下，所得税费用的处理存在两种方法，即应付税款法和纳税影响会计法（包括递延法或债务法），但现在只有一种，即资产负债表债务法。要求企业从资产负债表出发，通过比较资产负债表上列示的资产、负债按照会计准则规定确定的账面价值与按照税法规定确定的计税基础，对于两者之间的差异分别应纳税暂时性差异与可抵扣暂时性差异，确认相关的递延所得税负债与递延所得税资产，并在此基础上确定每一会计期间利润表中的所得税费用。

2006 年，财政部发布的《企业会计准则第 18 号——所得税》，借鉴了《国际财务报告准则第 12 号——所得税》，结合我国实际情况，要求采用资产负债表债务法，引入了暂时性差异、计税基础等概念。财政部《企业会计准则第 18 号——所得税》，完全改变了原先的所得税会计处理方法，实现了所得税会计处理的重大突破。

资产负债表债务法是从资产负债表出发，通过比较资产负债表上列示的资产、负债按企业会计准则确定的账面价值与按税法规定确定的计税基础，根据二者之间的差额，分别为应纳税暂时性差异和可抵扣暂时性差异，进而确认相关的递延所得税负债与递延所得税资产。

资产负债表债务法的目标在于确认利润表中列示的所得税费用，重点在于确定递延所得税资产或递延所得税负债，关键在于确定资产、负债的计税基础。各项资产、负债的计税基础一经确定，就可计算暂时性差异，并在此基础上确认递延所得税资产或递延所得税负债以及与其对应的所得税费用或所得税收益。

按照资产负债表债务法核算所得税费用的情况下，利润表中的所得税费用或收益由当期所得税和递延所得税两个部分组成。所得税费用计算有关公式：

所得税费用（或收益）

= 当期所得税 + 递延所得税费用（－递延所得税收益）　　　（1）

当期所得税 = 应纳税所得额 × 适用税率　　　　　　　　　　　（2）

递延所得税费用 = 当期递延所得税负债的增加（－减少）

－ 当期所得税资产的增加（＋减少）　　　（3）

从经济观点看，企业应该从当前利润中扣除的唯一税款就是当前实际缴纳的税款，而不是将来可能（或不可能）缴纳的递延所得税费用。因此在计算 EVA 时，应将递延所得税所得税费用加到本年的税后净营业利润中，如果是递延所得税收益则应从税后净营业利润中减去。同时，将递延所得税负债余额加入到资本总额中，递延所得税资产余额从资本总额中扣除。通过调整的 EVA 更接近现金流量，更准确地反映了企业的经营状况。

（三）长期性质费用支出的处理与调整

按照新会计准则的规定，企业发生的一次性支出但受益期限较长的费用计入当期损益，这些费用包括开办费、固定资产大修理费用等。而在 EVA 体系下，这些费用是对公司未来和长期发展有贡献的，其发挥效应的期限不只是这些支出发生的会计当期，按照会计准则规定全部计入当期损益并不合理，而且容易影响管理者对此类费用投入的积极性，不利于公司的长期发展。因此，会计调整就要将这类费用资本化，并按一定受益期限进行摊销。

（四）市场开拓费用的处理与调整

在股东和管理层看来，市场开拓费用是公司的一项长期投资，如大型广告费用会对公司未来的市场份额产生深远影响，从性质上讲也应该属于长期性资产。而长期性资产项目应该根据该项资产的受益年限分期摊销。但是，根据稳健性原则规定，公司必须在市场开拓费用发生的当年列做期间费用一次性予以核销。这种处理方法实际上否认了市场开拓费用对企业未来成长所起的关键作用，而把它与一般的期间费用等同起来。这种处理方法的一个重要缺点就是可能会诱使管理层减少对市场开拓费用的投入，这在效益不好的年份和管理人员即将退休的前几年尤为明显。这是因为将市场开拓费用一次性计入费用当年核销，会减少公司的短期利润，减少市场开拓费用则会使短期盈利情况得到改观，从而使管理人员的业绩上升，收入提高。有关研究表明，当管理人员临近退休之际，市场开拓费用的增长幅度确实有所降低。

计算 EVA 时所做的调整就是将市场开拓费用资本化。即将当期发生的市场开拓费用作为企业的一项长期投资加入到资产中，同时根据复式记账法的原则，资本总额也增加相同数量。然后根据具体情况在几年之中进行摊销，摊销值列入当期费用抵减利润。摊销期一般在 3、4 年至 7、8 年之间，根据公司的性质和投入的预期效果而定。经过调整，公司投入的市场开拓费用不是在当期核销，而是分期摊销，从而不会对经理层的短期业绩产生负面影响，鼓励经理层进行市场开拓，为企业长期发展增强后劲。

（五）营业外收支的处理与调整

营业外收入和支出反映公司在生产经营活动以外的其他活动中取得的各项收支，这与公司的生产经营活动及投资活动没有直接关系，它们的特征是具有偶发性和边缘性，并不反映经营者的正常经营业绩或经营决策。营业外收入主要包括非流动资产处置利得、非货币性资产交换利得、债务重组利得、政府补助、盘盈利得、捐赠利得等。营业外支出包括非流动资产处置损失、非货币性资产交换损失、债务重组损失、公益性捐赠支出、非常损失、盘亏损失等。

EVA 体系强调企业应主要关注其主营业务的经营情况，对于不影响公司长期价值变化的所有营业外的收支、与营业无关的收支及非经常性发生的收支，需要在核算 EVA 和税后净营业利润中予以剔除。但是考虑到任何一项营业外收支又都是股东所必须承担的损失或收益，因而还需要对其进行资本化处理，使其与公司的未来受益或损失相匹配。

（六）政府补助的处理与调整

政府补助，是指企业从政府无偿取得货币性资产或非货币性资产，但不包括政府作为企业所有者投入的资本。政府补助分为与资产相关的政府补助和与收益相关的政府补助。政府补助主要包括：（1）财政拨款。（2）财政贴息。（3）税收返还。税收返还是政府按照国家有关规定采取先征后返（退）、即征即退等办法向企业返还的税款，属于以税收优惠形式给予的一种政府补助。增值税出口退税不属于政府补助。（4）无偿划拨非货币性资产，比如行政划拨土地使用权、天然资源的天然林等。

按照《企业会计准则第 16 号——政府补助》的规定：（1）企业取得与资产相关的政府补助，不能直接确认为当期损益，应当确认为递延收益，自相关资产达到预定可使用状态时起，在该资产使用寿命内平均分配，分次计入以后各期的损益（营业外收入）；

（2）与收益相关的政府补助，用于补偿企业以后期间的相关费用或损失的，取得时确认为递延收益，在确认相关费用的期间计入当期损益（营业外收入）；用于补偿企业已发生的相关费用或损失的，取得时直接计入当期损益（营业外收入）。

因此，从它的内容来看，政府补助不属于企业的经营所得，在计算 EVA 的税后净营业利润时，当年计入营业外收入的政府补助不应计入税前营业利润而应予以扣除。

（七）关于重组损失的调整

企业对不能产生效益的投资项目出售、转让时，由于投资清算所得小于投资的账面价值，就会产生重组损失。企业会计准则规定将重组发生的损失一次性注销，减少当期损益，从而影响了当期收益。

企业会计准则所规定的处理方式，会使重组当期的利润大幅度下降，影响了当期的经营业绩，这是许多经营者所要避免的。这种处理方式看起来有一定道理，但从管理角度看，并没有反映真实的重组过程。因为重组应当是资本的重新配置，目的在于纠正过去的错误，减少持续发生的损失，从而提高今后的获利能力，是损失最小化的一项决策，经营者应当将重组当成一种机遇。因此，在计算 EVA 时应将重组损失列入重组投资，该重组投资应计入 EVA 公式的总资本中，同时重组损失按照一定的年限摊销。

（八）关于战略性投资的调整

战略性投资是指对企业长远发生作用的投资，如企业重大投资项目、收购兼并等行为。由于战略性投资要占用资金，就会发生许多资本成本。一般地，没有采用 EVA 的公司处理方法是将这些投资与现在业务分开，基本上不考虑它们对公司获利能力的直接影响。

战略性投资项目一般不会马上产生收益，由于要计算投资的资本成本，这些投资项目的初期 EVA 往往是负的。经理人为了近期 EVA 免受影响，可能会在投资决策上犹豫，尽管项目未来的回报十分诱人。

对这些战略性投资项目不是从投入之日就开始扣减资本成本，而是通过一个临时账户的设置将该项投资暂时存放起来。即从投入之日起设立一个临时账户，将发生的投资费用都划入临时账户。在投资带来经营利润前计算 EVA 时不考虑临时账户上的资本支出，投资期间临时账户上的资金费用只是简单地累加。当投资计划开始产生税后净营业利润后，EVA 再考虑其资本成本。

（九）关于经营租赁的调整

按照会计准则的规定，企业经营租入的资产不得入账，租用期内按每年支付的租金计入当期费用。

经营租赁和外购固定资产相比，开始时每期的成本要低，这往往诱导经理人无限制地使用经营租赁方式，即使这种方式和外购资产相比并不经济。经营租赁的实质是一种借款行为，租金实际上就是一种债务偿还，租金中包含了借款利息，利息应该作为资本成本而不是经营费用。

用未来应交租赁费用与公司的借款利率计算出现值，以此现值为本金计算资本利息，租金高于资本利息部分视作借款偿还。以租金折现值作为固定资产原值入账，按期计提折旧，折旧作为经营费用。

（十）财务费用的调整

公司为筹集经营资金所借入负息债务而发生的成本表现为利息费用。由于资本成本的计算包括了债务部分的成本，在计算税后净营业利润时，发生的利息费用等融资费用不应计入期间费用，否则将导致资本成本和费用的重复计算。而作为财务费用减项的利息收入、汇兑收益不属于经营收益，不应计入税前经营利润。因此，在计算税后净营业利润时，整个财务费用科目不应作为期间费用进行扣除。

第四节　新会计准则下 EVA 调整业务举例

一、EVA 计算会计调整原则

为了计算最优的 EVA，在通常情况下，大多数公司会采取 5 ~ 10 条调整措施，其主要遵循的原则包括：

（1）重要性原则。即拟调整的项目涉及金额应该较大，如果不调整会严重扭曲公司的真实情况。

（2）可改善性原则。即经理层能够影响和控制该调整项目，使决策行为对公司业绩的上升起到良好作用。结合每个公司的具体情况，确认那些真正能够促使管理者行为改变，从而改善公司的业绩。

（3）简单可操作性原则。即该调整数据易于股东、管理人员和员工的理解，并无须经常更改。一种业绩评价体系是否具有长久的生命力，不仅在于其理论上的严密性，更重要的是简单易行，便于理解和操作。

（4）针对性和导向性原则。即会计调整对于不同的公司，需要结合公司所在行业以及突出公司主业的特征确定不同的会计调整重点。例如，对于传统的大型医药制造公司，调整的重点应放在研发费用上；对于工业公司，坏账准备和存货准备的调整尤其重要；对于消费品生产公司，广告费用的调整是关键；对于金融机构，贷款损失准备、坏账准备则显得很重要。会计调整的选择还要注重突出主业，体现 EVA 价值管理的导向性。

（5）会计平衡原则。即在进行会计调整时，对从会计利润到税后净营业利润中所剔除的主要调整项，如营业外收支等（不包括财务费用），需要作为调整项在计算从资产负债表中的总资产到资本占用时进行加回。这是因为营业外收支虽然不反映主营业务业绩，但由于其是真正发生的项目，也是应由股东来承担的，是对资本的占用，因此在计算资本占用时要予以加回。

（6）行业基本一致原则。为了便于横向比较，对同一行业，原则上采取统一的调整标准。

二、税后净营业利润（NOPAT）计算业务举例

（一）研究开发费用的调整

调整方法为：将研究阶段发生的费用和开发阶段不符合条件计入当期损益的费用金额进行资本化处理，将当年费用化的研发费用的税后值加入到税后净利润中，并将会计准则下累计费用化的研发费用按照一定的受益期限进行摊销，按照累计摊销额的税后值从税后净利润中予以扣除。

例如，某高科技公司已于 2007 年 1 月 1 日起执行了企业会计准则，2005～2009 年期间，每年内部研究开发活动研究阶段的费用如表 2.1 所示。

表 2.1　　　某高科技公司 2005～2009 年研究阶段的费用　　单位：万元

年份	2005	2006	2007	2008	2009
研究开发费用	750	700	500	550	1000

假设该公司 2009 年的税后净利润为 6000 万元，资产总额为 50000 万元，公司适用的所得税税率为 15%。若要计算 2009 年的 EVA，如何对研发费用进行调整？

将 2009 年内部研究开发活动研究阶段发生的费用 1000 万元的未摊销部分（假定管理层决定将研究阶段发生的费用在计算 EVA

时按 5 年进行摊销）加回至税后净利润。同时将 5 年来研究阶段发生的费用相加作为资本费用，则 2009 年的摊销费用应该为：

$$(750 + 700 + 500 + 550 + 1000) \div 5 = 700 （万元）$$

然后从税后净利润中扣除 700 万元，即 2009 年税后净营业利润为（假设不考虑其他调整因素）：

$$
\begin{aligned}
税后净营业利润 &= 税后净利润 + （当年费用化的研发费用 \\
& - 按 EVA 要求应摊销的研发费用） \\
& \times （1 - 税率） \\
&= 6000 + （1000 - 700） \times （1 - 15\%） \\
&= 6255 （万元）
\end{aligned}
$$

注意，企业必须将剩余的研发费用加到资本项目上，以计算资本成本。2009 年及以前未摊销的研发费用计作资本投入的数额为：

$$1000 \times 4/5 + 550 \times 3/5 + 500 \times 2/5 + 700 \times 1/5$$
$$= 800 + 330 + 200 + 140$$
$$= 1470 （万元）$$

资本占用 = 资产总额（50000） + 1470 = 51470 （万元）

（二）财务费用的调整

调整方法为：从利润表中提取当期财务费用值，将财务费用的税后值加入到税后净利润中去。

例如，某公司 2008 年年度利润表中，税后净利润为 5000 万元，财务费用项目金额是 800 万元，公司所得税税率为 25%。假设不考虑其他调整因素。

$$
\begin{aligned}
税后净营业利润 &= 税后净利润 + 财务费用 \times （1 - 税率） \\
&= 5000 + 800 \times （1 - 25\%） \\
&= 5600 （万元）
\end{aligned}
$$

（三）营业外收支的调整

调整方法为：将当年发生的营业外收支净额扣除所得税的影响

后从税后净利润中剔除，并将以前年度累计发生的营业外收支的税后值计入到资本占用中。

例1：某公司 2008 年年度利润表中，税后净利润为 8000 万元，营业外收入为 3000 万元，营业外支出为 2400 万元，企业所得税税率为 25%。假设不考虑其他调整因素。

税后净营业利润 = 税后净利润 -（营业外收入 -

营业外支出）×（1 - 税率）

= 8000 -（3000 - 2400）×（1 - 25%）

= 7550（万元）

例2：承例1，该公司当年营业外收入为 2000 万元，营业外支出为 2400 万元，企业所得税税率为 25%。假设不考虑其他调整因素。

税后净营业利润 = 税后净利润

-（营业外收入 - 营业外支出）×（1 - 税率）

= 8000 -（2000 - 2400）×（1 - 25%）

= 8300（万元）

（四）减值准备的调整

调整方法为：将企业当年提取的资产减值损失的税后值加回税后净利润，按实际发生的资产损失计入相应的会计期间，在扣除所得税影响后，加回到税后净利润中。

例如，某公司 2008 年度利润表披露，2008 年税后净利润为 6000 万元，2008 年由于库存商品和库存原材料的价格发生了大幅的下跌，因此该公司当年计提了存货跌价准备 1200 万元。企业所得税税率为 25%。假设不考虑其他调整因素。

税后净营业利润 = 税后净利润 + 当期存货跌价准备

×（1 - 税率）

= 6000 + 1200 ×（1 - 25%）

= 6900（万元）

（五）递延所得税的调整

调整方法为：从资产负债表中分别取递延所得税负债的增加额加入到税后净利润中，并将递延所得税资产的增加额从税后净利润中剔除。

例如，某公司 2008 年财务报表显示，公司 2008 年税后净利润为 4500 万元，2007 年和 2008 年递延所得税资产分别为 500 万元和 900 万元；2007 年和 2008 年递延所得税负债分别为 1200 万元和 1800 万元。企业所得税税率为 25%。假设不考虑其他调整因素。

税后净营业利润
= 税后净利润 + 递延所得税负债增加额 − 递延所得税资产增加额
= 4500 + (1800 − 1200) − (900 − 500)
= 4700（万元）

三、资本占用计算业务举例

调整方法为：资本占用的计算是以资产负债表的资产总额为起点，通过对财务报表中部分项目的调整，从而减少这些项目对公司真正可使用资本的扭曲。资本占用的主要调整项目包括：（1）减值准备；（2）在建工程；（3）无息流动负债；（4）费用化的研发费用（研究阶段）；（5）资本化的研发费用（开发阶段）；（6）费用化的广告费用；（7）营业外收支。其中来自资产负债表的数据均取期初和期末数的平均数，来自利润表的数据取其累计数据。资本占用的计算公式：

EVA 资本占用 = 平均资产总额 + 平均减值准备
　　　　　　 + 累计未摊销的费用化的研发费用
　　　　　　 + 累计未摊销的资本化的研发费用
　　　　　　 + 累计未摊销的广告费用
　　　　　　 + 累计税后营业外收支净额

- 平均无息流动负债 - 平均在建工程

例如，某公司2008年的有关财务报表数据如下：2008年资产总额期末数为135600万元，期初数为116400万元；2008年计提的各项减值准备共计6500万元，2007年计提的各项减值准备共计4300万元；2008年在建工程期末数为19800万元，期初数为13400万元；2008年无息流动负债期末数为35800万元，期初数为28600万元。假设从2004年开始计算的累计未摊销研发费用（含研究阶段和开发阶段）为9750万元；累计未摊销广告费用为6700万元；累计营业外支出为8500万元，累计营业外收入为12500万元。企业所得税税率为25%。

该公司资本占用计算如下：

平均资产总额 = (135600 + 116400) ÷ 2 = 126000（万元）

平均减值准备 = (6500 + 4300) ÷ 2 = 5400（万元）

平均在建工程 = (19800 + 13400) ÷ 2 = 16600（万元）

平均无息流动负债 = (35800 + 28600) ÷ 2 = 32200（万元）

累计税后营业外支出 = 8500 × (1 - 25%) = 6375（万元）

累计税后营业外收入 = 12500 × (1 - 25%) = 9375（万元）

资本占用 = 平均资产总额 + 平均减值准备

　　　　+ 累计未摊销研发费用 + 累计未摊销广告费用

　　　　+ 累计税后营业外支出 - 平均在建工程

　　　　- 平均无息流动负债 - 累计税后营业外收入

　　= 126000 + 5400 + 9750 + 6700 + 6375 - 16600

　　　　- 32200 - 9375

　　= 96050（万元）

第三章

EVA 的功能与评价

　　EVA 之所以能快速风靡各地并被像可口可乐、UPS、Polaroid、Eli Lilly、AT&T 等知名企业所采用，一方面与世界范围的股权活动有关。20 世纪 80 年代，股东权益保障运动在美国达到了前所未有的高潮。此后，欧洲投资者也给公司增加压力要求股东价值最大化，甚至在芬兰，公司也被迫设定股东财富最大化经营目标。另一方面与 EVA 的优点是分不开的，而优点又建立在其理论创新基础之上。

　　EVA 企业财务管理系统是集业绩评价、财务激励、文化理念、企业治理为一体的综合性系统，其业绩评价功能主要靠以 EVA 为核心的业绩评价指标体系来实现，财务激励功能主要靠建立在 EVA 奖金之上的财务激励体系来实现，文化理念功能则主要靠以 EVA 为目标的文化理念体系来实现，而企业治理功能则靠以 EVA 为基础的企业治理体系来完成。

第一节　EVA 业绩评价功能

　　业绩评价作为企业管理系统的重要组成部分，是发挥组织行为活动效能、健全分配体系、实现企业目标的关键。因此，EVA 企业管理系统的首要功能应是业绩评价功能。而这一功能将如何实现呢？我国企业现行的业绩评价方法存在着明显的不足。

一、业绩评价核心指标：EVA

EVA 是一种试图通过财务资本的配置来达到价值创造和价值增长目的的财务管理系统。最起码地说，EVA 是一个强调"从经营利润中扣除资本成本后的剩余收益的业绩评价系统"。EVA 的决策要求所创造的价值必须超过资本成本，此业绩指标是一个能够提供一种决策的标准。它作为价值创造的计量指标，确认了资本成本，与股东的价值紧密地联系在一起，所以明显优于传统的会计利润指标，尤其在资本配置方面的效果更加明显。

虽然 EVA 并没有完全解决成本确认和能否准确计算中的所有问题，但它绝不仅仅只是在财务上计算出来的一种结果，也不仅只是说明公司的财务状况，而是涉及公司的经营和战略。EVA 控制系统仍然是以传统的会计和预算程序为基础，但它克服或尽量避免传统的预算目标会导致管理行为方面上的问题，可以完全消除财务管理中的主观性。采取预期的业绩由内部的预算标准转变为外部以市场为基础的价值增值要求，将有助于减少采用传统会计和预算程序在标准制定过程中出现的"讨价还价"和其他的"粉饰"行为。通过 EVA 的实施可以形成一个"用于指导和控制公司的经营和战略的财务政策、财务程序、财务指标和计量方法的集合"的财务管理系统，尤其能从财务角度评价经营业绩，根据现有业绩，追溯导致这种业绩的战略和经营因素，为改进管理提供依据。

EVA 作为一种业绩评价指标，能够反映企业的真实业绩。EVA 将所有的资本都纳入核算体系，表明了在一定时期内企业所创造财富的价值量。在 EVA 计算过程中，首先对传统收入概念进行了一系列的调整，从而可以消除会计运作产生的异常情况，并使其尽量与经济真实状况相吻合。另一方面，EVA 从股东的角度来定义利润更符合企业实际情况。就股东来说，只有当企业的盈利超过了他们的机会成本时，他们的财富才增加。他们认为不仅债务资本是有成本的，权益资本的使用也是有成本的，只有收回包括权益在内的全部资本成本之后的 EVA 才是真正的利润，公认的只考虑债务成本的会计账面利润不是真正的利润，若 EVA 为负数，即便是会计报告有盈利，也是亏损。EVA 不仅是评价企业业绩的良好指标，更重要的它还是一套完整的管理体系。在提高 EVA 的压力下，管理人员必须想尽办法提高资本的营运能力，以降低业务活动中的资本成本。比如提高流动资金的使用率，缩短应收账款的回收期，减少不必要的存货，因为资产的沉淀就意味着成本的增加和财富的损失。另外，通过 EVA 财务管理系统，还可以确保管理人员在追求自身利益的同时实现股东财富最大化。管理学之父彼得·德鲁克在《哈佛商业评论》上的一篇文章指出：作为一种度量要素生产率的关键指标，EVA 反映了管理价值的所有方面。

二、关于 EVA 评价有效性的研究综述

应当指出，国外对于 EVA 有效性的实证研究，大都是在假定证券市场有效的前提下，对基本假设所做的合理性检验。在研究方法上，主要利用价值相关性（value relevance）模型，研究资本市场环境下 EVA 和其他会计指标与公司价值的相关程度，公司价值一般用市场附加值（MVA）或者股价作为替代变量。价值相关性又可分为相对关联研究（relative association studies，或称相对信息含量研究）和增量关联研究（incremental association studies，称增量信息含量研究）（Holthausen，Watts，2001）。相对信息含量研究用于检验各种指标和公司市场价值的关系，增量信息研究用于检验要素构成的边际贡献。

对 EVA 有效性的研究始于 20 世纪 90 年代中期，米卢诺维奇和特舒伊以及林和马科希佳雅（Milunovich and Tsuei，1996；Lehn and Makhijia，1997）进行了单变量检验，发现 MVA 和 EVA 的相

关性要高于会计收益、每股收益、权益收益、自由现金流等指标。J. L. 格兰特（1996）在实证研究中发现，EVA 对 MVA 具有显著影响。S. R. 拉詹（S. R. Rajan, 1999）研究了 1998 年美国电力行业上市公司，发现包括标准化的 EVA、标准化的净收益、净资产收益率、总资产收益率、每股收益、标准化的自由现金流等评价指标与企业价值（标准化的 MVA）之间的关系中，EVA 的解释力最强。

詹姆斯·多德和陈世敏（1997）研究了会计指标（每股收益、资产收益率、权益收益率）、剩余收益、EVA 和股票收益的相关性，发现 EVA 的解释能力（$R^2 = 41\%$）略高于会计指标（$R^2 = 36.5\%$），远没有 EVA 的倡导者们所宣称的那样。研究所用的数据是 1983～1992 年的长时期数据，不分行业，如果知道公司采用 EVA 的时间和相关行业，那么可以进一步考察 EVA 对股票收益的影响。

此外，法扎德·法斯罗（Farzad Farslo, 2000）等对 EVA 与股票收益之间关系的实证研究表明，在解释股票收益波动方面，EVA 可能是业绩指标中最差的之一，它只能解释股票收益波动的很小一部分。

麦克科马克和维西伊瓦兰（McCormack and Vytheeswaran, 1998）研究了石油和天然气行业，发现标准的 EVA 只能解释股东财富波动的 8%（会计收益为 2%～4%）。在这种特殊行业，已探明未开采的储量是公司的一种实物期权，而标准的 EVA 没有考虑这种期权，为此结合实物期权理论对标准 EVA 加以改进，提出了"向前看的 EVA"。用这种 EVA 能够解释股东财富变化的 49%。

其他一些国外学者对 EVA 做了深入研究并提出了改进，乔翰·D·威里斯（Johann De Villlers, 1997）探讨了通货膨胀对 EVA 计算结果的扭曲及改进办法，提出了调整后的 EVA 概念。Edward V. Mclntyre（1999）通过分析不同会计方法对 EVA 计算的影响，提出使用多层评价指标，结合其他相关数据，以减少 EVA 在业绩评价中的内在缺陷的影响。

众多的研究表明，EVA 与公司价值的相关性要高于传统会计指标，研究结果差异仅仅在于解释程度的高低。不过也有不同的声音。比德尔、博温和华莱士（Biddle，Bowen and Wallace）是怀疑派，认为 EVA 言过其实并试图簸扬出 EVA 盛誉（buzzword）下的粗糠（chaff）。

第二节　EVA 的激励功能

　　一个不容忽视的现实是，在公司针对管理人员的奖励计划中，更多的是强调报偿（compensation），而对激励（incentive）重视不够。但是，无论奖金量是高还是低，都是通过每年讨价还价的预算计划确定的。因而，在这种体制下，管理人员最强的动机是制定一个易于完成的预算任务——并且由于奖金是有上限的，他们不会超出预算太多，否则在"棘轮效应"的影响下，会使股东期望值提高而导致其被动局面。

　　在管理人员的报酬与 EVA 挂钩的情况下，情形自然发生了变化。管理人员会主动为企业所有者着想，使他们从股东角度长远地看待问题，并得到像企业所有者一样的报偿，因为，只有 EVA 为正，或者与前期相比，EVA 增加了，管理人员才真正创造了价值，也才能得到基于价值增加后的奖励。在企业实务中，思腾思特公司提出了现金奖励计划和内部杠杆收购计划。现金奖励计划能够让员工像企业主一样得到报酬，而内部杠杆收购计划则可以使员工对企业的所有者关系真实化。

　　"以 EVA 增加作为激励报偿的基础，是 EVA 体系蓬勃生命力的源泉"。在 EVA 奖励制度之下，管理人员为自身谋取更多利益的唯一途径就是为股东创造更大的财富。EVA 奖金没有上限，并且脱离了年度预算，EVA 管理人员更有动力进行全面经营（home runs），而不再单打独斗（singles），并且会在进行投资时考虑到长远利益（long-run payoffs）。采取 EVA 激励机制，最终推动公司年度预算的是积极拓展的战略方针，而不是被预算限制的保守方略。

一、现有企业激励困境

政府作为国有资产代表，不可能直接经营管理如此之多的企业，只有通过委托代理关系由经营者经营，从而存在着所有者和经营者之间的利益冲突。而民营企业在逐渐地成熟中，也必然经历一个从家族企业到现代企业的转变，这一转变必然伴随着所有者和经营者的分离。经营者被假定按照所有者的利益来行为，但通常二者的利益又是不完全一致的。解决这一代理问题的方法之一是建立一种有效的激励机制，激励企业管理者和员工的积极性，充分发挥其创造性，实现所有者利益最大化。

尽管大多数中国国有企业和民营企业都对采用最好的奖金激励计划给予了充分重视，然而在实行"西方式"管理方法的热潮背后，我们发现许多中国企业只是在照搬常规的方法而非最优体制，犯了本可以避免的错误。以下是中国企业中普遍存在的一些问题。

（一）在应用奖金计划的时候未能结合企业发展战略，也没有融入整个企业管理体制

错误设计的激励计划使管理者个人的行为与企业的战略偏离，对企业战略目标的完成有事倍功半的负面影响。实际上，激励计划的目的不是纯粹为了对个人绩效的评估而设计的，更深层次的目的是为了有效地推动个人的行为表现，引导企业全体员工从个人乃至个别部门开始共同朝着企业整体战略目标迈进。举个简单例子，五六年前国内家电行业还处于发展期时，还没有今天百花齐放的局面，消费者的选择是有限的。假如一家家电制造商在当时所考核的只是简单的销售收入，而忽视其他方面（例如对消费者满意程度的考核），在当时的状况下同样可以得到满意的销售结果。近年来，随着行业竞争加剧，品牌、型号和色彩等的选择增加，客户的

价格敏感度降低，市场趋于成熟和饱和。如果仍以市场规模/销售收入为销售人员的考核目标，销售部门为了达此目标，会削减产品价格以争取市场份额，并向销售商大量压货以扩大销量，来增加个人的奖金收入。但是，削减价格会使企业利润率滑坡，行业价格战愈演愈烈；大量压货带来应收账款的增加会造成公司的坏账增加；而经销商这边为处理存货会进一步降价，使产品声誉受到严重影响，企业蒙受巨大损失。可以看出，错误的奖金计划不仅不会吸引和保留长期的忠实客户，而且会损害公司的整体利益。

（二）没能选择正确衡量标准作为奖金发放基础

如果激励方法与股东价值脱节，企业实际上将奖励那些不利于企业的行为。实际上，考核指标和相关的激励政策从根本上驱动经营者的行为，所以制定正确的考核指标和激励体制是影响员工行为和企业价值的关键因素。许多企业通常根据年度预算利润的完成情况发放奖金，这种做法会使企业管理者急于追求短期成果，而不能充分重视企业的长期发展，也不愿在 3～5 年内能获得更大回报的项目上投资。而当企业以规模（如市场份额、销售额）和会计利润作为主要考核目标，由于传统会计制度的缺陷，经营者可变化诸如坏账准备的提取、折旧摊销标准等方式来人为操纵销售额、利润等指标。这种"年底游戏"也使企业所谓的以"业绩"为基础的报酬激励机制付诸东流。

（三）大部分公司管理者的工资和奖金不能体现经营管理者的价值，存在着激励力度不足的问题

2000 年对国内企业家收入调查发现，国有企业总经理收入年薪在 2 万元以下的竟占 42%，89% 国有企业总经理年收入在 10 万元以下。低薪企业制度貌似降低了股东成本，实则造成经营者责权利失调，经营者的价值没有得到应有的体现和认可，其积极性和智慧无法得到充分发挥。企业代理成本高昂，出现"最便宜的企业

家和最昂贵的企业制度"这类问题，最终使得股东利益没有得到
保障。当经营者的经济利益不能充分体现时，其追求地位和资源支
配权的欲望必将膨胀。另外，常规的奖金计划具有图 3.1 所示的特
点：在企业业绩较低的时候，管理者往往没有奖金，业绩水平一旦
达到了 L，管理者开始获得奖金，随着业绩增加奖金也不断增加。
但是在超过 U 之后，管理者将不能获得额外的奖金。在图 3.1 所
描述的情况中，管理者没有处于"准所有者"的位置，一个准所有
者的奖金支付应随着业绩的提高而不断上升。在常规奖金计划
中，当业绩超过 U 时，就不再有能够有效激发管理者努力工作的
动机。而且，如果企业业绩一直小于 L，奖金计划也不能刺激管理
者努力工作。

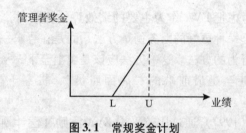

图 3.1　常规奖金计划

企业改革中出现这些激励困境的其中一个原因是人们通常把激
励支出视为一项费用。从某种角度看，这种看法是对的。如果资金
和激励支出无法改变行为或提高业绩，那么它们的确是一笔费用，
甚至可说纯粹是浪费资金。然而我们可改变这种情况，其中一种解
决方法是让经营者分享该公司业绩和利润增长的份额，奖金必须反
映由企业内员工的智慧、努力所创造的额外财富。奖金的多少取决
于员工为公司创造了多少财富。所创造的财富越多，奖金数额越
大，企业各相关人获益就越多。问题关键是如何实现员工奖金与企
业真实业绩改善和财富创造相一致性的问题，如何创造有效的所有
者企业文化。

　　许多上市公司开始在激励机制方面进行一系列的尝试，但效果并不十分理想。如华北制药实施了以风险抵押金为基础的年薪制，但其预先由经营者自己出资作为风险抵押的方式是值得质疑的，会在市场年景坏的时候损害经营者的积极性；东方创业实行了收益风险对等的风险基金，有长期激励的效果，但由于激励是基于目标税后利润指标，也存在前述错误的衡量标准问题；清华同方、永生股份等推出了期股期权方案，股票和期权激励目前在中国大多数情况下是不可行的，即使是西方企业也发现随着企业规模的扩大和组织结构的复杂化，对中层管理人员和员工的激励效果也并不明显。

二、关于 EVA 激励有效性的研究综述

　　当公司考虑把 EVA 作为主要的绩效评估标准时，它们所寻求的并不仅仅是一种更好的财务衡量方法，而是在寻求一种更好的激励价值增加行为的方法。这一方法应该是由上至下，从公司高管层到财务部，甚至是最前端的"店面雇员"，贯穿于整个组织之中的。

　　华莱士（1997）通过比较采用 EVA 激励补偿计划的公司和没有采用这种补偿计划的公司相对业绩的变化，发现采用补偿计划的公司管理者更愿意处理不良资产、减少投资、向投资者分配剩余资金，通过股票回购增加了股息率，更有效地使用了资产，从而使得剩余收益有明显的增加。

　　华莱士（1998）向 40 家采用 EVA 计划的公司发出调查表，收回 14 份，向采用 EVA 决策但不使用 EVA 奖金计划的 36 家公司发出调查表，收回 15 份。分析报告显示，前者资金预算管理和财务决策管理有显著变化，后者也发生了一些变化，但程度不及前者。得出实证结论：基于 EVA 的管理激励使得经理人更像一个所有者一样采取行动，减轻了经理人与股东之间固有的矛盾，采用 EVA 作补偿基础的公司在过去 24 个月中收益率要比市场高出 4 个百分

点。因此，华莱士认为，EVA 计划如果结合激励补偿体系会更有效。但是，华莱士的研究也有缺陷，他只是针对公司层面，在公司之间比较，没有深入到企业内部。另外所获得的数据也有局限性，因为无法区分到底是 EVA 带来的效果还是由于采取了其他措施带来的效果。比如，采用 EVA 分红计划的公司可能同时改进了补偿的比例，那么激励效果究竟是由于 EVA 引起的还是改变了分红比例引起的呢？为了解决这个问题，斯蒂芬·S·里斯曼（Stephen S. Riceman，2002）等设计了一个实验，在一个单一的国际性公司取样，选取 117 个经理，分成两组，一组 52 人，采用 EVA 奖励模式；一组 65 人，采用传统的激励模式。研究发现，那些较好地理解 EVA 理念并使用 EVA 计划的经理，其业绩比那些使用传统的奖金计划的经理做得要好。绩效改进的原因，更多的是由于经理人绩效评价的连续性和一致性，而不是源于 EVA 作为绩效评价体系的优越性。另外还发现，采用 EVA 的公司和对 EVA 的理解程度与经理人被雇佣的公司的区位有关系，这说明作为激励措施，EVA 并不具有地域普适性。

约翰·伊万斯（John Evans，2002）利用澳大利亚的数据研究了 CEO 薪酬结构与 EVA 之间的关系。将薪酬结构分成两种，一种是基于现金的奖励报酬（cash-based remuneration，或 cash-based rewards），另一种是以权益为主的激励报酬（equity-based rewards，或 incentive-based compensation，CEO 持有 personal share holdings）。选取 209 家公司 1995～1998 年的数据为样本，研究发现，以权益为基础的报酬与 EVA 显著正相关，采用这种薪酬结构的公司较采用现金支付结构的公司有更低的购并倾向，CEO 更关注公司业绩（performance effects），而不是规模效应（scale effects）。这一结论带来这样的启示：EVA 的实施如果与股票期权相结合，能够进一步协调股东和经营者的利益，提高激励效果。

思腾思特公司对应用 EVA 超过 5 年的 66 家客户企业进行了类似的调查，发现激励薪酬机制对企业的财富创造至关重要。应用

EVA 但未将其纳入薪酬体系的 10 家企业只比同行业竞争者多创造了 1% 的股票市值；与之相对应的是，应用 EVA 激励计划的 31 家企业比同行业竞争者股票市场表现高出了 84%。还有 25 家应用修正后的 EVA 激励机制的企业创造了 33% 的超额回报。由此可见，将 EVA 纳入经理层激励计划中的重要性。华莱士（1997）和思腾思特公司均考察了 EVA 在公司层面上的应用效能，对公司内部各部门的绩效问题缺乏更深入的研究，齐米曼（Zimmerman，1997）说明即使公司层次的 EVA 能够说明股票收益的变化，但是分部门的 EVA 也可能是一个错误的价值创造指标，从而提供一个错误的激励，这提示我们，发挥 EVA 在企业内部各部门的协同效应、处理部门绩效评估中的基本矛盾将仍是一个棘手的问题。

　　法蒂米、德赛和卡兹（Fatimi，Desai and Katz，2003）将 EVA 和 MVA 引入经理激励与公司绩效关系的实证研究，得到了一些重要结论：MVA 是经理报酬的一个显著决定因素；总体来看，EVA 和 MVA 是比传统会计绩效测度，如资产报酬率（ROA）等，与经理报酬具有更密切的关系。

第三节　EVA 的企业理念功能

一、现有企业理念误区

　　企业文化是一种力量，首先就是凝聚力和激励力。就凝聚力而言，可以说，现代企业文化是一种粘合全体员工的黏合剂。倘若企业形成了一种被全体内部成员所接受的共同价值观念，企业职工就会改变原来各自为政，以自我为中心的个人价值观念体系，使职工产生强烈的集体意识，形成"顺向合力"。从财务角度而言，现有企业在这两方面的理念误区表现在两个方面。

（一）多种财务目标将引起混乱

大多数公司用于表达财务目标的方法又多又杂。公司的战略企划通常建立在所得收入或市场占有的增加基础之上。在评估个体产品或生产线时，公司常常以毛利率或资金流动为标准。在评价各业务部门时，则可能根据总资产回报率，或是预算规定的利润水平。财务部门通常根据净现值分析资本投资，但是在评估可能的并购活动时则又常常根据对收入增长的可能贡献为衡量指标。除此之外，生产线管理人员和业务部门负责人的奖金每年都要基于利润计划重新评估。这些标准和目标前后并不一致，通常会导致营运战略、策划决策缺乏凝聚力。

（二）不同利益集团有不同的财务管理目标，不同的财务管理目标势必引起冲突

财务管理目标是企业进行理财活动所希望实现的结果。然而，企业的不同财务主体在企业的财力分配与配置上会有不同的预期。由于现代企业制度的出现，产权高度分化，财产的所有权与财产的占有权、经营权发生了分离。同时，现代企业制度使得传统意义上的财产取得了两种形式和两种主体：其一是以价值形式存在和运动的投资者的股票或股权，这是由股东掌握的资产所有权，它的归属主体是出资者；其二是以实物形式存在和运动的企业资产，由经营者掌握和运用、行使经营权，它的占有主体是企业法人。因此，从产权分离的角度来看，理财主体可分为出资者财务主体和经营者财务主体。作为两个不同的利益主体，在财务管理目标上必定存在着差异。出资者的财务管理目标应该是投出资本的资本安全和资本增值，关心企业的稳定发展和长远利益，追求股东财富最大化；经营者的财务管理目标则可能为经理效用（利益）的最大化，获取更高的报酬。"内部人控制"就是源于出资者与经营者的财务管理目标的不一致。由于委托代理关系的存在，代理冲突、利益冲突在出

资者与经营者之间不可避免,"逆向选择"与"道德风险"问题时有发生。

为了妥善地处置代理冲突,势必发生一些代理成本,对经营者的行为进行监控,这些代理成本会成为企业价值的抵减因素,企业价值的下降必然会影响股东财富最大化的实现。因此,在委托代理关系的链条中,为了防止利益冲突和非均衡性,并使二者目标保持一致,应在公司法人治理结构、激励机制等方面设计一套科学的方案,使出资者利益、经营者利益与企业之间实现最大限度的协调与统一。

二、建立以创造 EVA 为目标的文化理念体系

EVA 不仅仅是一种计量方法,更重要的它是一种管理理念和企业文化。EVA 以一种新观念和能够正确度量业绩的目标,凝聚着股东、经理和员工,并形成一种框架指导公司的每一个决策,在利益一致的激励下,用团队精神大力开发企业潜能,最大限度地调动各种力量,形成一种奋斗气势,就像邯郸钢铁公司职工关心每吨钢的成本一样,人人关心 EVA。共同努力提高效率,降低成本,减少浪费,提高资本运营能力,每增加一个 EVA,都有努力者的一份。这种作用对我国企业来说有非同小可的意义。

(一) EVA 终结了多目标引起的混乱状况

EVA 仅用一种财务衡量指标就联结了所有决策过程,并将企业各种经营活动归结为一个目的,即如何增加 EVA 为各部门的员工提供了相互进行沟通的共同语言,使企业内部的信息交流更加有效。由于公司经营的唯一目标是提升 EVA,各部门就会自动加强合作,决策部门和营运部门会自动建立联系,部门之间互不信任的状况会得以根除。因此,EVA 是一套有效的公司法人治理制度,这套制度自动引导和鼓励管理人员和普通员工为股东的利益思考和

做事。真正把经理和员工的收益和其所作所为最大限度地结合了起来，从而培养出真正的团队、主人翁意识和分享精神，给管理者以强有力的动力。

（二）EVA 代表着共同利益

EVA 管理的最终目标是实现股东财富和公司价值最大化的目标。这样人们就会提出质疑，强调追求股东财富，是否会忽略了其他利益相关者的利益？这些利益相关者主要包括管理者、债权人、员工、顾客、公司所在的社区、周围的环境，甚至还包括股东自身的长远利益。实际上，实现股东财富最大化是保证其他利益相关者的长远利益的最好方式，也是一种唯一的方式。因为股东财富最大化可以引导资源用于最有效率和最有价值的领域，企业是社会财富的创造者，为股东创造财富的过程也是为社会中每一个成员创造财富的过程，只有这样才能保证社会的安全和稳定。如果企业不去追求股东财富最大化，就会导致资源的浪费和整个社会的恶性循环，那也就根本无法保证其他利益相关者的利益。再者，如果损害了其他利益相关者的利益，那么管理者也不能够为股东创造持久的财富。正如经济学家罗纳德·高斯所说，公司是"一组契约的集合"，当然这些契约可能是显性的，也可能是隐形的，如果公司在强调追求股东财富的同时，忽略和损害了其他利益相关者的利益，那必然会引起其他利益相关者的不满，从而导致 EVA 的降低。

EVA 作为一种管理工具，具有两个显著的特点：一是容易被人理解；二是与价值创造密切相关。因此，它能够满足所有利益关系人对公司业绩进行评价的需要。并且，EVA 提供了一个单一、协调、持续的目标，使得所有决策都能够模式化，可以检测，可以用同样的尺度来准确地评价一个项目、一个部门、一个责任中心、一个子公司是增加还是减少了股东的财富。正是由于 EVA 在评价公司业绩方面具有清晰、公正和可靠的特征，因此它能够体现公司所有利益相关者的共同利益。

（三）EVA 是能将所有者财务管理目标与经营者财务管理目标紧密衔接的一条纽带

对于经营者而言，所有者采用以 EVA 为基础的奖金激励计划，使得经营者必须在提高 EVA 的压力下想尽办法提高资本运营管理的能力。同时，经营者也必须更有效地使用留存收益，提高融资效率，因为 EVA 使他们认识到企业的所有资源都是有代价的。运用 EVA 为基础的奖金计划时，并不只根据正或负的 EVA 进行奖罚，而主要是根据 EVA 的增长进行奖励。另一方面，在 EVA 系统下，通过设置将奖金报酬与奖金支付分割开的奖金库，可防止经营者操纵 EVA 的盈余管理行为，同时给具有高业绩的诚实经理提供很大的激励。对于股东、所有者而言，EVA 开发了企业四个方面的潜能：（1）提高效率、降低成本、减少浪费、节省税赋，为企业创造更多的财富，使利润增加；（2）提高资本营运管理的能力，通过对资产的重组提高利用效率；（3）追求健康的、有经济利润的增长，只要新项目、新产业和新规模能给投资者带来比机会成本更高的回报率，就授予基层经理们更大的灵活机动权和更大的责任压力，从而使管理更加科学；（4）优化资本结构，降低资本成本。由此可见，EVA 有利于将经营者利益与股东利益协调一致，维护股东权益，EVA 最大化的实质就是权衡了经营者利益下的股东财富最大化。

把 EVA 作为企业文化的关键在于使其成为汇报、计划和决策的共同关注焦点。这就要求做到以下两点：（1）因为 EVA 是全部生产要素的衡量指标，人们必须认识到 EVA 能够，也必须处于高出其他财务和营运指标的地位。如果 EVA 只是作为许多其他业绩衡量指标的附加手段实施，那么混乱的、本可解决的复杂情况仍将继续存在。（2）决策过程必须采用 EVA 指标。在这方面，公司应根据具体情况将 EVA 应用于广泛的决策活动中，在诸多重要程序中，比如制定预算和战略方针时，使用这些方法。

第四节　EVA 的公司治理功能

一、现有公司治理体系存在的问题

公司治理体系是由管理者自愿建立的，并在公司战略规划和决策等层面运行。如果正确建立了该体系，公司的资源可以得到优化配置，公司的业务可以得到高效管理，公司的运作也会更有效率，进而可以加强证监会对投资者利益的监管保护。最为重要的是，好的公司内部治理体系能确保管理者和投资者的利益得到统一。完善的内部公司治理结构能确保全体员工理解公司的短期和长期目标，业绩的衡量标准，个人贡献在企业成功中的作用，以及战略和资源配置的重点，业绩和薪酬之间的联系等。错误的公司治理将导致资源浪费，决策混乱，管理落后，以及在资本市场中形象不佳，股价低迷。

目前，我国大多数公司治理体系都存在着严重缺陷，这主要表现在：

1. 它们以会计利润衡量标准为核心，而这些标准会严重影响资源配置和决策的正确性

很多企业都将销售收入和利润的增长作为首要目标，这也是相应的激励机制所鼓励的。然而，由于传统会计衡量标准忽视了资本成本，企业往往过度投资，留下一大堆闲置资产。财务主管们也许会辩解到，他们在新投资项目的资本预算过程中提出了最低资本回报率要求，但实际上企业决策层会提交超出最低回报要求的计划书，以取得董事会的同意。因为相应的业绩评估标准只看重销售收入和盈利增长，这使他们无须真正承担资本回报的责任。在这里，传统的衡量标准起了误导作用。

2. 公司治理的深层次缺陷还体现在商业计划与激励薪酬目标的联系上

大多数企业都将计划中的预期业绩目标作为管理者获得某一水

平奖金的必条件，然而这只会促使管理者调低企业的潜在发展水平以保证更为灵活的业绩目标。当然，企业高层同样了解这一情况，毕竟他们也许正身居类似职位，并以同样的手法行事，于是提出更高的业绩要求。其后果是，在业务规划过程中助长了欺骗之风，并造成企业团队成员之间的矛盾。

3. 公司治理体系还会因使用过多的衡量标准使问题复杂化

采购、制造、销售等不同部门使用不同的业绩衡量指标。由于缺乏一个统一标准，部门间往往各自为政，在实现本部门目标的同时可能会影响了其他部门乃至整个企业的业绩。例如，采购部门通过大量订购以获得折扣降低原材料单位成本，但过多存货增加了其他费用。生产部门通过增加产量，来降低单位成本，从而以最小成本实现最大产出，但这可能会使产量超出销售部门的销售量，而造成过多的产成品存货。销售部门为了增加市场份额，要求生产部门将产品客户化、个性化。这样虽然可以促进销量增长，但却会因生产成本过高而造成利润率下降。传统的治理体系由于缺乏完整的业绩标准，容易导致员工的错误行为，使善于在业绩目标上讨价还价的管理者尝到了甜头，同时造成了狭隘的部门观念而不是企业大局协调观。

二、建立以 EVA 为基础的公司治理体系

EVA 明确了所有管理者潜意识中已经触及的一个重要问题，即企业的资金是有成本的。这一点传统会计利润指标并没有表现出来，正如管理大师彼得·德鲁克所指出的，"……只有企业获得了超出资本成本的收益，我们才可以说企业在盈利。艾尔弗雷德·马歇尔 1896 年就指出了这一点，我在 1954 年和 1973 年也谈到过，感谢上帝，而今 EVA 为这个观点建立了完整的体系。"采用 EVA 作为业绩衡量标准、投资评估工具以及激励薪酬指标将使管理者更为审慎、尽责地进行投资决策。EVA 公司治理体系可用图 3.2 来表示。

图3.2　EVA 公司治理体系

图 3.2 解释如下：

1. EVA 从实际经营来衡量业绩，能让管理者在投资时审慎决策

EVA 通过对企业业绩、投资机会和战略价值创造前景做出了准确反馈。相应地，管理层能更好地决定何时修正已作出的决策，合理安排产品、客户、生产能力以提高运营效率，优化资源配置。在 EVA 体系下，一旦投资项目正式启动，管理层就必须为已投入资本承担资本成本。因此，在提出项目建议时，管理者会主动剔除那些前景不佳的项目，决策高层从而无须再对各项目进行筛选，并能腾出更多的时间用于确定企业宏观战略。

2. EVA 能通过让业务规划流程与激励薪酬计划相分离，加强业务规划的整体性

业务规划中的业绩目标反映了企业期望，但却不是奖金回报所要求的目标。实现计划目标通常是杰出的成绩，并能为投资者创造可观价值，管理者也理应由此获得超额奖金。EVA 激励计划通过将市场预期的 EVA 增长作为业绩目标，保证了管理者能获得相应回报。如果 EVA 实际增长低于目标，投资者将相应的蒙受损失，管理层也一样。另一方面，如果 EVA 增长超出了投资者预期，则投资者和管理者会因此获得超额回报。另外，由于 EVA 计划中奖金不设上下限，投资者和管理者利益一致，共享利益，共担风险。

3. EVA 有助于不同部门的经理为企业的整体利益协同一致地工作

假设某印刷厂中印刷和装订原来是按业务的不同分别管理、评估的。两部门分别规划各自生产以使本部门生产力最大化，而印刷和装订区域之间的产品存货却增加了。在应用 EVA 后，管理者们会认识到两个生产环节相互协调的重要性。在新的管理体系中，只有在装订机械可用时，才安排印刷生产任务。单个部门的生产力指标有所下降，但产品存货却减少了，进而提高了整个工厂的生产力和 EVA。

4. EVA 为我们提供了黏合剂，即团结企业各部门的共同语言和共同目标

为了提高企业的整体 EVA 管理水平，部门经理还必须能够找出影响 EVA 的关键因素，并了解哪个因素是他们可以通过自己的行为直接影响的。对研发部门，该因素可能是能否及时开发适合市场需求的新产品；制造部门重视产品质量和生产效率；采购部门会力图缩短供应链，并提高其运行效率，等等。每个部门都有一套指标用以测评、报告并改善本部门的业绩表现，然而所有管理者都必须先明确本部门的业务是否能最终提高企业整体的 EVA。这种将 EVA 与部门业绩指标相挂钩的系统与企业员工培训计划相结合，使公司治理体系在企业最小管理层面上有效运行，并使"一线员工"成为企业成功中不可或缺的力量。

第五节　EVA 优缺点分析

一、EVA 业绩评价体系的优点

(一) EVA 业绩评价体系的优点

1. EVA 能够更加真实地反映企业的经营业绩

考虑资本成本是 EVA 指标最大特点和最重要的方面。只有考虑了权益资本成本的经营业绩指标才能反映企业的真实盈利能力。那些盈利少于权益机会成本的企业的股东财富实际上是在减少。只有企业的收益超过企业的所有资本的成本，才能说明经营者为企业增加了价值，为股东创造了财富。如果企业的收益低于企业的所有资本的成本，则说明企业实质发生亏损，企业股东的财富受到侵蚀。EVA 原理明确指出，企业管理者必须考虑所有资本的回报。通过考虑所有资本的机会成本，EVA 表明了一个企业在每个会计年度所创造或损失的股东财富数量。

2. EVA 指标的设计着眼于长期发展，而不像净利润一样仅仅是一种短视指标

EVA 不鼓励以牺牲长期业绩的代价来夸大短期效果，也就是不鼓励诸如削减研究和开发费用的行为；而是着眼于企业的长远发展，鼓励企业的经营者进行能给企业带来长远利益的投资决策，如新产品的研究和开发、人力资源的培养等等。这样就能够杜绝企业经营者短期行为的发生。因此，应用 EVA 不但符合企业的长期发展利益，而且也符合知识经济时代的要求。

3. 应用 EVA 能够建立有效的激励报酬系统

EVA 激励报酬系统通过将经营者的报酬与从增加股东财富的角度衡量企业经营业绩的 EVA 指标相挂钩，正确引导经营者的努力方向，促使经营者充分关注企业的资本增值和长期经济效益。

4. 将股东财富与企业决策联系在一起

EVA 指标有助于管理者将财务的两个基本原则融入经营决策中。第一，企业的主要财务目标是股东财富最大化；第二，企业的价值依赖于投资者预期的未来利润能否超过资本成本。根据 EVA 的定义可知，企业 EVA 业绩持续地增长意味着公司市场价值的不断增加和股东财富的持续增长。所以，应用 EVA 有助于企业进行符合股东利益的决策，如企业可以利用 EVA 指标决定在其各个不同的业务部门分配资本。

5. EVA 显示了一种新型的企业价值观

EVA 业绩的改善是同企业价值的提高相联系的。为了增加公司的市场价值，经营者就必须表现得比同他们竞争资本的那些人更好。因此，一旦他们获得资本，他们在资本上获得的收益必须超过由其他风险相同的资本资金需求者提供的报酬率。如果他们完成了这个目标，企业投资者投入的资本就会获得增值，投资者就会加大投资，其他的潜在投资者也会把他们的资金投向这家公司，从而导致公司股票价格的上升，表明企业的市场价值得到了提高。如果他们不能完成这个目标，就表明存在资本的错误配置，投资者的资金就会流向别处，最终可能导致股价的下跌，表明企业的市场价值遭到贬低。

（二）实施 EVA 对企业带来的有利影响

1. EVA 是股东衡量利润的方法

资本费用是 EVA 最突出最重要的一个方面。在传统的会计利润条件下，大多数公司都在盈利。但是，许多公司实际上是在损害股东财富，因为所得利润是小于全部资本成本的。EVA 纠正了这个错误，并明确指出，管理人员在运用资本时，必须为资本付费，就像付工资一样。考虑到包括净资产在内的所有资本的成本，EVA 显示了一个企业在每个报表时期创造或损害了的财富价值量。换句话说，EVA 是股东定义的利润。假设股东希望得到 10% 的投资回报率，他们认为只有当他们所分享的税后营运利润超出 10% 的资本金的时候，他们才是在"赚钱"。而在此之前的任何事情，都只是为达到企业风险投资的可接受报酬的最低量努力。

2. EVA 使决策与股东财富一致

思腾思特公司提出了 EVA 衡量指标，帮助管理人员在决策过程中运用两条基本财务原则。第一条原则，任何公司的财务指标必须是最大限度地增加股东财富。第二条原则，一个公司的价值取决于投资者对利润是超出还是低于资本成本的预期程度。从定义上来说，EVA 的可持续性增长将会带来公司市场价值的增值。这条途径在实践中几乎对所有组织都十分有效，从刚起步的公司到大型公司都是如此。EVA 当前的绝对水平并不真正起决定性作用，重要的是 EVA

的增长，正是 EVA 的连续增长为股东财富带来连续增长。

3. EVA 是易为管理人员所理解的财务衡量标准

EVA 的优势在于概念简单，易于向非财政管理人员解释，这是由于它是从人们熟知的营运利润中减去用于投资整个公司，或经济单位，甚至单独一座厂房、一间办公室或一条生产线的资本费用。通过评估对使用资本的收费，EVA 使管理者开始重视管理资产和收入，帮助他们恰当地权衡两者关系。这种关于企业经济学的更开阔更全面的观点将使企业状况发生惊人的变化。

4. EVA 结束了多目标引起的混乱

大多数公司用于表达财务目标的方法又多又杂。公司的战略企划通常建立在所得收入或市场占有的增加基础之上。在评估个体产品或生产线时，公司常常以毛利率或资金流动为标准。在评价各业务部门时，则可能根据总资产回报率，或是预算规定的利润水平，财务部门通常根据净现值分析资本投资，但是在评估可能的并购活动时则又常常根据对收入增长的可能贡献为衡量指标除此之外，生产线管理人员和业务部门负责人的奖金每年都要基于利润计划重新评估。这些标准和目标前后并不一致，通常会导致营运战略，策划决策缺乏凝聚力。EVA 解决了这些问题，仅使用一种财务衡量指标，就把所有决策过程归结为一个问题"我们怎样提高 EVA？"EVA 为各个营运部门的员工提供了相互交流的渠道，使得所有管理决策得以被制定、监督、交流，得到报偿。一切活动都基于单独一种前后一致的指标，而且这一指标总是以为股东投资的增加价值为标准。

二、EVA 应用存在的一些不足

EVA 业绩评价体系，考虑了债务资本成本和权益资本成本，指出只有当公司赚取了超过资本成本的经济利润时公司价值才得以增长，比原有的利润指标向前迈了一大步。当然，EVA 并不是所有问题的答案。其自身也存在着难以避免的局限性，这一方法在应用中也存在一些不足：

（1）EVA 值仍是一个会计估计值，从 EVA 值的计算过程可以看出，EVA 值是从资产负债表和损益表为基础，但又不能直接从财务报表中得到，须对若干项目调整，纠正许多会计扭曲错误。但结果并不一定能达到理想状态。

（2）EVA 应用过程相对复杂，主要表现在计算过程和根据需要调整一些会计科目上，如税后营业利润，资本投入额等变量的真实值需要对现有的资产负债表和损益表进行调整，加权平均资本成本率难以精确估计。

（3）缺乏一致的 EVA 解决方案，只能根据每个公司的性质，所从事的商业活动以及公司的战略目标做适当地调整，才能定制出一个适用于该公司的 EVA 业绩评价指标体系。EVA 值仍具有可操纵性，由于 EVA 值的计算要依赖于利润实现和费用确认的会计方法，管理者可能为了某种目的通过改变决策过程，操纵最终结果。因此，只有充分理解 EVA 的思想，采用恰当的计算过程，并克服其不足之处，才能有效地使用这一重要的业绩评价指标。

（4）不同规模企业之间的 EVA 无法进行简单的比较

EVA 作为一个数量指标，对于经济效益的反映是有缺陷的。由于经济效益既可是投入与产出之差，也可是投入与产出之比，而 EVA 只能说明经济效益的大小，而不能体现经济效益的相对高低。尤其在对不同规模的部门或工厂进行比较时，通常一个大规模的部门或企业相对于小规模的部门或企业有较大的 EVA 值，这很难判断是因为前者具有较高的效益水平还是仅仅因为具有较大的资本投入。此时，EVA 就难以指导资本在部门或企业之间的投向与配置，因为 EVA 的大小是难以反映经济效益的相对高低的。

（5）EVA 无法避免财务指标事后反映的缺陷

对经营业绩的评价作为一种事后的报告，只是客观反映了事实，是经营管理的结果。EVA 这种在会计期末积累形成的指标，反映了所有要素的综合生产率，但其本身并未告诉我们为什么一项产品或服务不能带来增值，以及如何对其进行处理。这对于实际从事经营的经理而言，并无具体的指导意义，无助于发现运营无效的根本原因，而非财务指标却能反映此类问题。

第六节 提高 EVA 的有效途径

EVA 业绩评价的目标，是为了实现股东财富和公司价值的最大化，也就是尽可能多地提高企业的经济附加值。从前面的分析可看出，影响 EVA 的因素有很多，所以，一个真正优秀的、具有竞争力的企业，一定是综合利用多方面的手段，从企业价值链的各个环节最大化 EVA。

企业价值大小受制于组织或个人控制的价值驱动要素的推动上。对价值驱动要素的分析将使管理者把重心转移到企业的价值创造上，并在战略制定和实施过程中能够及时发现创造企业价值的业务和毁损企业价值的业务，以使一切决策为企业创造最大价值服务。

价值驱动要素的意义在于直接与企业的日常决策管理相关，并共同指向股东价值最大化这一价值管理的目标。企业日常决策管理主要是确认各业务单位管理者所能控制的价值驱动要素和评价指标，这要求对每一个业务单位进行动态价值要素分析，经营者需要在企业竞争环境分析与价值评估的基础上对价值驱动因素加以分类整理以确定对企业价值影响最大的因素。并按企业的业务范围、组织架构从上至下逐层细分，建立价值驱动因素的树形图，使这些关键价值驱动要素成为产品开发、生产、营销、理财、信息系统以及人力资源开发与利用过程中的控制变量（如图 3.3 所示）。

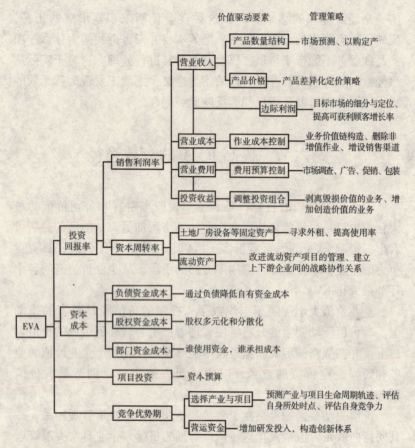

图 3.3   EVA 驱动因素分析

一、提高现有资产的 EVA

（一）绩效差投资项目的处理

每个公司都有一些投资项目可以归为劣等投资，这些投资不能弥补资本成本甚至在赔钱。不能弥补资本成本的投资应该被清算或退出资产，因为当投资回报率小于资本成本率时，EVA 为负，退出投资或清算能够增加现有资产的价值。表面上看这是很显而易见的道理，如果能够通过清算而收回原始投资，那是不成问题的。但事实往往并非如此，为了说明这一点，考虑现有投资价值的三个不同的量度方式：（1）延续价值，它反映了如果继续现有投资至最终的话，预期现有价值所能创造的价值；（2）清算价值，是指如果现在终了该项目，公司所能得到的净的价值；（3）出售价值，是指愿意接手该投资项目的出价最高者所愿意支付的价格。

　　企业是愿意继续投资、清算还是出售一个投资项目取决于延续价值、清算价值和出售价值三者孰高。如果三者中延续价值最高，那么公司应当继续该项投资，即使它并不能弥补资本成本。如果清算或出售价值比延续价值高，则公司应选择清算或出售。

（二）提高营运效率

　　营运效率在决定营业边际以及营业利润中起了重要作用。增加现有资产的营业效率会带来价值的增加。提高营运效率需要构造科学的预测体系，进行科学预算，包括销售预算、采购预算、投资预算、人工预算、费用预算等等，编制这些预算能使企业尽可能预测风险，并及时采取措施，提高效益。另一方面，这些预算可以协调各部门的工作，提高内部协作的效率。对于企业而言，编制预算需要把握市场的变化，尽可能增加销量，同时根据企业自身的情况降低成本，需要注意的是，只有当被削减的资源既不能增加现有的营业利润，又不能转变为未来的增长时，这种行为才会增加价值。相反，如果被削减的开支是支持未来增长而必需的，如研发和培训支出，那么即使营业利润有所增加，公司的价值也可能受损。实际中提高营运效率最简单的方法是将企业的市场占有率、成本支出等指标与同行业特别是业绩优良的企业进行比较，找出差距，寻找这个差距的真正原因并努力弥补。

（三）节约非现金营运成本，减少资金占用

非现金营运资本等于非现金流动资产和非现金流动负债之间的差额。前者一般是指存货和应收账款，而后者一般是指应付账款。由于投入非现金营运资本的钱被凝固起来，不产生营业利润，而占用的资金同样产生资本成本，所以减少非现金营运资本意味着投入资本成本的减少，现有资产的 EVA 因此而提高。

一般来说，公司往往维持一定的存货水平提供销售信用，因为这将增加销售。但是，新技术的出现以及及时可靠的信息将使公司预测存货需求变得更容易，从而更有可能降低存货和营运成本。例如美国和日本很多公司实施"零库存"管理，使非现金营运成本降到最低。"零库存"管理需要企业建立灵敏、可靠的采购网络和销售网络，而且企业生产各环节务必实现高度自动化，各部门要密切配合，相互协调工作才能保障"零库存"得以顺利实施。我国企业也可以尝试采用这种存货管理方式，既可以降低非现金营运成本，也可以提高公司内部各部门的协作水平。

（四）降低税负

EVA 和公司的税率密切相关，如果能够减少营业利润的税率，则为股东创造的财富就会增加，尽管有税法的约束，但从长期来看，企业仍可以合理避税：（1）跨国公司可以通过高关税地区的利润向低关税或零关税地区转移，从而达到合理避税的效果。（2）企业为了未来的发展可以并购亏损公司，合并报表后营业利润将减少从而使赋税降低。（3）企业还可以通过风险管理降低长期平均税率，因为在大多数税收体制下，随着利润的上升，边际税率也会上升。通过风险管理将利润平滑化，使利润相对稳定、波动较小，从而降低承担高税率的可能。

二、优化现有资产结构

（一）处置非核心资产

企业可以通过变现非核心资产筹资（通常以售后回租的形式）或者通过外包协议减少管理费用，在某些情况下，两种方法的结合可能更为恰当。

由于企业资产的账面价值往往低于市场的公允价值，因而企业可以通过出售这些资产获得溢价收入，这会把固定费用转为可变费用，进而改善资产负债表并提高财务比率。另外，企业从购买者处租回资产，又能保持对生产或经营流程的控制。

但在一些情况下，企业可能会采取将非核心业务外包给第三方的做法。例如主营设备制造的企业可以将物流业务外包给专业性的物流公司，这样企业就能更有效地经营核心业务，在降低成本的同时保证产品质量，那无疑对企业是有好处的。

另外，企业还可以尝试非核心资产变现和外包协议两种方式结合以优化其资本结构。企业将非核心资产出售给第三方（所有者），然后再与另一家企业（经营者）签订资产经营协议。经营者可能出于自身资产负债管理的考虑，再从第三方所有者处租赁资产而进行经营管理，取得经营利润。

总之，变现和外包不管是否结合进行，都能降低过高的财务杠杆，促进企业核心业务的增长，并且提升企业的资本效率。

（二）多渠道筹资，优化资本结构，降低资本成本

目前，在我国资本市场不健全的情况下，企业普遍呈现出强烈的股权融资偏好，热衷于在国内资本市场上进行股权融资，其融资成本很高。而且企业的资本性支出，业务发展战略等许多重大问题都要受到投资者的约束。因此，采用多元的融资渠道和多样化的融

资工具，调整企业的资本结构和融资期限，可以为企业提供一个具有供应弹性和可选择的资金融通体系，使企业融资随经营业务和理财的需要而随时调整，统一调度。保持资本结构的弹性化，有利于企业规避风险，保持经营上的自主和灵活性。

实际中，企业融资决策时可以按照保持与企业资产收益风险相匹配、维持合理的资信和财务弹性的融资决策和资本结构管理的基本准则，借助财务顾问的专业知识，利用税法等政策环境和金融市场有效性状况，确定融资类型、设定弹性条款、选择融资时机和地点等因素，才能更好地匹配资产收益风险，降低融资成本。具体做法是：企业在确定债务融资后，应利用税法对资本收益和利息收益税率的差异，发行零票息债券，或针对企业与资本市场投资者对金融市场利率变化趋势或时间的预期差异，采用浮动利率，或含有企业可赎回或投资者可赎回条款的债券。在股票市场低估企业投资机会价值时，先选择内部融资；外部融资可用可转换债券、可赎回股票等方式。在股票市场高估企业投资机会价值时，可采用增发股票的方式。另外，当企业的业务竞争能力增强、市场地位比较稳定、现金流的稳定性和可预测性较高时，应适当增加债务，特别是长期债务，减少股权资本规模，降低资本成本。

三、提高资本回报率

如果资本回报率（ROC）提高，同时保持资本成本率不变的话，EVA 将会提高。而如果资本成本率同时提高，有可能出现正负效应相抵。因此，只有当项目的边际 ROC 大于资本成本率时，才可能为公司创造价值。公司或项目的 ROC 可改写为税后营业边际和周转率的乘积。

把 ROC 分拆为税后营业边际和资本周转率，可以更清晰地看出定价策略对于价值的影响。当产品价格提高时，营业边际也提高了，但销售收入有可能下降（从而周转率下降）。收入下降的程度取决于产品的价格需求弹性和整个市场的竞争状况。

　　迈克·波特（Michael Porter）认为关于定价策略公司有两条路径可以选择：（1）销量领先，即降低价格，增加销量。该策略要求公司在成本上领先其竞争对手，这样可以避免全行业的恶性价格竞争。（2）价格领先，即提高价格，而销量受提价行为的影响很小。所以我们可以研究哪一种策略能创造更多的价值，但在分析过程中，必须考虑竞争者对公司行为有何种反应以及会采取何种措施。

第四章

EVA 与平衡计分卡

第一节　平衡计分卡概述

一、平衡计分卡的四个方面

平衡计分卡（balanced score card，BSC）源于美国著名管理会计学家罗伯特·S·卡普兰教授（Robert S. Kaplan）和波士顿的顾问戴维·P·诺顿（David P. Norton）在 1990 年开始的一项研究计划，对 10 多家公司进行实地研究，寻求一种能够满足未来需要的新的业绩评价体系。1992 年首次发表《平衡计分卡：驱动业绩的评价指标体系》，其后又发表了《平衡计分卡的实践》（1993），《平衡计分卡在战略管理体系中的应用》（1996），《平衡计分卡——化战略为行动》（1996），《以战略为核心的组织》（2000）和《战略图》（2004）。目前，平衡计分卡已经在大中型公司中得到了较广泛的应用。在《财富》杂志公布的世界前 1000 位公司中有 70 家的公司采用了平衡计分卡系统，巴音和康帕尼（Bain and Company）的调查也指出，50% 以上的北美企业已采用它作为企业内部业绩评价的方法。

他们认为不应仅仅用 EVA 单一指标来衡量企业业绩，尽管它在一定程度上有效地克服了企业经理的短期行为。衡量企业业绩不应仅仅局限在财务领域内，而应通过一套综合的指标体系来对企业进行业绩管理。因此，平衡计分测评法不仅包含了财务测评指标，还包括了顾客满意度、内部程序及组织的学习与创新三套指标，从而有效地弥补了财务指标的不足。平衡计分测评体系的基本内容归纳如表 4.1 所示。

表 4.1　　　　　　　　平衡计分评价体系的基本内容

财务角度	内部业务角度	顾客角度	创新与学习角度
投资报酬率	投标成功率	价格指数	新服务收入所占比例
现金流	返工率	顾客满意度指数	知识水平
其他盈利性指标	安全生产指数	市场占有率	雇员满意度
应收账款周转率	产品生产或项目周期	退货率、返修率	雇员建议数
成本降低率	设备完好率	保修期	雇员人均收益
存货周转率	设备利用率	产品质量等级率	研发费增长率

平衡计分卡是一个企业组织的远景与战略转化为一套可供操作的业绩评价指标体系的战略控制框架，从而实现了业绩评价与战略管理的有机结合。它主要从财务、客户、内部业务流程、学习和成长四个方面来设计和选择企业业绩评价指标。具体如图 4.1 所示。

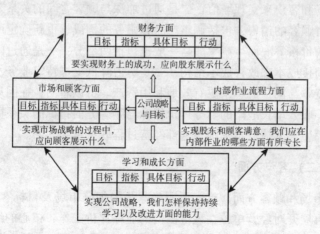

图 4.1　企业业绩评价指标

（一）财务方面

平衡计分卡中保留了财务业绩指标，这有助于从财务上计量已实施的经营方案的经济后果，而且，财务指标也确实能够提供公司运作的最终"结果"信息。公司的战略、策略、经营方案成功与否，最终都要表现为财务方面的业绩，因此，纳入对财务指标的考核是必要的。典型的财务指标都和获利能力有关，如营业收入、投资报酬率以及最新的经济增加值指标等等。其他指标可以包括销售增长、营业现金流量等等。财务方面的业绩评价指标起着双重的作用，不但确定战略的预期财务绩效，而且还是记分卡所有其他方面的目标和衡量标准的最终目标。

财务目标的确定要与公司在不同发展阶段的战略相联系起来，并相应采取不同的业绩评价指标。按照卡普兰（2001）的观点，盈利性企业的主要目标是增加股东的价值。一般来说，不管处于何种发展阶段，公司都可以通过两种基本途径来增加企业的经济价值：收入增长（revenue grow）战略和生产率（productivity）战略。收入增长战略由两部分组成：一是增加产品和服务的提供、获取新的市场和客户来实现增值；二是通过加深与顾客之间的关系来增加对现有顾客的销售，包括调整产品和服务的构成、重新确定产品和服务的价格等。而生产率战略一般也包括两部分：一是通过降低直接和间接成本来改善成本结构；二是努力降低支撑特定业务水平的营运资本与固定成本来更有效地利用资产。可以看出，在因果关系链中，收入增长战略的财务评价指标与顾客方面指标的关系更为直接，而生产率战略指标则与内部经营过程联系更为紧密。

（二）客户方面

市场和顾客方面，首先要明确竞争的细分市场及目标客户群，其次再展开对经营单位在该范围内的业绩评价工作，核心的结果指标包括顾客满意程度、顾客保留程度、新顾客发展、顾客获利能力、单位顾客盈利能力以及市场份额等等。

这些核心的评价指标可以组成一个因果关系链：（1）顾客满意程度、公司的形象和声誉、与顾客之间的关系等决定了老顾客留住率和新顾客的获得率。（2）老顾客留住率和新顾客获得率决定了市场份额的大小。（3）老顾客留住率、新顾客获得率、顾客满意程度和市场份额共同决定了从顾客处获得的利润率。其中单位顾客盈利能力指标可以将平衡计分卡与作业成本计算联系起来。根据该指标，公司可以对各种类型的顾客采取不同的策略。（4）顾客满意程度又源于企业对顾客价值观念（customvalue proposition）的重视程度，即对顾客需求反应的时间、产品的功能、质量和价格等。该因果关系如图 4.2 所示。

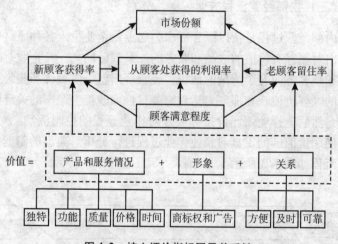

图 4.2　核心评价指标因果关系链

观察图 4.2 可以看出，处于该图底部的顾客价值观念是任何经营战略的核心。公司的这种价值观念导致公司提供的产品、价格、服务、与顾客关系和形象等不同因素形成了异于竞争对手的独特组合来吸收、保留顾客及其加深与目标顾客之间的关系。对顾客价值观念重视的重要性在于，通过向顾客传递其歧异的顾客价值观念，可以确定公司所欲达到的结果，该方面业绩评价指标可以使管理层将其内部过程与顾客联系起来，从而产生较好的财务收益。公司一般可以采取三种战略来使其价值观念有异于其竞争对手：卓越经营（operational excellence）、与顾客亲密无间（customer intimacy）和产品领先。追求卓越经营战略的公司必须在价格、产品质量、产品选择、在竞争对手之前或比原计划提前推出新产品和及时送货等方面优于竞争对手。对于追求第二种战略的公司来说，公司必须重视与顾客之间关系的质量，包括特殊服务、为个别客户提供完整而合适的解决方案等。而对于追求产品领先战略的公司来说，则应将注意力放在其产品的功能、特征与工作性能等之上。

（三）内部经营流程方面

内部经营过程是指以顾客需求为起点，企业投入各种原材料到生产出对顾客有价值的成品和服务的一系列活动。一旦企业对财务方面和顾客方面有了清晰的认识，经营部门就可以确认那些为达到歧异的顾客价值观和那些为达到财务目标而改善生产率的关键作业过程，然后选择业绩评价指标展开对作业流程的控制活动。对此，可以使用价值链的工具对企业作业过程进行分析。典型的制造企业价值流程如图 4.3 所示。

图 4.3　典型的制造企业价值流程

图 4.3 揭示了内部经营过程的关键作业，根据财务方面和顾客方面的要求，可以将该过程细分为四个较高层次的作业过程。

（1）产品设计开发（build the franchise）过程：提倡创新，开发新产品和新服务，并对新的目标市场和顾客群进行渗透。

（2）增加顾客价值过程：扩大和加深与现有顾客之间的关系。

（3）卓越经营过程：改善供应链、内部过程、资产利用、资源能力的管理以及其他的过程。

可以看出，前两个过程是公司在因果关系链中顾客方面战略的自然延伸，而第三个过程则既源自于顾客方面环节的要求，又直接与财务方面改善成本结构和提高资产利用率的要求相联系。不同经营过程产生的财务效益是不同的，提高经营效率和改善过程而导致的成本节约与资产利用率的提高提供的是一种短期的效益；因扩大和加深与顾客之间的关系而带来收入的增长提供的是一种中期的效益；而创新通常会导致长期收入和利润的增长。因此，一个完整的战略为企业带来的收益应来自于上述所有的三个方面，才能较好地协调短期目标与长期目标之间的冲突。但是，企业的利益往往是和外部的其他利益相关者紧密联系在一起的，因此，企业的业绩评价应将企业与这些利益相关者之间的关系这一过程包括在内。

（4）成为一个优秀居民的过程：与外部的相关利益者，如政府、当地社区等建立良好的关系。该过程直接与增加股东财富的企业目标相密切相关。

内部作业流程方面的分析表明：与传统的方法相比，在监督和改进现有的作业流程方面，平衡计分卡不仅已经超越了原有体系通过结合质量和时间、以财务指标为主的对现有生产过程的计量和评价，将评价体系拓展到了包括产品开发阶段和售后服务阶段的价值创造的过程，还将评价体系拓展到了与外部相关利益集团方面的计量与评价。这是一大创新，对于管理层认识长期财务业绩成因，合理规划、管理产品开发、改善现有生产过程、进而更好地满足顾客需要具有莫大的帮助。

（四）学习和成长方面

学习和成长方面的业绩评价基于如下认识：企业建立长期的成

长和进步必须根基于持续不断的学习和自身进化。否则，仅仅停留在当前的生产水平和技术状况，是不可能适应激烈的全球竞争的。平衡计分卡的前述三个方面一般会揭示人才、系统和程序的现有能力和实现突破性绩效所必需的能力之间的巨大差异。因此，实现上述财务、市场与顾客、内部作业流程方面的目标所需要的能力可能要大大高于企业现有的能力，所以需要持续不断地投资于雇员培训、改善信息技术与信息系统以及完善企业组织流程。学习和成长能力主要来自于如下几个方面：人力资源、信息系统、组织流程以及良好的企业文化，其主要的评价指标包括：雇员满意度、雇员留住率、信息支持的准确程度和速度、组织流程的合理性、员工劳动生产率等。

总体来讲，平衡计分卡在财务、客户、内部经营流程、学习和成长这四个方面取得平衡，把企业的使命和战略转化成目标和衡量方法。

二、平衡计分卡的评价

平衡计分卡的评价方法使企业经理能从四个不同的角度来观察企业：从顾客的角度来看待企业；从企业内部的角度审视企业；从创新和学习的角度研究企业；从财务的角度观察企业。他们可以从上述四个角度选择数量有限的关键指标，从而将自身的注意力集中到企业长期战略上来。它的具体做法是将四个角度赋予不同的权数，再给予每个角度中的指标以不同的权数，然后进行加权平均。最后根据加权得分来评价业绩。一套平衡计分卡的评价方法是否成功的关键在于管理者是否可以通过它来全面的了解企业，并认清企业未来的竞争战略。具有不同市场地位、产品战略和竞争环境的企业要求有不同种类的平衡计分卡，这样才能使之与企业自身的目标、战略、技术与文化相符。因此，企业经理需要根据自身情况将企业战略和目标转化成评价指标，来设计具有自己特色的平衡计分卡。从这个角度分析，平衡计分卡将是最好的一种业绩评价方法。事实上，美国已有许多企业采用了该方法并取得了良好的绩效。

（一）平衡计分卡的优点

相对于其他的业绩评价体系，平衡计分卡有其独特的优点：

（1）弥补了财务指标的不足之处。财务指标本身并不能揭示业绩的动因或业绩改善的关键因素。而且，财务指标主要是偏重于公司内部评价，忽视了对外部环境，例如客户、市场等方面的分析。它通过财务、客户、内部经营流程、学习和成长等四个方面的内容，做到了财务指标和非财务指标的有机结合，揭示了公司内部和外部之间、财务结果和这些结果的执行动因之间的关系。

（2）体现了业绩的短期评价与长期评价相统一。非财务指标往往是面向未来的，比如，开发和研制新产品投入市场，用一定的时间建立市场份额，提高对关键顾客的保持力等。这些指标的改善往往需要管理层付出许多年的努力，同时一旦上述指标顺利完成，将明显改善公司财务业绩。

（3）揭示了企业价值创造的动因。通过平衡计分测评法四个方面的内容，经营管理者可以计量和控制公司及其内部各单位如何为现在和未来的客户进行创新和创造价值，如何建立和提高内部生产能力，以及如何为提高未来经营业绩而对员工、系统和程序进行投资。可见，平衡计分测评法定位于企业的价值创造过程，突出了无形资产对企业竞争成功的重要作用，使经理人员更加明确企业价值创造的动因。

（4）平衡计分卡形成一种有效的激励机制。平衡计分卡中的目标与指标在战略计划阶段确定下来，就与财务预算具有同样的评价、激励、约束功能。将平衡计分卡与企业的补偿、奖励制度相联系，将传统的以财务指标达标为基础的激励机制扩展到对非财务指标达标的激励，使企业在竞争中取得全方位的突破。

（5）提高管理效率。平衡计分卡在一份管理报告书中将公司竞争中看起来不相关的要素有机地结合起来，可以节省管理者的时间，提高管理的效率。

（6）防止技能失调行为的发生，强调平衡。平衡计分卡通过让管理者同时考虑所有重要的方面，使他们认识到某一个领域的改善可能以其他领域的退步为代价，促使他们慎重选择方案。

（7）平衡计分卡全面反映了经营单位的战略，它确认和阐明了对评价结果和这些结果的绩效使然因素之间因果关系的一系列设想。被选中列入平衡计分卡评价体系的每项评价方法都是因果关系链的组成部分，该链条把经营单位战略的含义传达给企业。

（二）平衡计分卡的不足

理论上的完美永远替代不了实践，平衡计分卡也有应用上的误区和存在的不足，主要表现在以下四个方面：

1. 测评指标的选定问题

在上述四个层面中选择评价指标，将是首先要面临的难题。比如，在客户层面，我们应从市场份额、客户满意度、客户留住率、客户增长率、从客户处获得的利润率等有关客户的指标中选择哪些指标作为主要评价指标呢？再如，在学习和成长层面，我们又应从员工士气、团队精神、员工留住率、员工培训率、员工战略技能比例等指标中选择哪些指标作为核心评价指标呢？

2. 评价指标的量化问题

选定了评价指标后，对部分指标的量化又将是一大难题。如客户满意度、团队精神等定性指标，如果不进行量化，那么就会影响评价的客观性，也不利于做出综合评价；如果量化，那么其客观性将可能受到怀疑。

3. 评价指标的目标设定问题

如果企业所有者要依据目标考核企业业绩并以此作为对经理人员的奖惩基础时，经理人员就可能为达到其自身利益的最大化而尽力压低目标，从而偏离所有者的目标。而且，如果目标设定后客观条件发生很大的变化，使得目标和结果发生较大的偏移，此时该如何评价？重新设定目标将是一个费时费力的系统工程。

4. 权重分配问题

要对企业业绩进行评价，就必然要综合考虑上述四个层面的因素，这就涉及一个权重分配问题。更使问题复杂的是，不但要在不同层面之间分配权重，而且要在同一层面的不同指标之间分配权重。不同的层面及同一层面的不同指标分配的权重不同，将可能会导致不同的评价结果。

此外，企业应认识到：平衡计分卡并不能"包治百病"，它只有有限的功能与作用，因此需要与其他管理系统相互补充；平衡计分卡形成的只是一种自上而下的战略下传机制，需要以自下而上的沟通方式来加以补充。

第二节　EVA 与平衡计分卡比较

EVA 和平衡计分卡评价体系是自 20 世纪 90 年代以来出现的两种业绩评价模式创新，它们都超越了传统的财务业绩评价系统的计量范围和领域，代表了当前公司业绩的计量与评价方面的最先进实践，对现代企业的管理具有重大的影响；这两种业绩评价模式适应新形势的要求，对企业的全要素进行计量与评价。它们有着各自的优缺点。

业绩评价体系在决策支持、过程控制和作为确定报酬的依据方面发挥着至关重要的作用。按照简森（Jensen，1986）的观点，业绩评价系统是企业最重要的组织规则之一。随着人类社会从工业社会进入知识与信息社会，企业的业绩评价系统也随之进行了创新。如前文所述，其最具代表性的是 EVA 和平衡计分卡。这些创新代表了当前公司业绩评价方面的最先进实践，对现代企业的管理具有重大的影响。埃巴（2001）称 EVA 为"现代公司管理的一场革命"；而卡普兰和诺顿则将平衡计分卡作为"企业战略管理的基石"。

　　虽然我们已经引入了许多业绩评价工具,如 EVA、平衡计分卡等,但由于缺乏对这些工具差异与互补关系的理论认识,致使企业在具体应用这些工具时,不同程度地存在以下三种倾向:(1)单纯强调某个单一管理工具的系统性和全面性;(2)误认为各种管理工具越多越好;(3)不断更新管理工具。这些倾向的存在造成企业管理无序化,甚至出现相互矛盾和相互抵触的现象,不但不能帮助实现战略目标,而且还会给股东价值创造活动带来负面影响。因此迫切需要改变这些倾向,以提升企业管理水平,增强企业核心竞争力。改变这些倾向的根本途径就是对企业业绩评价系统进行整合。

一、理论基础的差异比较

　　EVA 和平衡计分卡立足的理论基础是不同的。EVA 以财务管理理论为基础,而平衡计分卡的理论基础则包含了传统的战略管理理论和核心竞争能力理论。理论基础的不同,决定了两者在指标的设计、决策的依据、企业成长的动因和资本观念等方面的不同,具体体现如下:

　　在指标的设计方面,EVA 依赖的是财务模型的计算,将现金流量和资本成本的计量纳入模型之中来揭示企业的全要素生产率,其一个隐含的假设是对企业未来现金流量产生影响的所有(或大部分)因素都能由具有投资决策权的经理所考虑在内,因此,在对企业价值创造的揭示指标上体现为单一的综合性业绩指标。而平衡计分卡评价体系不仅包含了财务测评指标,还包括了顾客满意度、内部程序及组织的学习与创新三套指标,从而有效地弥补了财务指标的不足。

　　在为战略决策的制定与实施提供支持方面,EVA 关注的是现金流量,其决策是以财务模型计算的结果为依据的,即以增加那些已经投资于经营之中的资产的收益为原则,在收益大于成本的情况下,追加资本投资,扩大经营;对那些收益低于标准的项目停止进行投资，并从这些项目中抽回资金。而其对未来现金流量的预测是根据经理个人的能力和经验来加以判断的，因此，其能够对未来进行充分预测的假设是建立在技术、产品和市场具有相当程度的确定性基础之上。因此，从战略思维模式的角度看，其功效最主要集中在从财务上引导战略决策制定，而在战略的实施上具有一定的事后性和静态性。而平衡计分卡首先是作为一种战略的实施机制，适用于外部机会和内部核心能力为起点的战略导向，重视的是非财务业绩指标与财务业绩指标之间的因果关系，其是以能否生成财务效益的原则来安排生产过程中资源的配置。

在企业成长的动因和资本观念方面，从 EVA 的财务模型就可以看出，企业的未来成长和价值的创造是对过去和现在的收入、成本与资本结构的反映。尽管 EVA 也对无形资产，如商誉等进行计量，但可以说其总体上是认为财务资本是企业成长的动因因素。在资本观念上，其是将实物资本当作一种具有使用寿命、价值随着折旧或摊销而减少的实物存量，而将智力资本或无形资产当作一种剩余，即会计估价误差来看待。而平衡计分卡认为企业长期成长的根源性动因是企业的核心能力，其将资本当作一种过程，通过各种资本的合理配置，企业的无形资产资本会随着不断的重复使用而增值，并提高实物资本的生产率。

二、功能差异的比较

EVA 和平衡计分卡评价体系都超越了传统的财务业绩评价系统的计量范围和领域而进行了创新，但其事实上解决的是企业全要素生产过程的不同侧面。EVA 从结果上对企业全要素的使用效果进行了计量与评价，其评价的核心是综合性的财务指标，EVA 支持者认为，企业内部经营过程的改善可以由代表股东财富的财务业绩指标来指导和驱动，但其却缺乏对内部经营过程进行有效计量和评价的手段。EVA 关心的是组织的最终成果，要经理树立的是现金流量观念，而平衡计分卡解决了全要素生产过程中财务资本与智力资本（无形资产）配置效果的计量与评价问题，用因果关系将财务指标与非财务指标联系起来，通过建立战略反馈机制来对财务资本和智力资本的配置情况进行动态的调整。从这个意义上来说，平衡计分卡具有更为广泛的适用性。

平衡计分卡法在业绩评价指标体系中引入了非财务指标，弥补了传统财务指标仅局限于财务领域的缺陷，它不仅包括财务方面的指标，还从客户方面、内部经营过程方面及学习和成长方面对企业进行评价，对企业各方面都产生直接的影响。而 EVA 法则弥补了传统财务指标没有充分考虑资本成本因素和据企业会计准则计算出的财务数据扭曲企业真实经营业绩的两大缺陷，它的评价口径仍限于财务的框架内，虽然运用 EVA 会对企业的各个方面产生影响，但它在非财务方面产生的影响是间接的。

如前所述，EVA 采取的是一种财务计算的方式来对业绩进行评价，其项目投资后能否生成正的 EVA 成为经理是否作出决策的依据和标准。可见，EVA 系统强调的是 EVA 业绩指标的引导性作用，其隐含着这样的一个假设，在不确定环境中，EVA 可以指导企业战略决策的制定和驱动整个企业员工在战略的实施过程中根据需要采取正确的行为。如以应收账款的管理为例，"一旦对应收账款计算资本成本，并以此作为评价经营业绩的一个因素，经营单位就会更加迅速和主动地寄送账单，给付款慢的公司打电话催款"（埃巴，2001）。因此，EVA 采取的是一种结果驱动过程的作用机制。

平衡计分卡体现的则是一种过程驱动结果的作用机制，其将战略目标分解为各年度的预算目标，并用因果关系将四个方面的业绩指标联系起来，通过建立短期的财务评价手段和非财务评价手段来逐年审议战略计划的实施状况。而对于环境不确定性的影响和因果关系存在的事后验证的滞后特性，平衡计分卡则是通过建立有效的战略反馈机制来对因果关系进行动态的调整。

第三节　EVA 与平衡计分卡融合的设计

一、EVA 与平衡计分卡的融合的可能性

（一）股东财富最大化

企业价值最大化或股东财富最大化以及利益相关者财富最大化是目前占主流地位的企业目标。前者认为股东是企业的所有者，如果企业无法实现股东的预期目的，股东就有可能"用脚投票"，将资金抽离企业。因此企业目标就是要通过财务上的合理经营为股东带来最大化的财富。在这一目标下，企业业绩评价体系的核心是 EVA。后者认为，企业只有通过满足各利益相关者的利益要求才能获得可持续发展，因此应将利益相关者财富最大化作为企业目标。利益相关者包括国家、股东、债权人、经营者、员工以及其他人。

既然业绩评价体系是为实现企业目标服务的，企业应建立这样的业绩评价体系，该体系中平衡计分卡是框架，是平衡工具；EVA 是最终评判"标准"，目的在于促进价值创造。这就是所说的价值驱动型的 EVA 平衡计分卡。

这里强调 EVA 的核心作用，是因为在实践中平衡计分卡虽然可以使管理者的目标从利润类指标转移开来，而将工作重点放在公司所面临的其他重要事项上，如与供应商和客户的关系。这些指标在监督业绩和调整企业计划方面起到了重要作用，而这样做使管理者容易固定地把一组特定的指标作为企业目标，而事实上，这些特定指标之间并不一定呈正相关关系，如客户满意度提高了，而同时股本收益率却下降了。因而这样可能会使企业发展误入歧途。因为我们最后想要的是企业价值的增加，而不是各种业务水平的变化。

这就好比在评价某支球队时，先统计各项技术指标，然后用不同的权重加总评出总分，但是比赛的胜利并不由数据的加总决定，一切由最后比分说了算。同时，它没有指出如何在不同指标中进行权衡，说得更明白一些，平衡计分卡没有产生一个能使我们辨别获胜者的结果。由于管理者无法在平衡计分卡上确定一个明确的业绩标准，其结果就是退回到简单的、不完善的财务指标。如何解决这个问题？迈克·C·简森认为，一个组织恰当的衡量指标是价值创造，并且建议使用 EVA。

（二）EVA 与 BSC 的互补性

EVA 侧重于采用新的财务指标来克服传统财务指标的某些局限性；BSC 则是将更多的注意力集中在具有"前瞻性"的、有助于培植企业长期核心竞争能力的非财务指标上。随着两种方法的推广与应用，前述所分析的各自的优缺点也都不同程度的表现出来。任何技术、管理方法的进步都是在不断总结经验，吸取他人所长的基础上得到的，因此有些学者开始设想将 EVA 与 BSC 相结合，试图找到一个更好的业绩评价方法。

（1）对 EVA 方法产生直接影响的理论包括资本成本理论、代理理论、价值管理理论。对 BSC 方法产生直接影响的理论包括利益相关者理论、战略管理理论等。虽然这两种方法在理论基础方面存在种种区别，但各个理论之间并无冲突之处，只是从不同角度对企业进行业绩评价。

（2）BSC 是一个开放的体系，具有可扩展性，其最可贵的是综合考虑企业一切驱动价值创造、价值实现的财务因素和非财务因素，并且与企业战略结合，从而能使计划有效的实现。关键就在于"综合考虑"这一特性上，这就内在地要求凡是对企业价值创造有重要影响的因素 BSC 均要考虑；而 BSC 将非财务因素与财务因素结合也为其不断纳入新的内容提供了理论框架。

（3）EVA 绩效管理体系尽管没有将非财务指标作为业绩评价

指标,但也强调一方面非财务因素是使部门和员工易于理解的价值创造动因;另一方面非财务因素可以更好地预测未来 EVA。

BSC 中则更是将财务角度作为十分重要的内容进行考察,虽然没有明确财务指标以 EVA 指标为准,但 EVA 指标首先是财务指标。从这个角度来说,EVA 绩效管理体系可融入 BSC 绩效管理体系。

(4) EVA 具有滞后的特性,不能很好地预测未来 EVA 及其未来增长机会;若想保持 EVA 的持续增长,就应该了解反映价值的先导指标,考查非财务性价值驱动要素,BSC 最大的特点是考虑了非财务因素,更便于识别那些能被部门经理施加影响的 EVA 驱动要素。BSC 中考虑的传统的财务指标不能考核全部资本成本,不能很好地解决股东与管理层之间的代理问题,而 EVA 指标可较好地解决这一问题。从这个角度来说,EVA 绩效管理体系与 BSC 绩效管理体系有互补的需求。

美国资深 EVA 顾问 S. 戴维·扬与斯蒂芬·伯恩(Stephen Byrne)在所著《EVA 与价值管理实用指南》一书中说到:"虽然卡普兰与诺顿在设计 BSC 时并没有考虑 EVA,但这个框架与 EVA 是高度互补的。"

思腾思特公司针对 EVA 与 BSC 在实践过程中出现的问题新创了"EVA 平衡计分卡",可称为一种新型"平衡计分卡",他们认为与一般 BSC 相比,EVA 平衡计分卡进行了以下的重大改进:

(1) 将 EVA 放置于"平衡计分卡"的顶端,处于平衡计分卡中因果链的最终环节。企业的发展战略都为实现 EVA 增长这一总目标服务。以创造 EVA 为导向,其他所有战略和指标都围绕其运行,各部门的活动必须融入提升 EVA 的活动。

(2) EVA 平衡计分卡中引入时间维度。企业要做出未来 EVA 的预算,分别包括次年预算、中期预算甚至长期预算,并在平衡计分卡的时间轴上标明管理者必须达到的目标。

(3) 将企业的战略部署分解与 EVA 时间轴紧密相连,"平衡计分卡"的布局尽量从短期 EVA 向长期 EVA 的增长倾斜，这也是 EVA 与 BSC 的"综合"之处。

二、EVA 平衡计分卡的设计

（一）EVA 平衡计分卡管理流程

王化成教授指出，由于财务指标对企业中长期战略目标的解释能力在不断削弱，使得战略规划与战略实施之间的差距不断扩大，而平衡计分卡能满足企业战略管理的需要。

EVA 平衡计分卡正是采用了平衡计分卡的框架，通过以下四个管理流程，使企业的战略目标转化为员工的日常行动。

1. 阐明愿景和战略

EVA 平衡计分卡流程始于高级管理层把企业的战略转换为特定的战略目标。目标的确定过程即是高级管理层取得共识的过程，管理者需要确定财务目标、明确目标客户群体和市场、确认其内部业务流程的目标和指标以及学习与成长目标。建立 EVA 平衡计分卡的过程使战略目标得到阐明，并为实现战略目标确认了几个关键的驱动因素。

2. 沟通与联结战略目标和指标

企业可以通过板报、内部刊物等在整个企业内推广 EVA 平衡计分卡的战略目标和指标，只有这样全体员工才可以了解他们应该完成哪些重大目标，企业的战略才可能获得成功。沟通和联结过程结束时，企业中的每个人都应当了解经营单位的长期目标和达到这些目标的战略，并制定自己的行动方案来为经营单位的目标实现做出贡献。

3. 计划、制定目标值并协调战略行动方案

企业高层管理者应当为 EVA 平衡计分卡指标设计 3～5 年的目标值。如企业为自己设定的财务目标是 EVA 增加 1 倍，为实现这个财务目标，管理者必须为客户、内部业务流程和学习与成长等层面确定挑战性目标值。目标值的设定方法有很多，其中标杆法是一个值得参考的方法。平衡计分卡还使企业能够把整合战略计划和年度预算结合起来。

当管理者为企业的战略指标确定了 3～5 年的挑战性目标值时，他们同时预测了每个指标在下一会计年度的目标，即战略计划在第一年的 12 个月的进度。这些短期里程碑为业务单位长期战略进程中的近期评估提供了具体的目标值。

4. 加强战略反馈与学习

前三个流程对于战略实施至关重要，但仅有这三个流程是不够的。因为在信息时代，企业所在的经营环境在不断地变化，管理者必须获得关于战略的反馈。如果发现按照原定战略行事，却没有取得预期的结果，就要考虑是否有必要基于对市场状况和内部能力新的了解，采取全新的战略。

（二）EVA 平衡计分卡的特点分析

1. 面向多个利益相关者，以增加企业价值为终极目标

EVA 平衡计分卡以价值最大化理论为指导，以 EVA 为核心（见图 4.4），并且以 EVA 的增加为最终评价"标准"；同时，运用平衡计分卡的四个方面，以价值最大化为准则，在外部衡量和内部衡量、结果衡量和动因衡量、财务指标与非财务指标衡量和战略与实施这些战略的行动之间取得平衡，是一种以增加企业价值为导向的、过程化的、体现非财务动因的评价体系。

2. 可以通过引导战略的制定和实施来实现价值创造

企业价值的增加要靠价值创造型战略的制定及其有效实施来实现。该评价体系中，一方面 EVA 可以引导正确战略的制定，另一方面可以促使企业战略转变为具体的行动，最终促使企业价值的创造。

3. 保持各指标间的因果关系

既然战略是一套关于因果关系的假设，那么作为表达战略的工具，EVA 平衡计分卡也应保持指标间的因果关系。

4. 该体系是一个开放的动态系统

罗伯特·西蒙斯认为：平衡计分卡的四个方面应该作为一个模板，而不是一种约束。同理，企业应根据战略管理的要求和外部环境的特点来选取不同的角度和指标来进行计分卡设计。例如，对一家企业来说，强大的供应商关系是导致客户或财务业绩有突破性进展的战略的一部分，则供应商关系的结果指标和动因指标都应纳入内部业务流程层面。同时，该评价体系应随着环境和企业战略选择的变化而变化，是个动态系统。

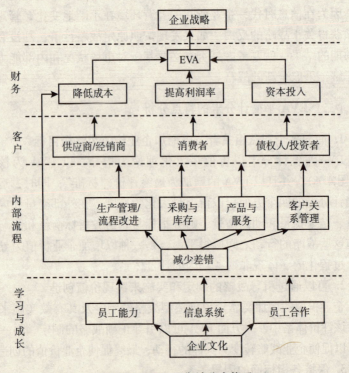

图 4.4　EVA 平衡计分卡体系

5. 运用个人业绩评价卡以保证落实

采取一定方式来保证 EVA 平衡计分卡的有效实施是非常重要的。一种较为有效的方式就是采用个人业绩评价卡。个人业绩评价卡为每个指标指定一个或几个责任人，并通过一定的交流方式使每个责任人理解企业目标、企业战略和业绩评价指标的含义，并清楚自己的行为对 EVA 的增加将产生什么样的影响、对企业目标实现将产生什么样的影响，并将奖金的发放与个人的业绩评价卡的具体成果相挂钩，使得每个责任人都能在保持对 EVA 的责任感的同时，努力做好本职工作。

为保证 EVA 平衡计分卡的实施效果，该评价体系应该与企业的资讯系统相结合，把财务及非财务的数据及时提供给不同级别的管理者和员工，让他们知道自己的决定及行动所带来的财务结果，指导他们改变不创造价值、减少甚至毁灭价值的决定和行为。使得该系统真正成为一个传递信息、共享资料及共同学习的系统。

（三）　EVA 平衡计分卡的指标设计原则

原则是设计系统时必须遵守的规则，它们是人们从长期的经济活动中总结出来的，具有普遍的适用性，集中体现了企业业绩评价活动的共性。EVA 平衡计分卡作为一种价值驱动型的业绩评价系统，在设计指标时要遵循以下原则：

1. 以因果关系链为联结原则

提升 EVA 是衡量企业业绩的最终评价"标准"，应把 EVA 置于业绩评价指标因果关系链的顶端，同时，其他业绩评价指标必须是因果关系链上的一部分，这样才能保证企业业绩的提升最终会带来 EVA 的增加。

2. 平衡系统原则

指标系统要在外部衡量和内部衡量、结果衡量和动因衡量、财务指标与非财务指标衡量以及战略与实施这些战略的行动之间取得平衡，以全面、系统地评价企业的经营业绩，既可以反映企业目标实现程度又可以反映企业目标实现过程，既可以全面反映企业的现有状况，又能够体现企业的未来发展趋势。

3. 灵活可操作原则

所谓可操作性，就是指标的易理解性和有关数据收集的可行性，使所设计的指标能够在实践中较为准确地计量。同时，指标体系的设立应该有足够的灵活性，这种灵活性一方面要求企业能够根据自身特点和情况来设计，另一方面要求对企业战略变化以及内外部的变化表现出良好的应变性，以适应变化的要求。

4. 科学适用性原则

该指标体系应该能够科学地反映企业的实际情况，适中实用。如果指标体系过大、层次过多、指标过细，将会分散评价的注意力，不能体现整体；而指标体系过小、指标过粗又不能反映企业的实际水平。

5. 拓展性原则

因为各个产业和行业的企业都有自己的特殊要求，因此需要加入一些特殊的指标，这就要求指标体系有一定的拓展空间。

6. 成本效益原则

在选取和设计业绩评价指标时，也同样要考虑成本效益原则。如果为获取一项指标所花费的成本大于其带来的收益，一般应放弃该指标而采用其他成本较低的可替代性指标。

企业在选取业绩评价指标时，应综合考虑以上原则，可以通过"选取指标工作底稿"来对备选的指标进行评分，选出在以上方面表现较好的指标来构建适合企业自身的、驱动企业价值创造的业绩评价指标体系。

（四）EVA 平衡计分卡的建立步骤

1. 在董事会和管理层形成对 EVA 平衡计分卡的认同

要想建立 EVA 平衡计分卡并使它融入企业的管理体系中，必

须让企业的董事会和管理层对它形成认同。假如管理层不认同
EVA 平衡计分卡，就无法让广大员工接受它，这样 EVA 平衡计分
卡就只是一种"管理时尚"，无法有效发挥其作用。

2. 选择恰当的业务部门

通过上文的分析可知，较适合建立 EVA 平衡计分卡的业务部
门是分权下的、已进入成熟阶段的战略业务单位。

3. 确定战略业务单位与总公司的联系

选择了战略业务单位以后，需要确定该业务单位与企业其他业
务单位、分公司以及总公司的关系，主要包括：该业务单位的财务
目标（如 EVA 的增长）、总公司的战略目标、与其他战略业务单
位的联系（如内部供应商与客户关系）等。这样做可以避免该战
略业务单位制定的 EVA 平衡计分卡对自身有利而对其他业务单位
和总公司不利。

4. 建立对战略目标的共识

企业可以通过座谈会的形式，在管理层就战略目标达成共识，
同时收集他们对 EVA 平衡计分卡四个方面指标的建议。达成共识
的过程可以获取管理层对 EVA 平衡计分卡的意见，并促进业务单
位的不同职能部门在计分卡实施过程中更好地合作，为计分卡的有
效实施奠定基础。

5. 选择和设计业绩评价指标

这个步骤是要针对取得共识的战略目标来确定最能够传达这个
目标意图的评价指标体系。在指标选取和设计过程中，要遵循上文
提到的原则，特别是要注意保持指标间的因果关系。

EVA 平衡计分卡需要保持评价指标与战略目标之间清晰的关
系，以便于控制和证实，而战略是一套关于因果关系的假说，这就
要求设计指标体系时应保持各评价指标相互之间的因果关系。

例如，对一个商业企业，通过对 EVA 的分析发现，企业价值
的创造主要依赖扩大客户或驱使现有客户重复惠顾，创造忠诚客
户，因此设定企业的战略核心为创造忠诚客户；但企业怎样才能得

到忠诚的客户呢？在分析客户的取向，发现客户价值在于准时送货。因此，提高送货的准时性可增加忠诚的客户，继而达到卓越的财务结果。因此，EVA 平衡计分卡的客户方面包含了忠诚的客户及准时送货这两个指标；而要达成准时送货，企业需要有一个短周转期及高素质的操作流程，因此将这两个指标包含在 EVA 平衡计分卡的内部业务流程方面；紧接着就是怎样在内部业务流程方面改善素质及缩短周转期，这可以通过学习与成长方面的员工技能培训及技能改善来达成。

6. 制定目标值和行动方案

在确定了业绩评价指标以后，工作重点将落在目标值以及行动方案的制定上。目标值以及行动方案通常应由中层管理者提出、高级管理层核准，以保证目标值的挑战性、行动方案和业务单位战略的一致性，最终有利于业务单位的价值增值。

7. 向企业员工传达 EVA 平衡计分卡

EVA 平衡计分卡的有效实施需要获得广大员工的认同，同时要保证评价指标落实到相关责任人，这些有赖于计分卡的有效传达。传达可以通过制订培训方案以获得员工对 EVA 平衡计分卡的认同，鼓励和指导员工制定属于他们自己的"个人业绩评价卡"等来实现。

8. 执行的反馈与学习

作为企业的管理控制工具，EVA 平衡计分卡并不一定在第一次设计后就是完美的，同时业务单位的内外部环境在不停地发生变化，战略目标在变化，这就要求该系统相应变化，保持其动态性。

（五）选择和设计业绩评价指标的方法

EVA 平衡计分卡主要包括财务、客户、内部业务流程、学习与成长四个方面的指标，这里将对这四个方面分别展开论述。

1. 财务方面

财务目标的改善和实现是企业的终极目标，EVA 平衡计分卡将财务方面作为评价企业业绩的出发点和归宿点。在财务方面，EVA是其核心指标，置于EVA平衡计分卡的顶端，并处于指标因果链的最终环节。EVA的增长是企业首要的目标，也是成功的标准，企业战略的制定和实施都是为实现EVA增长的总目标服务的。在这一目标下，企业及各职能部门的发展计划不再是相互独立，而是必须融入提升EVA的进程中。其他三个方面的改善必须要反映在财务指标上。

对于企业来说，财务层的战略一般有以下几个：

（1）收入的增长和提高销售利润率。收入的增长指的是通过分析未来的销售成长机会，采取适宜的市场拓展策略来实现公司在现有和新的市场上获得收入的增长。降低成本和提高生产率所指的是努力降低产品和服务的直接和间接成本，以及与其他经营单位分享共同的资源。降低资本成本指的是通过建立与债权人良好的合作关系以及稳定公司的市场表现来降低加权平均资本成本。对于资产利用主体来说，管理者要努力降低支撑业务的特定数量和构成所要求的运营资本水平。管理者还通过在新的业务中利用以前未加利用的生产能力、提高稀有资源的利用效率和清除其市场价值盈利不足的资产，竭力提高对其固定资产基础的利用。所有这些行动是企业能够增加其财务和实物资产的价值；提高销售利润率的一个有效方法是优化产品服务的结构，提供服务的质量，通过组合定价策略来实现最大限度获得产品和服务的溢价。

（2）降低经营成本。企业可以通过降低单位成本和一般性期间费用的方式来增加产品和服务的溢价空间，以提供更多的价值创造机会。对于基础管理工作还很薄弱的企业来说，这方面大有作为。通过推行诸如标准成本制度的严格的成本控制体系，可以大大降低单位产品成本。作业成本法打破了传统的管理会计对成本的划分方法（直接成本和期间成本），建立成本驱动因子库，将企业行为与其实际发生的成本以更为科学而细致的方法建立起直接的联系，从而有效地度量基于价值链的实际成本。以作业成本法为核心优化经营价值链活动、持续的降低单位成本和运营成本已经成为有些企业降低成本的利器。

（3）降低资本成本。企业可以尽可能利用债务融资的方式来平抑相对较高的权益资本成本，从而达到降低加权平均资本成本率（WACC）的目的。但是财务风险与破产成本的约束使得经营者必须综合考虑资本成本的相关影响因素，以寻求一个合适的资本结构比例；对于资信状况不同的企业以及不同期间和性质的借款，债权人给予企业的利率是不同的，通过各种方式负债比率、流动比率成长性等方面给债权人传达有利于公司的信息，从而稳定债权人的信心，并合理规划各种负债融资项目的比例，从而达到最终降低平均债务利息率的目的。

（4）提高资产利用效率。企业对于应收账款，企业要审慎行事，因为销售增长的重要来源之一就是相对宽松的信用条件。企业在考虑提高应收账款周转率的同时，应注意到因之降低的包括存货资金占用成本、财务费用等项目在内的成本是否小于因之而损失的销售增加带来的利润额的增加。否则，没有必要为了追求高的应收账款周转率而提高信用条件，限制销售增长的空间；应该审慎对待固定资产的购置、改良、处置、剥离决策。运用净现值法对每一项设备类资产的购置、改良决策进行成本效益的财务分析，以实现价值增值的目标。通过处置运营成本高的资产设备、剥离废弃闲置的固定资产、淘汰不盈利的业务等方式来优化资产结构，提高固定资产运营效率；尽可能利用各种免息应付和预收款项以及供方的延迟付款条件。EVA 的核心就在于能够促使企业想尽一切办法使得税后营业净利润大于投入资本成本。多使用免息负债可以大大节约投入资本的成本，从而反向提高了 EVA 值。在这一方面，企业可以从两方面着手：与供货商建立长期稳定的合作关系，建立良好的企业信誉和企业形象，争取经销商和最终买方的支持。

2. 客户方面

进入目标市场、赢得关键客户是大多数企业竞争成败的关键。

对于意在获取超额 EVA 的公司而言，仅仅将这一层面的目光局限于买方，或者说仅仅将关注的重点锁定在市场和顾客身上是远远不够的。在衡量一个企业的价值创造水平的 EVA 值的组成部分当中，除了销售和利润率方面的值外，还有加权平均资本成本和投入资本。这两者的变动水平直接决定着 EVA 值的大小。而对这两者的变动水平产生影响的主要关联方是债权人、投资人、供货商和经销商。债权人和投资人的态度共同决定了加权平均资本成本率（WACC）。从外部因素来看，供方和买方对运营资本的需求量产生重要的影响。

（1）在消费者（顾客）心中塑造良好的形象。顾客是如何看待我们的？公司产品在客户心目中的形象是怎样的？对这些看法和形象的感知是顾客价值的来源。我们认为，在所有关于顾客和市场的战略构想当中，价值定位，即塑造本公司产品及服务在用户心目中的形象感知，是最为核心的部分。由于需求特性、竞争状况、企业战略等因素的影响，企业在这方面的衡量指标的选择应该而且肯定会是多种多样的。还是存在一些核心的衡量指标：市场份额、客户保留率、客户获得率、顾客满意率、客户利润率等。

（2）给债权人和投资人传递可信赖的资信状况、稳健的业绩表现的信息。对于债权人而言，最重要的是使其确信企业保持着良好的资信状况。诸如资产负债率、现金到期债务比、利息保障倍数、流动比率之类的比率处于良好的水平，企业具备良好的偿债能力。长期的合作也让债权人相信，和企业的合作是安全的、有利可图的。因此，在这一方面，企业需要考虑的问题是：保证债务人所关心的债务比率处于可信赖的水平；积极、有效的与债权人协调、沟通，通过多种方式与其建立起良好的合作关系；对于投资人而言，他们最关注的是企业的成长性以及市场回报的稳定性。投资机构、市场分析人士以及金融媒体的意见直接关系到投资人的信心和市场预期，因此，企业需要通过一系列外部沟通的手段来塑造企业在投资人心目中一个稳定发展的企业形象。对于上市公司而言，这一点尤为重要。其实，很多时候，公司做得怎么样并不重要，关键是市场是怎么解释公司所做的一切。因此，在西方国家，一场新的运动正在兴起，其最终目标就是向市场传递这样的信息：公司是一个优秀的、能够持续地创造股东价值的公司。

（3）管理供货商和经销商。应收账款和存货等流动性资产的管理水平直接影响企业投入总资产的水平。与供货商和经销商建立良好的合作关系将有助于企业维持理想的应收账款、存货和流动负债水平。因此，企业在供货商和经销商心中的地位怎样？具有怎样的形象？都应该是所有希望提高 EVA 值的企业管理者必须考虑的问题。过去的企业一般只将目光局限于企业内部，所谓的流程整合也只是对企业内部营销、生产、采购各职能的整合，很少涉及包含供货商、制造商、分销商、零售商直至最终客户的整个经营价值链的整合。今天的经营环境要求企业必须将目光投向整个经营价值链条。在与这些合作者进行交易的时候，必须防止局部最优，因为追求局部最优非常容易使价格成为谈判的中心问题。好的战略是对供货商和经销商关系进行管理，使之成为支持公司全盘经营战略的基础之一。

3. 内部流程方面

EVA 平衡计分卡与传统的仅改进现有的运营流程的评价体系不同，按照平衡计分卡的逻辑，明确了客户层面上的战略主体和相应的衡量指标之后，下一步的任务就是按因果链的分析方法，挖掘和提炼内部程序层面的战略主题和相应的衡量指标。毕竟，优异的客户绩效来自组织中所发生的程序、决策和行为。经理们需要关注这些使他们能满足客户需要的关键内部经营活动。即为了能够更好的服务企业的有关客户和交易伙伴，企业应该解决在内部业务流程上的长处以及应该具备的核心能力等问题。

企业在内部流程方面的主题包括：

（1）质量。质量是产品和服务在诸如功能、可靠性、持久性、便利性等方面满足消费者需求的一系列产品和服务特性的集合。对于经营过程而言，质量意味着更高的效率，更少的浪费，更加优质的服务等等。许多企业视质量为企业的根本。20 世纪 80 年代以来对质量的高度关注引发了一轮又一轮的全面质量管理（TQM）高潮。至今大多数的企业仍然是把产品和服务的质量看作内部经营过程的核心。

（2）时间。新经济环境下的产品生命周期越来越短，竞争优势持续的时间也越来越短，时间已经成为企业取得成功的决定性因素。例如，许多客户非常重视企业的反应时间，即从他们发出订单到接到货物之间的时间，并将其作为评判是否维持交易关系的主要依据之一。他们也非常看重交货是否及时。制造业中使用的准时生产程序和生产周期等衡量手段，同样适用于服务业公司。而且，由于现代人们生活节奏的加快，在很多服务业领域，等待接受服务的时间已经成为消费者最为关注的焦点问题。同样当客户或者交易的对方存在抱怨或产品质量出现问题时，尤其会引起经理人关注的是企业的反应时间。

（3）成本。在关注经营过程中的质量和实践的同时，绝不应该忽视生产成本。成本控制始终是任何企业的基础工作。但是，传统的财会制度往往只对单个经营任务、经营活动或单一部门的费用和工作效率进行衡量，这种制度很难应用于基于过程的经营程序的衡量。通常，完成订单、采购以及生产规划和销售控制需要多个责任部门的合作才能完成，使用基于活动的作业成本法有助于准确衡量内部经营过程的生产成本。

4. 学习与成长方面

EVA 平衡计分卡的"学习与成长"方面定义了一个企业必须建立的创造长期成长能力的框架，它是实现以上三个方面目标的根本保证。它旨在计量和考核企业提高员工能力、加强信息系统能力和激励员工、授权与合作的情况。

（1）员工能力。信息、时代要求不断更新员工技能、调动员工的思维和创造力来达到企业目标，即最大化企业价值。衡量员工的指标通常包括：员工满意度，员工满意度经常被视为员工保持率和员工生产率的力量，它反映员工士气和员工对工作的整体满意程度，通常可以通过调查员工意见的方式取得；员工保持率，员工保持率以挽留那些与企业长期利益息息相关的员工为目标，通常用关键员工流失率来衡量；员工生产率，员工生产率是一个结果指标，目的是确定员工生产的产品和生产这些产品所需员工人数的关系。较为简单的指标是人均收入（每一个员工能生产多少产品），但由于它没有考虑相关成本，存在一定局限性，所以建议使用人均增加值（营业收入扣减外购材料、供应品和服务的成本后除以员工人数）。

（2）信息系统能力。要想实现客户和内部业务流程目标，充分调动员工的积极性，就必须使他们能够及时地获得关于客户、内部业务流程所造成的财务结果等方面的全面的、准确的信息。

（3）激励、授权与合作。激励员工的主动性并营造良好的企业氛围是学习与成长方面的第三个驱动因子，常用指标包括员工提出建议的次数、员工建议被采纳的次数、利润分成程度等。

第五章

我国业绩评价现状与问题分析

第一节 业绩评价的产生与发展历程

对企业的经营业绩进行评价，在西方发达国家已出现多年，作为一项有效的企业监管制度，已成为市场经济国家的企业进行自我监督、自我约束的重要手段。

一、成本业绩评价阶段

早期的企业业绩评价指标体系的研究可以追溯到 19 世纪初出现的纺织业、铁路业、钢铁业和商业等企业管理需要的成本业绩评价时期。最早建立成本会计系统的美国企业是 1812 年以后出现的综合性机械化棉纺厂，这些企业运用成本会计方法来确定将原材料加工为纱线和织物所耗费的人工成本和一般性管理费用。这一阶段的成本思想与简单的成本计算是随着商品货币经济的出现而萌芽的，是处于低级阶段的成本会计，它对于成本业绩的评价主要是关注每单位中间产品所消耗的内部资源控制。19 世纪末到 20 世纪初，标准成本管理方法的形成和发展是这一阶段成本业绩评价的主要成果。被称为"科学管理之父"的美国工程师泰勒一生执著于研究降低成本和提高生产率，他在 1911 年《科学管理原理》一书中，泰勒系统地阐明了产品标准操作程序及操作时间的确定方法，标准成本控制的最大优点是在成本发生的过程中，建立了较好的系统反馈机制，发现差异、及时处理，进一步提高了成本控制的效果。标准成本制度的出现使成本业绩评价从事后的反映与分析转向了事中和事前的控制。

总之，通过运用标准成本信息来对成本业绩进行评价，有一点是共同的，最终都是为了降低生产成本，提高生产率。

二、财务业绩评价阶段

（一）20 世纪初的财务业绩评价

20 世纪初企业财务业绩评价理论和方法的成果之一是以投资回报率为中心的杜邦财务分析系统。

早在 1903 年，杜邦火药公司就开始执行投资报酬率法来评价公司业绩。在杜邦财务分析系统中，所有者权益报酬率是它的核心指标，这是一个综合性最强的指标，反映了所有者投入资金的获利能力，通过对这个指标的层层分解，直观地揭示了影响所有者权益报酬率的各层原因，从最直接的两个因素总资产报酬率和资本结构到下一层的销售利润率、资产周转率和总资产结构比，反映了负债比重、成本、销售收入和资金周转率与权益报酬率之间的内在联系。这个系统最大的优点是用最直观明了的方式，从财务角度反映了影响所有者权益报酬率的种种因素，体现了企业内部各个环节的经营效率，因而也可以反映问题的所在，找到解决问题的途径，为进一步采取措施指明方向。

20 世纪初企业业绩评价的另一成果是沃尔评分法。亚历山大·沃尔在他的《信用晴雨表研究》和《财务报表比率分析》中提出了信用能力指数的概念，把若干个财务比率用线形关系结合起来，以此评价企业的信用水平。沃尔评分法在当时被广泛运用，但沃尔没能从理论上证明所选定的 7 项指标设定权重的依据。另外，从技术上讲，沃尔评分法存在的一个问题是，当某一个指标严重异常时，会对总评分产生不合逻辑的重大影响，这是由于关系比率与评分值相乘引起的。因此，在后来的实际应用中，人们对沃尔评分法的指标设定和计算方法都进行了改进。

（二）20 世纪 60~70 年代的财务业绩评价

20 世纪 60 年代，随着企业规模的扩大和集团公司的发展，母公司开始通过对各种责任中心的业绩评价来实施对子公司的管理与控制，这段时期业绩评价的主要成果是责任中心业绩评价方式的兴起。

确定责任中心是业绩评价的前提，责任中心可能是一个个人、一个班组、一个车间、一个部门，也可能是分公司、事业部，甚至是整个企业，该中心被要求完成特定的职能，其责任人则被赋予一定的权利以便对该责任区域进行有效的控制。企业通常根据不同责任中心的控制范围和责任对象的特点，可将其分为成本中心、利润中心和投资中心三种。

20 世纪 70 年代业绩评价方法的主要成果有：

1971 年，麦尔尼斯（Melnnes）分析了 30 家美国跨国公司的业绩评价系统，发表了《跨国公司财务控制系统——实证调查》，指出最常用的业绩评价指标是投资报酬率，其次为预算比较和历史比较。

1973 年，美国会计学会下属的国际会计委员会在一份报告中指出：海外经营缺乏独立性，使用"利润中心"的方法并不妥当；利润受转移价格的影响很大，而转移价格又是子公司经理所不能控制的。该委员会建议在进行预算比较时最好区分可控因素与不可控因素，并使用附加的非财务数量指标。

（三）20 世纪 80～90 年代的财务业绩评价

进入 20 世纪 80 年代以后，技术更新的步伐加快，全球化竞争加剧，从制度上对企业的监管也趋于规范和严厉，为了在市场竞争中赢得长期的生命力，企业内部经营管理也开始注重企业会计报表数据之外的真实盈利能力和价值的创造，重视对企业竞争能力和持续发展能力的培养，管理的重点开始从仅仅关注有形资源转向为对无形资源的获取和培养。在这一阶段，财务业绩评价发展的一个重要趋势是：对财务会计指标进行补充和修正。现金流量指标和经济增加值指标是这一阶段的重要成果。

在企业的所有有形资产中，现金是一种流动性最强的货币性资产，可以随时用于支付。会计学中现金概念有广义和狭义两种，狭义的现金是指资产负债表中的现金，它仅指库存现金；广义的现金是指现金流量表中现金，它包括库存现金、银行存款和现金等价物，在企业业绩评价中使用的现金流量指标是基于广义的现金含义的现金流入与流出，具体分为经营活动产生的现金流量、投资活动产生的现金流量和筹资活动产生的现金流量三种。对一个具体的企业而言，普遍认为来自于经营活动和投资活动的现金流所占的比重大都是企业经营状况良好的体现。另外通过对比分析现金流量表的现金流量净增加额和利润表的净收益，可以评价企业收益的质量和创造现金能力的高低，因为净收益增加时现金流量净额也会随之增加，现金流量净增加额的幅度反映了企业创造现金的能力。

尽管剩余收益指标在实际操作中要优于投资报酬率，但事实上在公司业绩评价中并没有得到广泛使用。1991 年，一家咨询公司思腾思特公司提倡并最终将剩余收益指标改为另一个易于理解和接受的名字——经济增加值（economic value added，EVA），从此，这个指标开始在世界顶尖级的企业和投资银行得到广泛运用。思腾思特公司坚持认为，这一基于股东价值创造的企业管理和投资评价学说，真正揭示了 20 世纪 90 年代美国经济获得成功的主要秘密。

EVA 的出现，为企业的业绩评价理论提供了一种全新的理念。在引导人们行为方面，任何措施的有效性都会随着自身的复杂而减小，过去一些传统财务指标，包括现金流量和投资报酬率，一开始就相当复杂，难以掌握。而 EVA 的起点是简单的，可以随着提供更准确信息的需要而逐渐复杂。

杰弗里（Jeffrey，1997）等提出的 REVA 是对 EVA 的进一步调整，反映了更加市场化的财富观。REVA 认为，只有创造的价值超出资本期初市场价值（而非原始账面价值）的机会成本，才算真正创造了财富。而现金流基础的投资报酬率（ROI）和现金流基础 EVA，这两个指标的出现体现了现代财务管理"现金至尊"的理念。

三、业绩评价的创新阶段

进入 20 世纪 90 年代以后，企业面临的经营环境越来越复杂，世界经济一体化，信息时代来临，金融工具日趋先进和多样化，市场瞬息万变，全球竞争更加激烈。在这种环境下，企业的生存压力相比于过去已变得相当严峻。为了在竞争中取胜，企业更加关注市场、关注顾客需求，也更加注重内部管理流程的效率，同时为了长远的发展，企业也越来越重视学习和创新，以求取得具有持续竞争优势的资源和能力。随着企业经营理念和经营方式的转变，传统财务业绩评价体系的弊端已日趋明显，基于竞争的创新性评价指标和评价体系开始出现，其中非财务评价指标对财务指标的补充应用和以平衡计分卡为代表的综合评价系统的出现是这一阶段的重要成果。

（一）非财务业绩评价指标

当传统的财务业绩评价指标体系已无法适应日趋激烈的竞争环境、无法充分反映企业的经营业绩和正确引导企业的行为时，非财务业绩指标开始作为一种补充手段而进入业绩评价领域。

非财务业绩指标主要包括客户满意度、市场份额、员工满意度、员工素质评价、技术创新、内部生产过程、售后服务和社会生态环保指标。

非财务指标的应用补充了过去传统财务指标许多方面的不足，它的出现是企业赖以生存的市场环境发展变化的必然产物，体现了企业在战略规划和行动方式上的全局性和长远性。它的使用首先应该是企业经营理念的转换，一种在竞争中形成的战略思想的体现。具体的非财务指标是企业生存和发展的关键因素的反映，非财务指标最大的优点是对企业无形资产的衡量和揭示。客户的忠诚度、技术创新能力、内部业务流程的效率、员工的素质等反映公司价值的重要无形资产无法在传统的财务报表和财务指标中体现，而市场竞争已充分证明对这些无形资产的忽视必然导致企业不可能在竞争中求生存。非财务指标的应用补充了传统财务指标评价体系的缺陷，就两者的关系而言，如将财务业绩视为企业所追求的目标的话，非财务指标则进一步指明了达到这种目标的途径和方向，更深揭示了企业在战略实施过程中成功的关键以及失败的原因所在。可以说，非财务指标的应用把传统财务业绩评价体系向前推进了一步。

但非财务指标的缺点也是明显的，最突出的一点就是非财务指标的计量问题。因为非财务指标一般都不能通过货币计量，在实际工作中还没有一个统一认定的方法来对各种非财务指标进行确认和衡量，从而使管理层在使用非财务指标进行业绩评价时很难制定一个标准。非财务指标的应用存在的另一个问题是与财务指标之间的相关性难以把握。因为非财务指标在确认和计量上的不统一和不确定性，管理层很难核实具体某一非财务指标与会计业绩或股票价格之间的相关性，甚至在短时期内非财务指标与财务业绩指标有可能相冲突，这种对非财务指标的追求可能在短期内会导致财务业绩的下降。因为从理论上无法阐明财务指标与非财务指标之间、非财务指标相互之间的关系，管理层在实际工作中对非财务指标的追求会陷入一些误区，如行动可能达不到预期的目标甚至偏离了原定的方向而造成错误的后果，或由于指标之间相斥而造成部门与部门之间发生利益冲突，致使计划不能继续实施。另外在传统财务业绩评价的基础上再补充使用非财务指标这种综合评价系统必然要耗费更多的时间和资金来收集数据和进行数据处理，这使得企业不得不考虑实施的可行性和成本效益问题。

（二）综合业绩评价体系

综合业绩评价体系是 20 世纪 90 年代以后开始出现的，进入这一阶段以后，业绩评价理论和方法开始与企业经营战略紧密结合，业绩评价体系开始以战略为导向，注重企业战略的全局性和整体性，试图对战略实施过程中的各种矛盾冲突进行协调和平衡，追求对企业竞争能力的培养和企业的长远发展。这一时期的业绩评价体系开始把非财务指标和财务指标正式结合在一起形成综合性的业绩评价体系，其中最具影响力的是平衡计分卡。

平衡计分卡是开普兰和诺顿（Kaplan and Norton）针对传统财务评价的缺陷，于 1992 年提出的一种综合性业绩评价概念和框架，平衡计分卡从四个角度对公司业绩进行度量，这四个角度分别是财务、顾客、内部业务过程及学习与成长。1996 年两人再次在《哈佛商业评论》发表文章，建议公司经理把平衡计分卡用于战略管理。

平衡计分卡在理论界和实务界都产生了很大的影响，作为一种业绩评价系统其最大的优点在于建立了一种新的综合性的理论框架，它提出了过程和结果的统一、外部顾客需求和内部经营过程的平衡以及企业短期财务目标和长远发展的平衡，这种理论和方法与企业战略思想是一致的。

第二节　我国企业业绩评价的发展与评价

一、我国企业业绩评价发展概况

改革开放后，尤其是进入 20 世纪 90 年代，随着社会主义市场经济体制的逐步建立，经济体制从高度集中的产品经济转向商品经济，国家对国有企业的管理方式发生了重大变化，由过去层层审批、干预企业经营的直接管理转向宏观调控、政策导向的间接管理方式，开始重视和研究企业评价问题。

1995 年，财政部发布了企业经济效益评价指标体系，包括销售利润率、总资产报酬率、资本收益率、资本保值增值率、资产负债率、流动比率、应收账款周转率、存货周转率、社会贡献率、社会积累率 10 项评价指标，从投资者、债权人和社会贡献三个方面对具体企业的经营业绩进行评价，要求企业年终按照财务决算执行结果，运用 10 项指标自行评价。

为适应我国社会主义市场经济体制的发展和现代企业制度的建立，1999 年 6 月财政部、人事部、国家经贸委、国家计委联合颁布了《国有资本金效绩评价规则》和《国有资本金效绩评价操作细则》。此后财政部又先后发布了《国有资本金效绩评价指标解释》、《国有资本金效绩评价计分方法》、《国有资本金效绩评价评议指标参考标准》、《企业效绩评价行业基本分类》，至此，一套适合我国现状的国有资本金效绩评价新指标体系已初步建成。

企业绩效评价指标体系由基本指标、修正指标、评议指标三层次共 32 项指标构成，具体见新出台的企业效绩评价规则体现了以下主要的特点：（1）以财务效益作为企业效绩评价的核心内容，推动企业提高经营管理水平，以最少的投入获取最大的产出。（2）采取多方面、多层次指标体系和多因素分析方法。将评价内容划分为财务效益、资产营运、偿债能力和发展能力四个方面，通过基本指标、修正指标和评议指标三个层次对企业效绩进行逐层分析，力图使企业效绩评价结果更接近实际水平，保证评价结果的真实可靠。（3）针对我国过去对企业经营效绩的评价普遍缺乏统一的标准，评价结果缺乏可比性的特点，采用了以统一的标准值作为评价基准的做法，便于企业在同行业、同规模和同领域内的比较，并减少评价工作中的人为因素。企业通过横向对比，可以确定自身在同行业、同规模以及在国民经济中的水平和地位。（4）定量分析和定性分析相结合。新颁布的企业效绩评价指标体系在 24 项定量指标的基础上，还根据我国的具体情况设置了 8 个定性指标，分别考察对企业经营效绩有直接影响却又难以统一量化的各种非计量因素。

2006 年 9 月 12 日，在 2002 年发布的基础上，我国财政部颁发了《中央企业综合绩效评价实施细则》，其评价指标主要如表 5.1 所示。

表 5.1　　　　　　　　　企业综合绩效评价指标及权重

评价内容与权数	财务绩效（70%）				管理绩效（30%）	
	基本指标	权数	修正指标	权数	评议指标	权数
盈利能力状况　34	净资产收益率 总资产报酬率	20 14	销售（营业）利润率 盈余现金保障倍数 成本费用利润率 资本收益率	10 9 8 7	战略管理	18
资产质量状况　22	总资产周转率 应收账款周转率	10 12	不良资产比率 流动资产周转率 资产现金回收率	9 7 6	发展创新 经营决策 风险控制 基础管理	15 16 13 14
债务风险状况　22	资产负债率 已获利息倍数	12 10	速动比率 现金流动负债比率 带息负债比率 或有负债比率	6 6 5 5	人力资源 行业影响 社会贡献	8 8 8
经营增长状况　22	销售（营业）增长率 资本保值增值率	12 10	销售（营业）利润增长率 总资产增长率 技术投入比率	10 7 5		

二、我国国有资本金效绩评价体系评价

我国国有资本金效绩评价体系体现了国家对国有企业以间接管理为主、加强外部监督的思想。该评价体系对以往业绩评价体系的最大改进主要体现在两点：首先是采取了相对业绩评价，剔除不可控因素对经营者业绩的影响；其次是将非财务指标纳入业绩评价指标体系，使其在综合性、系统性和科学性等方面有了较大的改善。但是该指标体系仍存在以下几个方面的不足之处，有待于进一步改进。

（一）过于偏重财务评价，使评价体系难以全面、真实的反映企业效绩

财务指标较多地受到会计政策的影响，导致对企业效绩的评价难以完全真实地反映客观实际。在现有的以会计准则为企业会计政策规范主体的模式下，对某一经济事项的会计处理往往有多种备选的会计处理方法，为企业进行会计政策选择留下了较大的空间。企业选择不同的会计政策产生不同的会计数据，从而会使以会计数据为计算依据的同一财务指标产生不同的结果。对同一事物的同一方面有多个不同结果，到底哪一个更为真实地反映客观实际，自然使人质疑。

偏重财务评价，会使企业盲目追求高财务指标，更加注重眼前利益而忽视长远利益，容易使企业经营产生短期行为。财务绩效是经营活动的结果，财务上的成功是基础工作做好后在逻辑上的自然结果。因此，企业通过改善基础性的经营活动自然会得到理想的财务数据，而可能忽视科技创新、市场开拓和推广及员工培训等活动，为了短期效益而使企业长期效益受损，这对企业未来发展必然产生严重影响。

（二） 已设置的非财务指标不够完善

在评价体系中，非财务指标都是评议指标，没有给出计量方法，主观随意性较强。企业领导班子基本素质、产品市场占有能力（服务满意度）、基础管理水平、在岗员工素质状况、技术装备更新水平（服务硬环境）、行业或区域影响力、企业经营发展策略、长期发展能力预测等八项非财务指标，没有一个是可计量的，只能通过定性分析得出结果。定性分析依赖于人们对经济现象的熟知程度和实践经验，并非所有人都能做到。因而仅由定性分析获得的非财务指标结果往往主观随意性大，难以保证评价标准、评价过程和评价结果的客观性。另外，现已设立的非财务指标还不够全面。如没有考核企业的信誉状况，未能充分反映企业与客户的关系。

（三） 指标体系主要使用企业的历史数据进行静态分析，不能准确反映企业的动态

经济状况，也未能充分关注企业或有事项及期后事项对企业财务状况的影响程度，新指标体系主要采用的是静态的数据分析，依据的是企业历史数据，而我国目前由于市场竞争日益激烈，产业政策不断调整，企业发展中的不确定性因素增大，静态分析难以正确反映企业的动态经营状况。另外，应特别关注一些非财务指标因素对企业财务状况的影响程度，否则，仅仅依赖静态的财务数据分析，可能会得出不符合事实的结论。这些非财务指标因素主要有：（1）虚假的会计核算导致会计信息的失真；（2）企业财务报告期存在的预计将来可能发生的损失或收益（即或有事项）；（3）企业管理层的整体素质及经营管理理念。针对企业会计核算结果，应仔细分析其真实性、合法性，计算评价指标时应尽量采用经中国注册会计师审计确认的会计核算数据。

应特别关注的企业或有事项包括：预计的诉讼赔偿、贷款担保可能承担的连带责任、违反经济合同预计应承担的违约金和罚金、

产品质量实行"三包"的预计支出等。

应特别关注的企业期后事项包括：重大投资及资本性支出、重大改组购并和资产出售、重大诉讼和仲裁事项、重大违纪违规事项、重大资产损失或损耗等。

（四）指标体系在权重设计上仍然沿用了传统的固定权重的方法

权重设计应当充分考虑企业效绩评价主体的具体要求，依据受托责任理论，效绩评价主体应当包括国家管理机构、资产所有者、重大利益相关方及企业自身。对于不同的利益主体，各个指标的相对重要程度是不一致的。比如，对于企业所有者而言，最关注企业资本金的保值增值，将资本金的安全性放在首位；对于企业债权方（比如银行、企业债券持有者等）而言，最为关注的是企业的偿债能力，将反映企业偿债能力指标视为最重要指标；对于企业自身而言，则更为关注企业当前利益和长远发展能力。由此可见，采用固定权重值根本无法满足效绩评价工作中各利益主体的实际需要。

另外，该指标体系在设计固定权重时，未能考虑企业的行业及经营环境的区别。由于不同的行业（比如工业制造企业和饮食服务企业之间，施工企业与证券业之间等）或不同的经营环境（沿海开放地区与内陆欠发达地区之间，一般地区与保税区之间等），其盈利水平及合理的偿债指标、盈利率等各不相同，所以采用不区分行业及经营环境的固定权重值同样不能满足效绩评价工作的实际需要。

（五）评价企业发展能力状况指标的不合理性

新效绩评价指标体系中，反映企业发展能力状况的基本指标有两个，即销售（营业）增长率和资本积累率；修正指标有四个，即总资产增长率、固定资产成新率、三年利润平均增长率和三年资本平均增长率。两个基本指标设计恰当，能够比较简明且准确地反映企业发展能力状况。四个修正指标中，除三年资本平均增长率指标设计较为合理之外，其余三项指标均存在较大缺陷。

第三节 我国业绩评价指标体系设计应解决的两个问题

一、业绩评价指标的选择问题

经营者业绩评价指标的选择过程实际上是一个在以下三种方案之间进行权衡的过程：（1）投入更多的资源，以获得能够更好地反映经理努力程度的业绩评价指标；（2）付给经营者更多的风险报酬，以补偿因采用不准确的业绩评价指标而施加在经营者身上的风险；（3）降低对经营者付出努力的激励为代价，降低薪酬与计量的业绩之间的敏感性（Eating，1997）。

企业的绩效进行评价的目的之一在于对经营者的业绩进行评价，而在对经营者的业绩进行评价时，业绩指标的选择和指标间权重的分配是两个至关重要的问题。

根据委托代理理论，一个良好的业绩评价指标应该具备以下的质量特征：一致性（congruity）和准确性（precision）。所谓业绩指标的一致性，是指代理人行为对业绩指标的影响与对委托人预期收益的影响之间的相符程度。准确性是指业绩指标对代理人努力水平进行反映的精确程度，或者代理人所无法控制的事件（即噪音）对业绩指标的影响程度。业绩评价指标的这两种质量特征都会对代理人的行为产生巨大的影响。费尔瑟姆和谢（Feltham and Xie，1994）证明，只有在业绩指标具有完全的一致性和完全的准确性的情况下，次优契约才能达到最优契约时的激励效果。在次优契约中，不一致性的存在不会影响代理人在各项任务上付出的努力总水平，但会导致代理人的努力在不同任务上的次优化分布。也就是说，在其行为不可观察情况下，尽管代理人可能会付出与其行为在可以观察到的最优情形时同样的努力程度，但从其自身利益的角度出发，这些努力会被更多地投到能够带来指标增长较快的任务之上，从而可能造成代理人努力方向的偏离，导致委托人的剩余损失。而如果业绩指标中包含有噪音（即业绩指标不准确），则会导致激励的弱化，代理人会因业绩指标的不准确而担心所付出的努力得不到回报，从而降低在每个任务上所付出的努力，而委托人也会因无法对代理人的业绩进行准确的衡量而根据其对业绩指标不准确程度的判断来相应的降低代理人的报酬。而且，这种激励弱化的后果与代理人的风险反感程度相关，代理人越厌恶风险，激励弱化的程度也就越大。

各种业绩指标的一致性和准确性程度往往是不相同的，有些指标可能在一致性方面较好，另外一些指标可能在准确性方面较佳，一般来说，单一的业绩指标很难做到两面皆到。这是因为单一的业绩评价指标往往难以涵盖代理人努力的所有方面，代理人的全部业绩也往往难以在单一业绩指标中得到及时、充分的反映；同时由于不可控因素的影响，单一的业绩指标也很难做到对代理人的努力水平进行准确的衡量。然而，有关代理理论的研究成果表明，业绩指标的一致性和准确性可以通过业绩指标的合理搭配来得以提高。霍尔姆斯特龙（Holmstrom，1979）提出了"信息原则"，一个业绩指标如果能够提供有关代理人努力水平的额外信息，那么就应该将该业绩指标纳入薪酬契约之中。基于以上原理，我们就可以对如何对各种业绩指标进行合理的搭配进行讨论，揭示其对经营者业绩评价的影响。

理论界在经营者业绩评价方面讨论得较多的业绩指标是会计指标、市场指标、财务指标和非财务指标等。由于要受到内部的控制和审计的检查，使得会计数据比其他渠道的信息相对来说比较可靠，而且被评价者较易了解其行为对会计业绩的影响。可靠性和可理解性都是会计业绩指标的优点，由此使得会计指标长期以来在经营者业绩评价中占据主导地位。但是，会计业绩指标的选择不仅要看其噪音的大小，而且要看被评价者利用不为人所知的信息来影响指标值的程度。由于会计指标是综合的结果性指标，一方面不能全面地反映被评价者所付出的全部努力程度，经营者从事经营的许多方面无法在会计指标中反映出来。另一方面是会计指标的滞后性，经营者许多能够为股东创造财富的行为无法在短期内在会计指标中体现出来。从而使其一致性受到了影响。对经营者来说，会计数据较大的可理解性意味着更大的操纵机会，其可以通过变更会计政策，调节研发费用、维修费用等来操纵会计业绩，而这些信息对于评价者来说，往往在短期内无法察觉或取得这些信息的成本较大。如前所述，会计指标的这种可操纵性、不全面性和滞后性的后果是会导致经营者所付出的努力出现次优化分布，将其努力投向在短期内能够为会计业绩指标带来较快增长的领域，从而出现短期化行为或盈余管理行为。

　　针对会计业绩指标的这些局限性，如前所述，可以通过在薪酬契约中加入其他的业绩指标来提高业绩指标的一致性和准确性。目前理论界讨论较多的解决方法主要有两种：一是在薪酬契约中加入非财务指标；二是在薪酬契约中加入市场业绩指标（如股票价格），将之作为衡量经营者业绩的一种标准。这两种方法有其各自的适用性，从某种程度上来说，其使用程度和评价者与被评价者之间的信息不对称程度有关。如果评价者可以掌握被评价者有关非财务方面的努力信息，将非财务指标纳入薪酬契约中则是一种有效的选择。而如果评价者获取代理人非财务方面信息的成本较高，或无法获取该方面的信息，则将会计业绩指标与市场指标搭配则是比较理想的方式。当然，三种业绩指标也可并用。

　　但是，市场业绩指标和非财务业绩指标也有其局限性。对于会计指标和市场指标而言，会计指标的优点是准确性较强，缺点是一致性较差。市场指标则表现为一致性较强，准确性较差，即噪音较大。根据委托代理理论，所有者与代理人的目标函数不同，经营者不享有剩余索取权，是风险回避者。他们一般不愿意将自己的薪酬与其不可控的因素挂钩，偏好于稳定的薪酬，倾向于当前的收入，所以其偏好于可控性较强、波动性不大、易于反映短期经营成果的会计业绩指标。而所有者关心的是企业的长期发展，在信息不对称的条件下，其倾向于采用能够反映企业长期发展态势的业绩评价指标，而不愿意使用易为经营者操纵的指标。因此，使用市场指标（股价指标）可以让所有者将风险与经营者分担，而且又可引导经营者考虑企业的长期发展。但是，股价易受交易市场供求情况和宏观政策等的影响，从而将一部分不可控的风险转嫁给了经营者。因此，即使在股价已经反映了其他业绩指标的影响的情况下，股价指标的缺点仍需由其他的业绩指标的搭配来加以缓解（Feltham and Xie，1994）。当然，这是在市场有效时的情况，在市场极度无效的情况下，股价指标不仅准确性极低，而且连一致性的优点恐怕也要丧失殆尽了。

而对于财务指标和非财务指标而言，如前所述，财务指标的优点在于其可靠性和可理解性，而且易于定量化，但其缺点是不能反映代理人业绩的全貌，即一致性较差。而非财务指标虽然可以提高业绩评价指标的一致性和准确性，但是，其缺点在于有些指标无法量化，能量化的主观性也较大。而且，如果指标搭配不当，反而有可能造成目标上的冲突，使得业绩指标的不一致性问题加剧。事实上，平衡计分卡在业绩评价方法上的创新，即将业绩计量与评价系统纳入公司战略管理框架，并用因果关系将各方面的指标联系起来的思想就是一种可用于业绩指标选择的有效方式。其方法完全可以为我国的经营者业绩评价实践所借鉴。

我国目前在对经营者业绩的评价中最主要采用的是财务指标，而非财务指标和市场指标则采用较少。如在国有资本金效绩评价体系中，财务指标的比重占70%，而非财务方面的评议指标只占30%。目前我国大多数的国有企业并非上市公司，并没有现成的股票价格信息可供利用。即使对于已经上市的国有企业而言，由于我国的股票市场实质上仍是一种小型、不成熟的资本市场，股票定价往往处于非理性状态，非理性的股票价格信息难以提供有关经营者努力程度方面的额外信息，市场业绩指标难以达到较高的一致性，准确性更无从谈起。因此，目前在我国不可能普遍地采用市场指标来衡量经营者的业绩，即使推行，也应慎用或少用。其广泛运用有待于资本市场等因素的规范化。

因此，针对前述财务指标本身所固有的局限性，采用财务指标和非财务指标相搭配来提高业绩评价指标的一致性和准确性是我国在目前条件下比较合理的一种选择。其核心的问题在于如何合理地选择有效的业绩指标以及确定各种业绩评价指标之间的权重。我国最具有代表性的国有资本金效绩评价指标体系已经初步地涵盖了财务指标和非财务指标，力图实现多层次的修正和多因素的互补。但是，其运用的指标虽多，看似全面，但指标之间采取了固定权重的形式，未能申明指标所反映的内容与实现企业最终目标之间的因果关系，从而显得生硬，对评价者缺乏指导性，难免削弱激励的效果（纪咏梅，2000）。事实上，同样数值的绩指标对不同行业、不同企业、企业的不同发展阶段、不同的战略和不同的组结构所具有的意义可能完全不同，因此，应按"权变"的思想根据企业的具体情况来赋予相应的权重。

二、业绩评价指标权重的分配问题

根据委托代理理论，业绩指标被采用的程度（即应赋予的权重）是公司的特性（characterstics）以及业绩指标质量的函数（Indjejikian，1999）。业绩指标的质量随着该指标对雇员行为的"敏感性"、其捕捉雇员行为的准确性和雇员行对业绩指标的影响与对股东价值的影响之间的相符程度的增加而增加。班克和达塔尔（Banker and Datar，1989）证明：几个受到同样的不可控因素影响的不准确的业绩指标以通过线性组合来最大限度地消除噪音，而且每个指标所应赋予的权重取决于指标的准确性与敏感性的乘积。以此结论为基础，班克和达塔尔还推导出了相对业绩指标的一些运用原则，他们将相对业绩指标定义为代理人所无法控制实施影响的指标，因此相对业绩指标对代理人努力程度的敏感性应为零。根据上述结论进行推导，他们证明：如果相对业绩指标与业绩评价指标的相关性越强，应赋予相对业绩指标越大的权重；在二者的相关性既定的情况下，如果相对业绩指标受不可控因素的影响越小，或者业绩评价指标受不可控因素的影响越大，应赋予相对业绩指标越大的权重。

　　以上的原则可以为经营者业绩评价中业绩指标之间的权重分配问题提供指导。业绩指标的质量特征是决定权重分配的重要因素，而各种指标在不同情况下的质量特征是不同的。以公司的竞争战略为例，业绩评价指标的权重分配因所采取战略的不同而不同。公司的竞争战略可以广义地理解为进取者（歧异化）战略和防御者（低成本）战略。当公司采取的是进取者（歧异化）战略时，对经营者采取的许多行为，如市场份额、新产品的开发、品牌的塑造等是以长期目标为导向的，由于财务指标的滞后性，其捕捉经营者行为业绩的敏感性较差，也就是说，经营者的业绩无法短期内在财务指标中及时地体现出来，因此，在企业的战略目标符合股东利益的前提下，评价经营者业绩时将权重更大地放在能够及时体现经营者努力程度的非财务指标之上是必然的。而当公司逐渐由进取者（歧异化）战略转向防御者（低成本）战略时，由于前期经营者采取的长期化行为的经济后果已经开始体现，或者公司本来就是以短期化为目标导向，因此，此时的业绩评价则应该将更大的权重置于能够及时反映经营者努力程度的财务业绩指标之上。伊特纳（Ittner）等人于 1997 的实证研究结果证实了这一结论。对于处在不同发展阶段的公司，其在选择业绩评价指标以及指标之间的权重时所应遵循的原则也是如此。

　　在选择业绩评价指标和分配权重时除了应考虑业绩指标本身的

质量特征外，还应考虑公司具体特性和经营环境的影响。如伊廷（Eating，1997）基于对 78 位分部经理的调查，对在对分部经理进行评价时经常采用的三种业绩指标（市场指标、公司层次会计指标和分部层次的会计指标）的选择和权重分配产生影响的因素进行了研究。其调查结果表明，在其他条件相同的情况下，分部会计指标的采用随着分部的收益与公司股价之间的相关性的增加而增加，随着分部成长机会的增加而减少；公司会计指标的使用随着分部经理对其他分部影响的增加而增加，随着其他分部经理对该分部影响的增加而减少；而在分部相对于总公司的相对规模越大，或在公司的股票收益与市场收益之间的相关性越大（即股票价格的噪音越小）的情况下，公司越倾向于采用股票价格指标来评价分部经理的业绩。Eating 的研究虽然只局限在对会计指标和市场指标的讨论，而未拓展到非财务指标之上，但其结论说明，对于经营者的业绩评价，应对导致业绩指标噪音的各种因素所产生的影响进行充分的考虑，才能正确地反映经营者的努力程度水平，避免对经营者的积极性造成消极的影响。

对业绩指标权重分配产生影响的因素可谓不胜枚举，公司在对经营者进行行业绩评价时，应根据具体的情况进行具体的分析。从这个意义上来说，我国目前的国有资本金效绩评价体系采取固定的指标权重的形式是比较僵化的，这种固定的指标权重限制了整个体系的灵活性（纪咏梅，2000），从而忽略了公司的发展阶段、竞争地位和战略等现实存在的差异，这显然是不够合理的。这正是国有资本金效绩评价体系缺乏操作性的最主要原因之一。

第六章

建立基于 EVA 的业绩评价体系

第一节　业绩评价体系框架

企业业绩评价指标体系是指用来评价企业经营活动成果，并以此为依据进行绩效管理和经营决策的一组包括财务和非财务指标的体系。要建立基于 EVA 的业绩评价体系，我们必须先了解一下现有的几种企业业绩评价体系，正因为现有的业绩评价体系存在无法克服的缺陷才导致了 EVA 的产生和发展。

企业业绩评价是指运用科学、规范的评价方法，对企业一定经营期间的资产运营、财务效益、发展能力指标等经营成果，进行定性以及定量的分析，并做出真实、客观、公正的综合评判。

一、企业业绩评价层次分析

根据利益相关者论，利益相关者是指与企业存在直接或间接利益关系的个人和群体。围绕一个企业，相关的利益主体主要包括以下内容：潜在的和现有的投资者（股东）、潜在的和现有的债权人、企业员工、政府有关部门等。这些利益主体由于各自关注的利益不同，因而所关注的评价客体和目标也就会存在一定的差异。如表 6.1 所示。

表 6.1　　　　　　　　　　企业业绩评价层次

层次	评价主体	评价客体	评价目标
1	潜在的投资者	企业	评价企业的价值以做出是否值得投资的决策
2	现有的投资者	企业、经营者	1. 评价企业的价值以做出是否应退出的决策 2. 评价企业经营者业绩以明确是否完成了受托责任并做出相应的决策（如报酬问题）
3	潜在的债权人	企业	评价企业的偿债能力和盈利能力以做出是否借出资金等决策
4	现有的债权人	企业	评价企业的偿债能力和盈利能力以判断资金是否安全及其他相关决策
5	供应商	企业	评价企业的偿债能力、盈利能力及信用水平以做出有关交易方面的决策
6	客户	企业	评价企业的客户服务水平
7	企业管理人员	企业内部各管理层次	评价企业各方面以提高企业内部管理水平，明确是否完成企业目标及确定相应的奖惩水平
8	政府部门（非所有者身份）	企业	是否遵守有关法律法规，完成企业应尽的社会义务
9	职工（非所有者）	企业	评价企业业绩以判断自己的经济保障、就业风险等

注：

（1）本表所列的 9 个评价层次，主要是按照评价主体来划分的，彼此之间并不存在高低之分。另外有些层次在一些方面是重叠的，如层次 1 和层次 2、层次 3、层次 4 和层次 5 在评价目标上有部分重叠。

（2）对于企业和经营者这两个评价客体，其业绩表现是存在一定关联的。企业的业绩主要表现在企业盈利能力、资产营运水平、偿债能力和后继发展能力等方面；而经营者的业绩主要通过经营者在经营管理企业的过程中对企业经营、成长、发展所取得的成果和所做出的贡献来体现，企业的业绩能在一定程度上说明经营者的业绩。

从广义上来讲，企业的业绩评价包含四个方面的内容：

（1）宏观上，政府管理部门从社会角度来对企业的业绩进行评价。评价的目的在于考查企业做出了多少社会贡献，评价内容涉及企业所提供的税金、就业机会，以及对职工的社会福利保障、环境保护等责任义务的履行情况。

（2）企业经营者从管理者角度对于内部各层面的经营状况进行业绩评价。企业组织一般实行分层管理，这样企业内部出现层层代理的关系，较高层管理者需要根据其下属部门的权限和责任来选择合适的业绩评价方式，以便形成有效的内部约束和激励机制。

（3）所有者从委托人的角度对企业经营业绩进行评价。这是我们通常所说的企业经营业绩评价，所有者主要通过其投入企业的资源的保值增值情况来对作为代理人的企业经营者在企业价值创造活动中所做的贡献进行评价。随着现代企业组织的不断发展和企业制度的不断创新，如何处理资源提供者和资源运用者之间的权利、利益关系一这不仅是特定企业关注的公司治理结构问题，也是一个备受各研究领域关注的社会组织效率问题。

（4）投资者从投资决策的角度来对企业的业绩进行评价。投资者在进行投资决策时，对投资对象的经营成果、财务状况、未来发展潜力进行全面的衡量和比较。尽管各种投资（股权投资、债权投资、短期投资、长期投资）在选择投资对象时评价的重点有所不同。但其还是存在共同点，即这一评价均是以企业的价值为分析和比较的对象，评价的目的是为投资决策提供依据。

以上对业绩评价层次的分析，意在说明由于企业业绩评价主体的多样性，各自关注的利益着眼点的不同，因而我们不可能设计出一套适用于所有评价主体和评价目标的评价指标，因此对企业业绩评价层次的准确理解对于科学地设计企业业绩评价指标体系等方面，从而充分发挥其制衡、引导评价客体行为、调动评价客体积极性方面是有重要意义的。

二、业绩评价的构成要素

业绩评价系统作为公司管理控制系统中一个相对独立的子系统，其构成要素主要包括评价主体、评价客体、评价目标、评价指标、评价标准、分析报告六个要素。

（1）业绩评价系统的主体是指谁需要对客体进行评价。从业绩评价的产生及发展来看，它是为解决经济活动过程中存在的委托—代理矛盾而建立的。这些矛盾主要包括资产所有者（委托人）和经营管理者（代理人）之间的矛盾，也包括政府部门以及其他利益相关主体和企业的矛盾，这些矛盾的双方构成了系统的主客体。对企业进行业绩评价的主体包括资产所有者、经营管理者、政府部门以及其他利益相关主体。

（2）业绩评价系统的客体，简单说就是指被评价的对象，客体是与主体相对应矛盾的另一方。业绩评价系统有两个评价对象，一是企业，二是企业管理者，两者既有联系又有区别，评价对象的确定非常重要。评价的结果对业绩评价对象必然会产生影响，关系到评价对象今后的命运问题。对企业的评价关系到企业是扩张、维持、重组、收缩、转向或退出；对管理者的评价则关系其奖惩、升降等问题。

（3）业绩评价系统的目标是整个系统运行的指南和目的，它服从和服务于公司目标。业绩评价系统要处理好评价系统目标和公司目标之间的依存关系。公司目标的实现需要各方面的努力：建立合适的组织结构、建立管理控制系统、制定预算、设计业绩评价系统和激励系统等等。

（4）业绩评价指标是指对评价对象的哪些方面进行评价。业绩评价系统关心的是评价对象与公司目标的相关方面，即所谓的关键成功因素（key success factors，KSFs），这些关键成功因素具体表现在评价指标上。关键成功因素有财务方面的，如投资报酬率、销售利润率、每股税后利润等；也有非财务方面的，如售后服务水平、产品质量、创新能力等。因此，作为用来衡量业绩的指标也分为财务指标和非财务指标。如何将关键成功因素准确地体现在各具体指标上，是业绩评价系统设计的重要问题。

（5）业绩评价标准是指判断评价对象业绩优劣的基准。选择什么标准作为评价的基准取决于评价的目的。在公司业绩评价系统中常用的三类标准分别为年度预算标准、资本预算标准及竞争对手标准。为了全面发挥业绩评价系统的功能，同一个系统中应同时使用这三类不同的标准。在具体选用标准时，应与评价对象密切联系。一般来讲，评价对象为管理者时采用年度预算标准较恰当；而评价对象为企业时，最好采用资本预算标准和竞争对手标准。

（6）业绩评价分析报告是业绩评价系统的输出信息，也是业绩评价系统的结论性文件。业绩评价人员以业绩评价对象为单位，通过会计信息系统及其他信息系统获取与评价对象有关的信息。经过加工整理后得出业绩评价对象的评价指标数值或状况，将该评价对象的评价指标的数值状况与预先确定的评价标准进行对比，通过差异分析找出产生差异的原因、责任及影响，得出评价对象业绩优劣的结论。

上述六个要素共同组成一个完整的业绩评价系统，它们之间相互联系、相互影响。指标体系是由主体（通过目标）、客体和一些环境因素共同决定，同时它又直接决定评价报告的内容和可信度。主体的要求经过总结，形成评价目标，以主观的形式对指标体系的具体设计做出规定；客体则依靠自身的特点，从客观性的角度限制指标体系的内容。不同的目标决定了不同对象指标和标准的选择，其报告的形式也不同。而一套设计合理的评价系统关键在于其指标体系设计是否科学，只有设计科学的指标体系才能够对企业的经营业绩做出合理有效的判断，成为企业发展的指挥棒，更好地激励企业的经营者。

企业业绩评价的主要目的是对企业管理者本年度的经营管理能力进行评价和总结，以决定对其的奖惩，并希望通过这些评价指标发现企业经营业绩中的关键因素。通过对这些关键因素的分析，找出存在的问题及其解决的方法。

三、业绩评价指标的质量特征

指标的选择和设计一直是业绩评价中的一个难点，不仅因为其中存有学者们的不同见解，更重要的是，没有一个固定的指标体系模式能适应于所有的企业。但尽管如此，业绩指标体系仍必须具备一般性的质量特征，指标的选择和体系设计必须遵循基本的原则。

业绩评价指标的质量特征是指指标体系必须具备的与战略实施和战略控制相匹配的质量上的要求。

霍尔姆斯特龙（1979）提出了"信息原则"（informativeness

principle），这一原则可帮助判断业绩评价指标的有效性。风险和激励之间的差异构成了信息原则的基础，如果一个业绩评价指标能够提供有关代理人努力水平的额外信息，则应该将该业绩评价指标纳入业绩评价指标体系之中。

费尔瑟姆和谢（1994）认为，一个良好的业绩评价指标应该具备以下的质量特征：一致性（congruity）和准确性（precision）。这就告诫我们在设计企业业绩评价体系时，要注意业绩评价指标的选择不仅应根据企业所处的外部环境，而且应反映企业所提出的战略目标。

上述关于业绩评价指标质量特征的原则实质都是大同小异，归纳起来业绩评价指标的选择应该符合两项标准：其一相关，与业绩评价目标相关；其二准确，能够有效反映管理者的努力程度。但问题在于这些原则太理论化了，在实际中更重要的是在这些原则的指导下建立一个具有可操作性的方法体系。因此，我们可以参照安迪·尼利等（2004）的业绩评价指标测试体系，并借鉴其他相关研究成果，建立起业绩评价指标质量特征测试方法框架（见表6.2）。应用这一框架，可以在选择某一业绩评价指标时检验其是否具备应有的质量特征。

表 6.2　　　　　　　业绩评价指标质量特征测试方法

质量特征	测试名称	测 试 目 的
相关性	真实性测试	业绩评价指标是否反映评价目标
	重要性测试	业绩评价指标是否以反映某一评价目标为主
	明确性测试	业绩评价指标是否能够明白无误地表达
准确性	可理解性测试	业绩评价指标是否为评价客体所接受
	对策性测试	业绩评价指标是否可能鼓励不期望的或不适当的行动
	行动性测试	业绩评价指标是否能够导致正确的行动发生
可操作性	可获得性测试	业绩评价指标计算数据和信息是否可以方便获得
	适时性测试	业绩评价指标计算所需数据和信息是否可以及时获得
	一致性测试	业绩评价指标计算所需数据和信息的搜集和整理方式是否可以重复操作
	成本效益测试	业绩评价指标计算所需数据和信息的搜集和整理成本是否大于所获得效益

选择适合某公司具体情况的指标是一个比较困难的问题，每个指标均有其产生的不同背景，均有其优点及不足之处，不同的指标组合又具有另外的特征。因此，某一公司在选择指标设定业绩评价指标体系时需要有一个标准，这就是业绩评价指标的质量特征。对业绩评价指标体系应符合的质量要求，许多学者已经有过许多论述，这些也是对指标的质量特征的研究，其中最为权威的研究成果是：

1990 年，迪科森（Dixon）、楠尼（Nanni）和福尔曼（Vollman）三人在《新的业绩挑战：世界级竞争力企业的经营业绩计量》（The New Performance Challenge: Measuring Operation for World-class Competition）一书中指出：总体来说，一个好的计量评价系统应是公司特殊的指标与现有流行指标的一种混合，应是包括具体下面 23 个特征的财务指标与非财务指标的组合。

（1）支持或与一个企业的目标、行动、人员及文化、关键成功因素相一致。

（2）战略的相关性及促进性。

（3）实施简单。

（4）不复杂。

（5）由顾客提出。

（6）使职能部门之间有机结合。

（7）适合不同的组织层次（一般来说，在低的经营层次强调非财务指标，而在高的战略层次强调财务指标）。

（8）适合外部环境（一般来说，在复杂的、不确定及竞争激烈的环境中强调非财务的指标，而在简单的、稳定的和竞争不激烈的环境中强调财务指标）。

（9）促进组织中的横向和纵向合作。

（10）可以说明被计量的行动所产生的结果。

（11）在恰当的情况下，应是自上而下共同努力开发出来的。

（12）在组织中相关部分进行沟通。

（13）可理解性。

（14）认同性。

（15）现实性。

（16）直接指向重要的和产生影响的因素。

（17）直接与行动相联系使因果关系清楚。

（18）关注对资源和投入的管理，而不仅仅是成本。

（19）适应提供实时反馈的要求。

（20）保证提供行动方向的反馈（越是有形业绩的控制，越应强调对行动方面的计划）。

（21）并非一定是可加指标，即不同职能部门和不同管理层的指标不必一定是可以一定可以相加的。

（22）有助于个人或企业的学习。

（23）促进持续和永久的提高。

然后不断对照上述 23 个特征将过时的去掉或加上新发现的更相关的指标。如果一个企业的业绩评价指标体系缺少上述许多方面的特征，那么就应重新检查现行体系的有效性并寻求新的指标。

四、业绩评价的作用

企业经营业绩的信息在企业经营管理中占重要作用，在信息系统中处于核心地位。企业只有知己知彼才能百战百胜，而我国企业往往仅把业绩评价看成奖惩的依据。因此客观的计量往往受到抵制，计量结果水分大，真实性小，根据计量结果难以掌握企业客观状况。其实业绩评价用于报酬与激励只是业绩评价信息使用的一个方面，可靠的业绩评价还服务于企业管理的以下方面。

（一）支持企业的战略目标规划

通过业绩计量使企业了解自身的长处与短处，从而与机会进行比较，制定合理的战略目标。在战略实施过程中，通过业绩计量，了解战略实施中存在的问题和有效性，从而调整战略，使战略更为符合环境需要。例如，对客户的计量，用于新产品开发的战略规划，对销售额、销售量和市场份额的计量，对企业设备能力的计量等，为企业长期投资和研究开发提供客观依据。

（二）制定决策

真实的业绩计量与评价将给企业决策提供可靠依据，如成本的客观真实计量。产品成本反映生产过程的实际耗费，将给价格的制定、招标、投标提供合理依据。产品加工时间的计量，用于企业工作分配提供依据。生产能力的计量和效率计量，为企业的长期投资决策提供依据。

（三）决策的修正

客观的业绩计量将以前决策实施所产生的结果，与当时决策预定的目标进行比较，分析决策的适当性，以及决策存在的问题及其影响的范围，从而对正在实施的决策进行修正。同时也为将来的决策提供经验数据。例如对投资决策项目实施的跟踪计量，取得反馈信息，对原决策进行修正，使之更切合实际，也有利于将来对类似的决策提供依据。

（四）产生预警，纠正错误

通过对经营活动的业绩计量，可以发现过去决策中的错误和决策实施及执行过程中的不正确方面，从而能及时纠正错误，防止错误的蔓延扩大，避免损失。例如对设备运行的计量可以支持设备的日常管理，设备的防护性维护，通过计量了解防护性维修是否必要，维护保养是否合理，维护措施是否适当应用等。质量统计计量产生预警，防止废品和不合格产品的过多产生。

（五）有利于创新与不断改进

业绩计量结果与同行业企业，与竞争对手或企业最佳历史业绩比较，发现企业存在的差距，促使企业创新，不断改进，从而缩小差距，创造自身优势。

（六）奖惩员工的依据，产生激励作用

业绩计量反映各部门，及至每个员工的工作成果，是评价员工业绩和奖惩员工的依据。同时与适当的报酬机制相结合，激励员工的士气，引导员工的行为，产生推动力，使得个人利益与企业总体目标相一致。当然如果企业计量指标不合理，弹性大，与报酬机制结合失当，也会导致功能失调，产生不利的影响。

第二节　EVA 指标体系设计

EVA 业绩评价指标在我国还没有被广泛接受，理论研究尚未成熟，在目前情况下，完全摒弃传统的会计指标而以 EVA 作为单一评价指标是不现实的。我们认为企业有必要构建一套 EVA 指标与传统业绩评价指标相结合的业绩评价指标体系。

一、业绩评价体系设计概述

业绩评价系统的设计包括评价目标的设计、评价指标的设计、评价标准的设计和评价方法的设计。

（一）评价目标的设计

EVA 评价系统的评价目标是通过运用 EVA 评价管理者业绩，不仅可以为战略实施提供控制性信息，而且可以为战略制定提供支持性信息。

（二）EVA 业绩评价指标体系设计

1. EVA 业绩评价指标体系

（1）以 EVA 作为企业业绩评价指标体系的核心指标。

（2）EVA 业绩评价指标体系由财务指标和非财务指标两个子系统组成，其中财务指标系统由盈利能力指标、营运能力指标、偿债能力指标和发展能力指标四个子系统组成。财务指标和非财务指标两个子系统相互作用，相互均衡。

（3）以 EVA 为核心的业绩评价指标体系并不是以单一财务指标 EVA 来衡量，而是以 EVA 为核心，其余财务指标为必要补充。由于我国企业现行的业绩评价体系就是以财务评价为主，非财务评价为辅的，财务评价指标基本上很合理，也很科学（见图 6.1）。

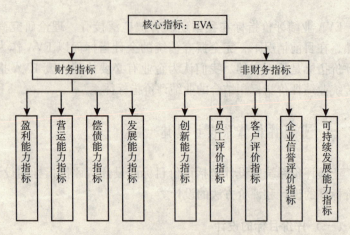

图 6.1　EVA 业绩评价指标体系

2. EVA 指标的核心地位与指标分解

（1）企业财务管理的目标是 EVA 最大化。

（2）企业对管理人员的奖惩是以 EVA 的改变为标准的。

（3）当 EVA 与其他指标发生冲突时，应首先考虑 EVA。

借助 EVA 这个核心业绩评价指标，通过 EVA 的层层分解，可以和盈利能力、营运能力、成长能力和偿债能力等指标联系起来（见图 6.2）。

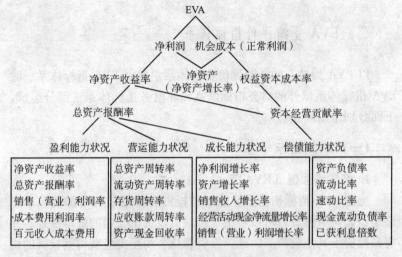

图 6.2 EVA 业绩指标体系分解

（三）评价标准的设计

EVA 业绩评价体系对于 EVA 指标的标准设置是通过一个科学的计算公式来确定的。通过 EVA、红利计算公式计算出 EVA 的年度预期改善金额，通常是以五年为一个期间，但同时计算年度预期改善目标的基础也根据实际的经验数据每年自动调整。这样，EVA 指标的评价标准既采用了历史标准，同时又结合了预算标准。

（四）EVA 评价方法的设计

评价方法，解决的是如何评价的问题。如果没有科学合理的评价方法，评价指标和评价标准就成了孤立的评价要素，也就失去了本身存在的意义。企业 EVA 评价方法就是选择 EVA 指标，分别计算母公司和各个子公司 EVA 指标的实际值，并与所设置的评价标准进行比较，从而对评价客体的经营业绩做出评价结论。

二、EVA 业绩评价指标体系

以 EVA 为核心的业绩评价指标体系主要由 EVA 指标体系、除EVA 指标体系以外的财务指标体系和非财务指标体系三部分组成，下面分别予以阐述。

（一）EVA 指标

1. 经济增加值（EVA）

运用 EVA 指标衡量企业业绩和投资者价值是否增加的基本思路是：公司的投资者可以自由地将他们投资于公司的资本变现，并将其投资于其他资产。因此，投资者从公司至少应获得其投资的机会成本。这意味着从税后净营业利润（NOPAT）中扣除按权益要求的经济价值计算的资本的机会成本后，才是股东从经营活动中得到的增值收益。

由于 EVA 指标考虑了长期资产和营运资本投资的成本，部门业绩不仅体现在经营效率而且体现在资产管理上。公司为了提高EVA，管理者必须用同样资本获取更高的经营性收益，减少资本占用，或者将资本投资于高收益项目。由于 EVA 与公司股票价格之间有很强的正相关关系，近年来，可口可乐、AT&T 等不少跨国公司应用 EVA 评价总经理的业绩，取得了良好的激励效果。

2. 经济增加值指标

由于 EVA 是一个绝对数指标，它在一定程度上与企业规模有关，因此无法在不同规模企业之间进行比较，为此，必须设置相对数指标来加以补充。同时，由于 EVA 在企业价值评估方面的局限性，人们提出了修正的经济附加值（REVA）指标。所以，除经济附加值（EVA）外，EVA 指标体系可包括单位资本经济附加值、每股经济附加值和 REVA 这三个指标。

（1）单位资本经济附加值

单位资本经济附加值是指企业一定时期经济附加值同平均资本总额的比率，也叫经济附加值率，它可以弥补 EVA 不能横向比较的缺陷。其计算公式为：

$$单位资本经济附加值 = \frac{EVA}{平均资本总额}$$

$$= \frac{税后净营业利润}{平均资本总额} - 加权平均资本成本$$

（2）每股经济附加值

每股经济附加值是指企业一定时期经济附加值与期末普通股股数的比值。计算公式为：

$$每股经济附加值 = \frac{EVA}{普通股股数}$$

（3）修正的经济附加值（REVA）

EVA 虽然反映从经营利润中扣除按权益的经济价值计算的资本的机会成本后的股东从经营活动中得到的增值收益，但是如果一个公司真正为其投资者创造了利润，那么该公司的期末利润必须超过以期初资产的市场价值计算的资本成本，而不是仅仅超过以公司期初资产的经济价值为基础计算的资本成本。因为投资者投资到该公司的资本的实际价值（可变现价值）是当时的市场价值，而不是经济价值。

因此，人们又提出了修正的经济附加值（REVA）指标，以资产的市场价值为基础对企业经营业绩进行衡量。利润指标和 EVA 指标采用的是经营评价法，这种方法仅仅关注企业当期的经营情况，没有反映出市场对公司整个未来经营收益预测的修正。REVA 指标采用的是交易评估法，它反映了市场对公司整个未来经营收益预测的修正。REVA 指标认为，公司用于创造利润的资本价值总额既不是公司资产的账面价值，也不是公司资产的经济价值，而是其市场价值。其计算公式为：

REVA = 税后净营业利润 - 加权平均资本成本 × 期初资产市场价值

（二）财务指标体系

以 EVA 为核心的业绩评价指标体系并不是以单一财务指标 EVA 来衡量，而是以 EVA 为核心，其余财务指标为必要补充。由于我国企业现行的业绩评价体系就是以财务评价为主，非财务评价为辅的，财务评价指标基本上很合理，也较为科学。

企业业绩评价的目的是能够准确了解企业的财务状况，财务指标就应该选择能表达企业经营目标和股东权益密切相关的指标。我们参照 1999 年财政部等四部委联合发布并于 2002 年进行修订的《国有资本金绩效评价规则》及《国有资本金绩效评价操作细则》中的财务评价方法，对部分财务指标进行修正，加入 EVA 指标构建企业 EVA 业绩评价指标体系。在我国以往的业绩评价方法中，通常建立财务盈利状况、资产营运状况、偿债能力状况、发展能力状况四个方面的指标来反映企业财务效益综合状况。财务盈利指标反映企业的投资回报和盈利能力；资产营运指标反映企业的资产周转及营运能力；偿债能力指标主要反映企业的资产负债比例和偿还债务的能力；发展能力指标主要反映企业的成长性和长远发展潜力。这四部分的内容从不同角度评价企业当前的实际经营管理能力。

1. 偿债能力指标及分析

偿债能力是指企业到期还本付息的能力，良好的偿债能力是企业信用体系的保证，它使企业资金维持正常的周转状态，为企业战略运行提供了基本的资源保障。如果企业不能清偿到期的债务，则难以继续从金融机构获取贷款或取得供货商的信用赊销，企业的正常经营将受到影响甚至有破产的风险，因此偿债能力是衡量企业财务实力的重要因素。

对偿债能力的分析，必须结合资产结构分析、资本结构分析以及两者在结构上的对应关系。首先可以用三种粗略的模式来表达企业内部的资产负债结构关系：

如图 6.3 所示，A 型为正常企业的资产负债表，流动资产超过流动负债，长期资产超过长期负债，企业具有偿还债务的资产保障；B 型企业中，流动资产与流动负债相当，考虑到流动资产的变现性，因此对流动负债的偿还能力较弱，并且企业出现累计亏损，损耗了一部分资本，因此企业总体财务状况处于预警状态；C 型企业中，企业亏损已经耗尽了全部资本，不仅流动资产小于流动负债，企业日常支付出现困难，而且企业总资产已小于总负债，企业已处于典型的资不抵债的状况，面临破产的危机。

A 型		B 型		C 型	
流动资产	流动负债	流动资产	流动负债	流动资产	流动负债
	长期负债	长期资产	长期负债	长期资产	长期负债
长期资产			资本		
	资本		亏损		亏损

图 6.3 资产负债结构

企业偿债能力分为短期偿债能力和长期偿债能力，短期偿债能力是针对流动资产与流动负债的结构关系而言，长期偿债能力是针对全部资产与全部负债的结构关系而言。

（1）短期偿债能力分析

短期偿债能力是指用流动资产偿付流动负债的能力，它表明企业偿还日常到期债务的能力，可以通过流动比率、速动比率等指标来分析企业短期债务的风险程度。

第一，流动比率。流动比率是流动资产与流动负债的比值。它表明企业每一元流动负债有多少流动资产作为其支付保障，可以衡量企业的货币资金和可以转化为货币资金的其他流动资产可偿还短期债务的能力。其计算公式为：

$$流动比率 = 流动资产 \div 流动负债$$

在一般情况下，流动比率越高，企业的短期偿债能力越强，企业财务风险越小。但在理论上，流动比率应该保持在一个合理的数值，因为流动比率过大，说明企业有较多的资金停留在流动资产状态，收益率低，从而影响企业最终的盈利能力，因此，最合理的流动比率应该是在资产的流动性和收益性之间取得平衡。因为流动资产中的存货和应收账款的变现需要一定的时间，且不能保证完全变现，待摊费用更难以用来偿债，因此，在我国企业，一般认为流动比率的最低下限应为 1，保持在 1.5 为比较合适的值，而国际上一般认为，流动比率为 2 时，其偿债能力是比较充分的。

在分析企业的流动比率时，应该考虑两个重要的背景因素，一是企业所在的行业特征，二是企业自身的经营特点。

评价企业的流动比率高低，应以行业平均水平为标准，所在行业经营周期越短、资金周转越快，正常要求的流动比率就越低；反之则越高。因此，商品流通企业与制造企业的行业平均水平就有明显的差别。其次，判断一个企业的流动比率是否合理，还应该考虑其流动资产结构。根据我国企业的现状，流动资产中的应收账款有一部分是难以及时收回的，存货当中有可能存在积压或滞销产品，甚至流动资产中有大量的待摊费用和待处理财产损失，这类会计含义上的流动资产已经没有偿债的能力，因此，这种情况下，很高的流动比率并不能说明短期偿债能力强；相反，如果企业的流动资产主要由货币或有价证券构成，即使流动比率较低，企业偿债能力仍然较强。

实践经验表明，流动比率在预测企业违背债务契约、破产或其他财务危机方面，确实具有很强的预测能力。

第二，速动比率。在分析流动比率时，我们了解到流动资产中存在一部分不能及时或足额变现的资产，不一定能作为偿还短期债务的物质保证，影响了流动比率指标的可靠性。因此，应该采用更能直接反映短期偿债能力的指标来作为流动比率的补充，这个指标是速动比率，其计算公式为：

$$速动比率 = 速动资产 \div 流动负债$$

其中速动资产 = 流动资产 - 存货 - 预付账款 - 待摊费用及其他杂项，是属于流动资产中变现速度较快的那一部分资产，其中的货币资金可以立即用于偿债，有价证券的流动性也很好，可以立即变现，应收账款的流动性和变现能力较前面两项弱一些，但优于存货。速动资产不包括存货等资产，是因为：①存货的变现速度最慢，需要经过销售，转为应收账款，才能变现；②部分存货可能已经变质或毁损；③存货可能存在市价与账面价值的偏差；④预付账款需经过一定时间变为存货后，才具有流动性；⑤待摊费用和待处理财产损失都不能用于变现和偿债。

速动比率表明了企业每一元的流动负债有多少速动资产作为偿还保证，国际上通常认为速动比率为 1 比较合适，我国企业目前较好的比率在 0.9 左右，这种情况下企业一般没有偿债风险。但同流动比率一样，速动比率不是越高越好，速动比率高，意味着资金闲置率高，降低了企业的获利能力。

因此，对速动比率指标的评价也必须要结合企业所在的行业平均状况、企业的经营特点、企业战略发展的不同阶段等因素来具体分析，如在美国各主要行业的速动比率大多在 1 左右，而零售业平均速动比率是 0.77。而且在评价企业短期偿债能力时，速动比率是流动比率的补充性指标，它是从更严格的层面来衡量企业是否面临偿债风险。

（2）长期偿债能力分析

长期偿债能力是指企业偿还一年以上长期债务的能力，它表明了企业对所承担债务的保障程度。与短期偿债能力所不同的是，长期偿债能力不仅与企业的资本结构有关，而且还与企业的盈利能力有关，企业获取的利润是偿还长期债务的最终保障。长期偿债能力的强弱是反映企业财务安全与稳定程度的重要标志，当企业资产运营效率下降或收益率下降时，长期偿债能力指标会发生相应的变化，给企业战略管理发出预警信息。

反映企业长期偿债能力的指标主要有资产负债率和利息保障倍数。

第一，资产负债率。资产负债率是企业全部负债总额与全部资产总额的比率，它反映了企业的全部资金来源中负债所占的比重。该指标用于衡量债权的保证程度，同时也是显示较长时期内企业财务风险的重要指标。其计算公式为：

$$资产负债率 = 负债总额 \div 资产总额 \times 100\%$$

该指标越大，说明企业的债务负担越重，偿债压力越大；反之，则说明企业债务负担越轻。如果仅仅从偿债能力的角度来分析，资产负债率越低越好。

按照国际通常的标准，资产负债率在 60% 左右比较合适。但很多企业都偏向于负债经营，在一些成功经营的大企业中，资产负债率可高达 70% 以上，这些企业的资本利润率一般都很高，足够弥补债务资本的成本，因此充分利用了财务杠杆的效应，但这些企业的偿债压力也非常大，随着负债比重的增加，企业破产的风险也在加大。

在我国企业，通常认为资产负债率为 50% 比较合适，但在分析评价中，必须结合考虑该行业的平均水平、发展趋势以及所处的竞争环境，更重要的是要结合本企业的盈利状况和发展前景来分析，对处于高速发展期的技术密集型企业，通常资产负债率较高，而对于劳动密集型的传统产业，应该保持适度的资产负债率。

第二，利息保障倍数。利息保障倍数是企业息税前利润与债务利息费用的比率，反映了企业的盈利能力对偿付债务利息的保障程度。其计算公式为：

$$利息保障倍数 = 息税前利润 \div 利息费用$$

其中息税前利润＝净利润＋所得税＋利息费用，利息费用指本期发生的全部应付利息。

国际上公认的利息保障倍数为 3，国外企业一般选择计算企业 5 年的利息保障倍数，以充分说明企业稳定偿付利息的能力。

对于我国企业，一般认为该指标应该大于 1，当利息保障倍数大于 1 时，说明企业负债经营能够赚取比资本成本更高的利润，但这仅仅表明企业能够维持经营。利息保障倍数指标值越大，则说明企业当期获取的利润对偿还债务利息的保障越大，企业长期偿债能力越强。因此，利息保障倍数既是企业负债经营的前提条件，也是企业偿还债务的重要保障。

2. 资产营运效率指标及分析

对资产营运效率的分析有两个方面的重要意义：一是揭示存量资产可能存在的问题，从而有效防止或消除资产经营风险。当企业出现资产积压、资金周转慢、资产质量低时，资产运营效率随之降低，偿债能力相应减弱，经营风险加大。二是可以揭示资产的投入产出效率问题，从而有效防止资产的积压和闲置。资产运营效率是企业取得收益或利润的基础。当企业生产规模和销售能力一定时，企业收益的高低取决于运营能力的高低，资产周转越快，等额资产实现收益的能力越强。

对资产运营效率进行分析，可以运用如下几个指标来表达：

（1）总资产周转率。总资产周转率是销售收入与平均资产总额的比值，其计算公式为：

总资产周转率＝销售收入净额÷流动资产平均余额

总资产周转率体现了经营期间全部资产从投入到产出周而复始的流转速度，反映了企业全部资产的管理质量和利用效率。一般情况下，该指标数值越高，周转速度越快，资产利用效率越高，通过对该指标的对比分析，不但能够反映出企业本年度及以前年度总资产的运营效率及其变化，而且能发现本企业与同类企业在资产利用上存在的差距。因为资产管理的任何一个环节都会影响指标值的高低，当本企业的指标值出现下降的变化趋势或低于行业平均水平时，应该考虑对指标进行进一步分解，提高各项资产的利用效率。

（2）营业周期。营业周期是指从取得存货开始到销售存货并收回现金为止的时间，其计算公式为：

营业周期 = 存货周转天数 + 生产周期 + 应收账款周转天数

从式中可以知道，营业周期说明了需要多少天时间才能把最初的存货全部变为现金。一般情况下，营业周期越短，说明资金周转速度越快。将该指标与同行业其他企业进行对比，可以反映出企业资产运营中存在的问题。营业周期过长，可能是生产周期过长、产品积压、应收账款不能及时收回等因素造成的，对该指标的进一步分解可以追溯到更具体的问题环节。

（3）流动资产周转率。流动资产周转率是销售收入净额与流动资产平均余额的比率。它从经营过程中投入流动资金组织生产，到取得产品销售收入的角度，反映企业流动资产管理水平的高低。其计算公式为：

流动资产周转率 = 销售收入净额 ÷ 流动资产平均余额

一般情况下，流动资产周转率越高，表明在一定时期内以相同的流动资产完成了更多的销售额，流动资产的使用效率越高。要实现该指标的良性变动，应以销售收入的增幅高于流动资产的增幅作保证。在企业内部，通过对该指标的分析对比，一方面可以促进企业加强内部管理，充分有效地利用流动资产，如降低成本、调动暂时闲置的货币资金用于短期投资创造收益；另一方面可以促进企业采取措施扩大销售，提高流动资产的综合使用效率。

（4）应收账款周转率。应收账款周转率是销售收入净额与平均应收账款余额的比率，反映了年度内应收账款转为现金的平均次数，其计算公式为：

应收账款周转率 = 销售收入净额 ÷ 平均应收账款余额

一般认为，应收账款周转越快越好，应收账款周转快，说明货款能及时收回，坏账损失小，资产流动性高，从而提高了资产的利用效率，促进了企业盈利能力的提高，同时也提高了对流动负债的保障程度。

对应收账款周转率的分析应结合企业的行业背景和实际经营情况，因为当企业的信用政策比较苛刻时，销售收入与平均应收账款都会降低，如果前者降低的幅度小于后者，应收账款周转率会提高，但这与企业追求价值最大化的目标是不相符的。

（5）存货周转率。存货周转率是一定时期内主营业务成本与存货平均余额的比率，它反映了一定时期内（一般为 1 年）的存货周转次数，其计算公式为：

存货周转率 = 产品销售成本 ÷ 存货平均余额

存货周转率在反映存货周转速度、存货占用水平的同时，也在一定程度上反映了企业销售实现的快慢。一般认为，存货周转率越高越好，存货周转越快，存货转换为现金或应收账款的速度越快，存货占用水平越低，从而提高了企业资金的利用效率和偿还短期债务的能力。

从对上述五个指标的分析可以得出的结论是：企业资产运营能力在整个财务业绩评价体系中起着承上启下的作用，它与企业偿债能力和盈利能力都有着密切的关系。对资产运营能力指标的评价和分析，可以从资金循环的角度来揭示企业管理资产的效率，这个过程包括材料的采购、生产、销售以及货款收回，其中所存在的资金周转速度问题以及出现问题的环节都将通过相关的指标得以体现，为企业战略管理提供了重要的预警信息，是管理层发现问题、解决问题的有效途径。

3. 财务盈利指标及分析

（1）利润

在其他条件不变的情况下，公司利润越多，对股东和公司所作的贡献越大，成就也就越显著，追逐利润通常是以盈利为目的的公司经营的根本目的。从表面上看，它受收入和成本的影响；实际上，它还反映公司产品产量及质量、品种结构、市场营销等方面的工作质量，因而，在一定程度上反映了公司的经营管理水平。利润指标可从不同的角度给予定义，作为评价指标可以是营业利润、息税前利润、净利润等。营业利润可以是按完全成本计算的利润，也可以是采用变动成本计算的利润。

利润作为评价指标不足之处主要有：

①利润反映的是过去的经营活动，努力的结果，而不能预测将来，它是一个绝对指标，不能反映公司的经营效率，缺乏公司之间的可比性；

②利润作为评价指标，容易使公司追求眼前利润利益，产生短期行为，不利于激励企业追求长期的、潜在的利益。

③当企业经常过分地强调这种计量指标时，其价值就会降低，因为它没有考虑资产管理或者在许多情况下通货膨胀的影响。

④会计利润忽视了许多创造价值作业的成果，只因为这些作业不符合利润应具备的确定性和可计量性要求。例如，一项成功的新产品的开发或是关键的管理人员的流失，虽然它们可能对未来利润产生重大影响，但无法立即在利润上得到反映。

所以在使用利润指标时，应根据不同情况对利润指标的内容进行分析，在了解它的局限性的基础上使用，并且与其他会计的和非财务的指标结合，使评价指标内容与评价要达到的目的相一致。

（2）资产获利能力分析

资产获利能力可以衡量资产的使用效益，从总体上反映投资效果。一个企业的资产获利能力如果高于社会的平均资产利润率和行业平均资产利润率，企业就会更容易的吸收投资，企业的发展就会处于更有利的位置。

①总资产报酬率

衡量企业运用全部资产获利的能力，是利润总额和利息支出总额之和与平均资产总额的比率。

$$总资产报酬率 = \frac{利润总额 + 利息支出}{平均资产总额} \times 100\%$$

总资产报酬率指标计算时之所以包括利息支出，这是因为：第一，总资产从融资渠道来讲有产权性融资和债务性融资两个部分，产权性融资的成本是股利，以税后利润支付，其数额包含在利润总额中，为保持一致，债务性融资的成本（利息）也应当包含进去；第二，利息支出的本质是企业纯收入的分配，属于企业创造利润的一部分。

分析时一般将报告期的指标数值与计划的数值、以前期间的实际数值、社会平均值、行业平均值进行比较，在此基础上进一步深入分析资产的变化（规模、结构、时间）和利润的变化，以得出相对科学的结论。

②销售成本利润率

是产品销售利润与产品销售成本的比值，一般用每百元销售成本带来的利润来表示。

$$销售成本利润率 = \frac{产品销售利润}{产品销售成本} \times 100$$

利用该指标进行分析时，一般是将报告期指标数值与计划数值、上年实际数值相比较，看指标数值的变化，并进一步分析变动的原因。

（3）生产经营业务获利能力分析

生产经营获利能力是指实现每元营业额或消耗每元资金取得的利润的多少，是以销售收入为基础的获利水平的分析，属于产出与产出的比较。通常用利润率指标及其变动情况来反映。

①销售（营业）毛利率

销售（营业）毛利率是销售（营业）毛利额与销售（营业）净收入之间的比率。

$$销售（营业）毛利率 = \frac{销售（营业）毛利额}{销售（营业）净收入} \times 100\%$$

销售（营业）毛利额 = 销售（营业）净收入 − 销售（营业）成本

在分析销售（营业）毛利率及其变动时，一般是首先将报告期的实际值与目标值比较，此外还必须与行业平均值和行业先进水平相比较；然后可以进一步分析差距产生的原因，以寻找提高企业获利能力的途径。

②营业利润率

营业利润率是营业利润与全部业务收入的比率。

$$营业利润率 = \frac{营业利润}{主营业务收入 + 其他业务收入} \times 100\%$$

对于企业外部分析者，由于"其他业务收入"资料无法从利润表中获得，因此指标计算方法为：

$$营业利润率 = \frac{营业利润}{主营业务收入（产品销售净收入）} \times 100\%$$

该指标比销售毛利率指标更加全面，因为企业在主营业务不景气的情况下，往往会利用自身条件，开展多方面的劳务服务，以补充主营业务的不足，维持获利能力在一定水平上的稳定性和持久性。

可以通过对主营业务收入、其他业务收入、其他业务支出、销售税金及附加、营业费用、管理费用、财务费用的进一步考查（主要是分析各自的变动率。对于管理费用，内部分析者还应分析其构成的变化），更加深入的分析营业利润率变化的深层次原因。

③销售利润率，是利润总额与产品销售净收入（主营业务收入）的比率，又称销售利润率。

$$销售利润率 = \frac{利润总额}{主营业务收入（产品销售净收入）} \times 100\%$$

销售利润率指标对于短期投资者和债权人来讲更加有用，因为他们更关心企业当期总获利能力的大小。销售利润率指标由于将投资收益、营业外收支、补贴收入等不确定因素包含在内，因此可比性较差。

（4）所有者权益获利能力分析

所有者投资的目的是为了获得投资报酬。一个企业的投资报酬的高低直接影响到现有投资者是否继续投资并追加投资，潜在的投资者是否进行投资。投资者虽然关心资产报酬率的高低，但资产报酬率并不等同于所有者投资的收益，所以需要分析所有者投资的获利能力。

①资本金利润率

资本金利润率是利润总额与资本金总额的比值，反映投资者投资的获利能力。

$$资本金利润率 = \frac{利润总额（或净利润）}{资本金总额} \times 100\%$$

如果期间资本金数额发生变化，应该用资本金平均余额代替资本金总额。

有时资本金利润率指标用净资产利润率来替代，此时，计算公式中的分子不变，分母变为所有者权益总额。但所有者权益中真正参与分配的只是资本金，因此一般使用资本金利润率指标。

利用资本金利润率进行分析时，一般首先确定基准资本金利润率。基准资本金利润率包括两部分内容：市场贷款利率和风险费用率。除了与基准资本金利润率比较外，还要与上年实际、与计划数进行比较。

②每股收益

在分析上市公司盈余能力时，一般采用每股收益评价指标。

$$每股收益 = \frac{可用于普通股分配的利润}{普通股股数平均数}$$

普通股股本平均额（股数平均数）=年初普通股股本（股数）+ 新增普通股股本（股数）×新增普通股时间（月）÷12

每股收益指标从普通股东的角度反映企业的盈利能力，指标值越高，说明盈利能力越强；每股收益指标主要用来衡量上市公司普通股股票的价值，每股收益越高，获利能力越强，普通股股价越有上升的余地。

在分析每股收益指标时，应将报告期实际数与上期实际数、计划数对比，找出差距，并进行因素变动的影响分析。在进行因素变动影响分析时，应考虑普通股的稀释问题。

③市盈率

市盈率是普通股每股收益与普通股每股市价的比值，反映投资者每付出 1 元钱所得到的报酬。它是通过公司股票的市场行情，间接评价公司盈利能力的指标。

$$市盈率 = \frac{每股收益}{普通股每股市价} \times 100\%$$

公式中，普通股每股市价通常采用年度平均价格（全年各日收盘价的算术平均数）。为简单起见，并增强指标的适时性，可采用报告日前一日的实际价。

一般认为，该指标数值越大，盈利能力越强，投资回收速度越快，对投资者的吸引力越大。

市盈率的另外一个完全相反的计算方法，反映投资者每获得 1 元收益所必须支付的价格。

$$市盈率 = \frac{普通股每股市价}{每股收益} \times 100\%$$

如果公司股票在股票市场上连续维持较高的市盈率，或与其他公司相比市盈率高，说明公司的经营能力和盈利能力稳定，具有潜在的成长能力，公司有较高的声誉，对股东有很大的吸引力。

一般来讲，长期投资者倾向于采用市盈率的第一种形式，因为他们持有股票的目的是为了能在政策上影响被投资者，形成长期的贸易伙伴，取得稳定长期的收益；短期投资者持有股票的目的是等待股价上扬来赚取差价，更倾向于采用市盈率的第二种计算方式分析股价上涨的可能性。

运用市盈率指标分析公司盈利能力时应注意两点：

第一，市盈率变动的因素之一是股市价格的升降，而影响股价升降的原因除了公司经营本身外，还受经济环境、宏观政策、行业前景等因素影响，因此分析时应对整个形势进行全面分析。

第二，当公司总资产报酬率很低时，每股收益可能接近 0，以每股收益为分母的市盈率就会很高,因此单独使用市盈率指标就可能错误估计公司的发展形势,因此最好与其他指标结合起来进行分析。

4. 发展能力指标及分析

一个有着较好成长潜力的企业总的发展趋势应该是业绩的不断提高以及影响业绩的各项驱动因素的不断改善,因此对企业发展趋势进行研究的重要意义在于预测未来业绩水平,评估企业的竞争强势和弱势,及时发现问题,采取矫正措施,保证战略的持续与平衡发展。

从业绩评价的角度分析企业发展趋势,主要侧重于分析销售收入、市场占有率和相对市场占有率的发展趋势,为企业战略管理提供关键的前瞻性信息和预警信息。

(1)主营业务收入的增长趋势分析

企业主导产品的销售额是否在增长?其增长额比整个市场规模的增长率是快还是慢?销售额增长率和市场增长率分别是多少?这一项分析结果表明了企业产品在市场被接受程度的变动趋势以及在行业中的相对成长速度,这是企业生存和发展的决定性问题。

业务收入是企业生存和发展的基本条件,它不仅是企业获取利润的源泉,也是企业扩大规模、开发新产品等进一步发展壮大所依赖的主要资金来源。对销售收入的分析可以通过定量的相关指标和定性的发展趋势描述来得出有效结论。

三期主营业务收入平均增长率指标是用来反映企业某项主导产品连续三期的平均增长情况,其中的分期是以战略阶段来划分的,可以是一年、半年或三个月,应根据企业经营战略特征来确定,其计算公式为:

$$\text{三期主营业务收入平均增长率} = \left(\sqrt[3]{\frac{\text{本期主营业务收入总额}}{\text{三期前主营业务收入总额}}} - 1 \right) \times 100\%$$

三期主营业务平均增长率指标反映了三个时间段内主营业务收入的增长趋势,体现了企业总体的连续发展状况和发展能力,并可以预测企业发展趋势，该指标值越大，表明企业主营业务持续增长势头越好。为了避免因少数年份的不正常变化会较大程度地影响平均值，以至于做出错误的判断，还应该结合时间序列分析方法进行定性分析。

（2）市场占有率及其增长趋势分析

主导产品市场份额目前在行业中的地位是上升、下降还是保持稳定？这是对企业在行业中竞争地位变化的评价，战略目标之一是获得与保持持续的竞争力，市场占有率是反映竞争力最直接的指标。在竞争激烈的市场环境中，对企业业绩进行评价时市场占有率是最重要的非财务指标，它体现了企业产品在市场上被接受的程度以及与竞争对手在争占市场中所形成的阶段性格局，它的发展变化趋势揭示了企业竞争力的增减变化趋势。对市场占有率及相对市场占有率的时间序列分析在企业战略决策中具有很重要的意义，它对预测企业未来的竞争地位、战略竞争中潜在的危机以及与竞争对手之间力量的消长提供了最可靠的信息，是形成战略控制和修正的重要依据。市场占有率的计算公式是：

$$市场占有率 = \frac{本期企业某种产品的销售额}{本期该种产品市场销售额} \times 100\%$$

从根本上讲，市场占有率的高低决定了企业所能创造利润的多少，是企业谋求长期发展的最重要的途径，也是影响企业竞争力的最关键的因素。从 1971 年开始，哈佛商学院教授巴兹尔（Robert Buzzel）麻省理工大学教授盖勒（Bradly Gale）等领导了 PIMS（市场战略对企业收益影响）研究，他们从 600 多家公司获得了大量数据，来分析影响投资收益率的各项因素，在他们总结的 37 项主要因素中，市场占有率是最重要的。尽管并非在所有企业或行业中市场占有率和企业获利能力之间都存在强正相关关系，但实践中仍普遍认为，市场占有率与企业长期收益、长期发展存在着非常密切的关系。

在分析市场占有率时，通常将其与另外两个指标结合起来使用，这两个指标分别为市场规模增长率和相对市场份额，它们的计算公式为：

$$市场规模增长率 = \frac{本期市场规模 - 上一期市场规模}{本期市场规模} \times 100\%$$

$$相对市场占有率 = \frac{本期本企业市场占有率}{本期最大竞争对手的市场占有率}$$

相对市场占有率通过分析本期企业的市场销售额与竞争对手的市场销售额之比（或两者的市场占有率之比），反映了本企业与竞争对手之间竞争力度的对比，结合一定时期段内该比值的变化趋势，可以判断双方竞争中力量的相对变化方向和程度。

相对市场占有率在战略业绩分析中最重要的意义是可以提供战略预警信息，本企业与主要竞争对手对比的相对市场占有率变化可以反映企业竞争地位的高低和风险大小。

（3）EVA 增长率

$$EVA 增长率 = (EVA_t - EVA_{t-1}) \div EVA_t$$

其中：EVA_t 是第 t 期的 EVA 值，EVA_{t-1} 是 t-1 期的 EVA 值。

成长型公司的资本规模是应该不断增长的，随着资本投入的增加，所有者权益一般是增加的，要求创造的价值也逐渐增加，而且增加的速度也应该高于所有者权益的增长速度。EVA 增长率体现了 EVA 系统是以财务效益的持续改善为中心内容的。经营者关注的不是当前的 EVA 水平，而是追求 EVA 的增长。该指标越大，表明企业的 EVA 水平增幅越大，企业的竞争实力越强，未来发展潜力越好。

（三）非财务指标体系

由于目前我国对企业的评价还仅限于从财务角度考虑，这已不能满足我国企业迅速发展、不断参与国际竞争、更好地适应社会的需要。以非财务指标评价来弥补财务指标评价的不足，应该说是当今信息时代的要求。平衡计分卡得以流行并在一定范围内推广，就是因为它把财务指标评价与非财务指标评价结合起来。西方发达国家自 20 世纪 90 年代以来开始重视非财务指标的应用，并且强调与财务指标的结合。

总而言之，在企业的业绩评价过程中，财务与非财务评价体系的结合应是最理想的选择。因为过分地注重非财务业绩，企业很可能因为财务上缺乏弹性而导致失败，单以定性指标也无法形成有效的判断。但只关注财务业绩则易于造成短期行为，影响企业的长期发展。事实上，财务业绩与非财务业绩都是企业总体业绩评价的不可或缺的部分。财务业绩是通过会计信息系统表现的表象、结果和有形资产的积累；非财务业绩是通过经营管理系统获得的内因、过程和无形资产的积累，对企业整体长远的盛衰成败的关系极大，是本质的东西。信息时代的高科技环境，使得工业时代望尘莫及的非财务评价系统的建立成为可能，因此理想的业绩评价体系应是财务与非财务评价体系的结合。

业绩评价的非财务指标可从以下几方面来增加设置。

1. 增设反映技术创新的评价指标

技术创新是企业整个创新意识的关键所在，是形成企业独一无二的，可持续发展的核心竞争优势的关键要素，应纳入评价体系中，主要可设置以下几个指标：

（1）研究开发费用率。该指标是企业的研究开发费用与企业资本总额的比率，用来反映企业在新产品开发上所投入的费用情况。计算公式为：

$$研究开发费用率 = \frac{企业研究开发费用}{企业资本总额} \times 100\%$$

（2）新产品研究开发费用率。该指标是企业已获成功的新产品开发费用与企业总的研究开发费用的比率，反映企业所投入的研究开发费用的使用效率。计算公式为：

$$新产品研究开发费用率 = \frac{已获成功的新产品开发费}{企业总的研究开发费} \times 100\%$$

（3）研究开发费用增长率。该指标反映企业所投入研究开发费用的增长情况。计算公式为：

$$研究开发费用增长率 = \left(\frac{本期研究开发费用}{上期研究开发费用} - 1\right) \times 100\%$$

（4）新产品贡献率。该指标是企业新产品的贡献与全部产品的贡献的比率，反映新产品的创利能力。计算公式为：

$$新产品贡献率 = \frac{新产品的贡献}{全部产品的贡献} \times 100\%$$

（5）技术性产品成本降低率。该指标是企业依靠技术革新降低的产品成本与降低的成本的比率，反映技术革新在降低成本中的作用。计算公式为：

$$技术性产品成本降低率 = \frac{依靠技术革新降低的产品成本}{降低的成本} \times 100\%$$

2. 增设反映企业员工的评价指标

人力资源是创新的主体、源泉，有关人力资源的培训、更新应在业绩评价指标体系中体现出来。可设置以下指标：

（1）员工积极性。员工积极性是企业深层次的文化内涵。如果企业员工的积极性不高，在企业中没有荣誉感，则整个企业的业绩在一定程度上会受到影响，企业可采取提升、奖励等措施来提高员工的积极性。对它的评价可用员工流动率（月中离职人数对平均雇用人数的比率）来表示。

（2）员工培训情况。科技的进步、追求的提高使得每个人都必须不断地学习，企业员工更不例外。对员工培训的评价可根据培训的程度，设立培训周期、培训次数、培训费用所占比率等指标。

（3）员工劳动生产率。员工劳动生产率最能显示出雇员的知识与技能水平，评价时可根据每位雇员给企业所带来的收入、所耗费的成本和时间来综合衡量。

3. 增设反映客户的评价指标

企业的使命是为顾客创造价值，因此企业应树立顾客观，顾客观有助于经理人员将特定顾客与以市场为基础的战略连接起来，以创造更多的未来财务收益。可设置指标如下：

（1）客户满意度。企业生产的产品需不断地满足客户日益变化的消费需求，不仅在质上，而且在花色品种等各方面。客户满意度指客户对企业提供的信息、企业产品的质量以及在多大程度上满意，是反映企业与客户间关系的最重要的指标。客户满意作为一新兴的研究领域已日益受到国内外的企业界、管理界的认可和重视。Richard 等人提出的综合性客户满意模型（见图 6.4）认为客户满意产于他获得的产品或服务的品质与预期和愿望的综合比较，用户满意并不局限于产品或服务，还与他率先获得的信息有关。客户在确定总体感受时，评价产品或服务，同时也评价他们获得的信息。

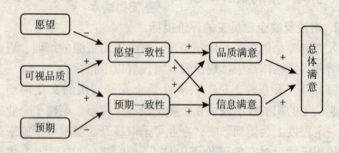

图 6.4　客户满意形成的概念模型

箭头上的 " + " 表示两者是正相关，" - " 表示两者是负相关

（2）产品市场占有率。产品市场占有率指企业某种主导产品的产销量占整个行业中该产品产销量的比例，是企业该种产品在整个市场中的份额。它反映企业在现实情况下及未来一段时间的竞争力，主要影响因素是该产品的技术含量、功能性质、质量水平、品牌优势等。

（3）新客户获得率。新客户获得率指企业在争取新客户时获得成功的部分的比例，它反映了企业挖掘潜在市场、扩大市场占有率的能力，同时也从侧面反映了企业在公众心目中的声誉。

（4）客户留住率。客户留住率指企业争取到客户继续保持交易关系的部分所占的比重，它从侧面反映了客户的满意程度，是企业保持现有市场占有率的关键。

（5）从客户处获得利润。企业不仅要评价同客户做成的交易量，也要评价这种交易是否有利可图。能否长期获利成为决定保留或排除客户的关键点。有些新客户就目前看来无利可图，但若有增长潜力，仍是很重要的，所以要对客户进行细分。

4. 增设反映企业信誉的评价指标

企业信誉主要体现在及时偿还债务、交付货款、发运货物，保证质量等与承诺相符方面。因此，企业信誉状况的好坏在一定程度上会影响企业生产经营活动，从而应当构成考核企业效绩的重要内容。尤其是在当前社会信用秩序混乱的情形下，以企业信誉指标考核企业效绩则尤为必要。可使用逾期偿债率、及时发货率、拖延交付货款率、退货率等指标综合量化企业信誉程度。

5. 增设对企业可持续发展能力的评价指标

人们在实践中逐步认识到经济的表面繁荣和高速增长存在许多隐患，如环境恶化、资源短缺或耗竭，高速经济增长的负面效应甚至可能造成实际上的经济倒退。面对自然界的种种报复，人类已经意识到，实现可持续发展是人类唯一正确的选择和必由之路。因此可设置如下几个指标：

（1）有害物质生成量。有害物质生成量指企业在生产经营过程中产生的废水、废气、废渣等有害物质的产量，反映企业引进绿色科技的程度，即是否在开发绿色产品、引导绿色消费上下工夫。有害物质生成量是企业可能给社会和环境带来污染的最大量。

（2）污染控制程度。污染控制程度是一非计量指标，指企业对生产经营中产生的有害物质是否实施了控制、是否达到了规定的要求。企业只有对其产生的有害物质进行处理，才能真正保护环境、保护生态平衡，从而实现企业的可持续发展目标。

（3）废弃物再生利用率。废弃物再生利用率指企业对在生产经营过程中产生的有害废弃物进行处理，并生产有价值物品的比例。这一方面避免了环境污染，保持了生态平衡，另一方面也节省了自然资源，并会给企业带来额外的收益。

第三节　财务业绩与财务危机预警分析

一、杜邦分析

杜邦分析法是最常用的财务综合分析与评价方法，杜邦分析法的原理是利用各主要财务指标间的内在联系，对企业财务状况及经济效益进行综合系统分析评价的方法。该分析方法是以净资产利润率为核心，通过对净资产利润率指标的层层分解，揭示了影响企业盈利能力的各种关键因素，并可以进一步发现存在问题的原因和责任归属，为战略调整和改进提供了有利的信息。

（一）杜邦分析法的基本原理概述

图 6.5 是杜邦分析法的详细分解图，净资产利润率是这个分析体系中的最高层指标，它的综合性最强，说明了企业筹资、投资和资产运营各项经营管理活动的总体效率，并且直接代表股东权益的获利能力，是所有财务业绩指标中最重要的一个指标，不断提高净资产利润率是企业价值最大化的基本保证。通过对净资产利润率的层层分解，可以全面、系统、直观地揭示主要财务业绩指标之间的相互关系，为确立影响财务业绩的关键动因、找寻与目标值存在差异的根本原因提供了非常有效的信息。

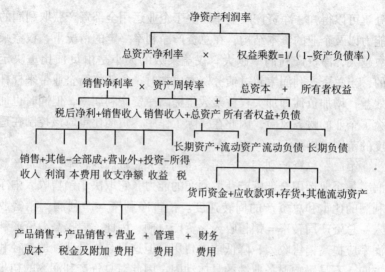

图 6.5　杜邦分析法详细分解

根据图 6.5 的指标分解体系，最初步的财务指标分解是：净资产利润率 = 销售利润率 × 总资产周转率 × 权益乘数，因此，提高企业净资产收益率的途径可以概括为三种：（1）提高销售利润率，扩大业务获利水平；（2）提高总资产周转率，加快资产的运营速度，降低资金的占用；（3）提高权益乘数，合理安排资本结构，充分发挥财务杠杆效用。在此基础上，通过对指标的继续分解，一直到影响净资产收益率的最基本因素为止。

杜邦分析法最显著的特点就是其系统性，即用系统和联系的观点来进行财务业绩分析。作为一种财务业绩综合分析方法，杜邦分析法较好地体现了企业的整体与局部、原因与结果、分工与协助的战略经营管理思想。

（二）杜邦分析法在财务业绩分析中的具体运用

第一，净资产利润率 = 总资产利润率 × 权益乘数，从这一层的分解可以得知，净资产收益率取决于企业运用全部资产获取利润的能力以及企业的资本结构，在总资产净利率一定的情况下，权益乘数越大，净资产利润率越大。权益乘数的大小是由负债比重决定的，当总资产利润率超过债务资本成本时，负债将给企业带来杠杆效益，增加负债即加大权益乘数将提高净资产利润率，但同时也加大了企业的财务风险，因此在实际工作中，负债比重应该控制在适度的范围之内。

第二，总资产利润率＝销售净利率×总资产周转率，总资产利润率是企业运用全部资产获取利润的能力，它取决于销售收入中净利润的比重和总资产的周转速度。销售净利率＝净利润×销售收入，总资产周转率＝销售收入×资产总额，因此，要提高总资产利润率应提高销售收入，降低成本费用。但这只是提升业绩的途径和方向，不是影响财务业绩的具体动因，因此对总资产利润率的初步分解不能反映实质性的问题，还需要进一步对该指标进行分解。

第三，总资产＝长期资产＋流动资产，长期资产＝固定资产＋长期投资＋无形资产＋其他长期资产，流动资产＝货币资金＋应收款项＋存货＋其他流动资产，从这一层指标的分解可知，影响总资产周转速度的因素既包括长期资产又包括流动资产，它们之间是否保持合理的结构直接影响资产的周转。相对而言，固定资产的快慢速度受人为因素的影响较小，因此，加快存货和应收账款等流动资产的周转是提高总资产周转率的关键因素，缩短生产过程、减少材料和产成品的库存期、加快应收账款的回收是提高这部分流动资产周转速度的主要措施。

第四，净利润＝营业收入＋其他利润－全部成本费用＋投资收益＋营业外收支净额－所得税，对净利润的分解可得知，提高净利润最关键的因素在于提高主营业务收入和降低成本费用，其次是保证投资收益为盈利，尽可能减少营业外支出。因此，开发出适销对路的产品，扩大产品的销路，降低生产成本和营运费用是提高净利润的主要措施。

第五，总成本费用＝产品销售成本＋营业税金及附加＋营业费用＋管理费用＋财务费用，低成本是企业基本竞争优势之一，降低成本的关键在于产品的生产制造环节，其次是经营管理成本，因此，降低原材料成本和生产工艺成本，提高机器设备的利用率，提高基础管理的效率是降低成本的主要措施。

杜邦分析法主要运用于企业不同时期的纵向比较，分析影响业绩变化的原因和问题的症结所在，但因为企业之间存在规模大小和行业特点的差异，杜邦分析法不适合用来进行不同企业财务业绩的横向比较。

二、利润质量分析

在财务业绩分析中，尽管会计利润的缺陷很明显，但在没有更好的指标取代它之前，会计利润（净利润）仍然是最重要的评价指标。评价利润质量高低的重要依据是利润的稳定性和可靠性，利润是否稳定和可靠没有一个绝对的标准，如果利润值能较好地反映企业目前的状况和未来前景，代表了一种真实、持续的创造价值的能力，那么可以认为利润质量是高的；否则可以认为目前业绩缺乏可靠性或稳定性。在连续不同的战略阶段来分析利润质量的变化趋势，可以向管理层传达战略的进程方向是否与业绩目标一致的信息。对利润质量的分析，可以从利润的形成过程和利润结果两个方面来进行。

（一）对利润形成过程的分析

从利润的形成过程来看，企业利润是企业收入扣除企业成本和费用所得，按照利润的来源，利润主要由营业利润、投资净收益和营业外收支净额构成，但不同的来源对培养企业未来创利能力的意义是不同的，企业的主营业务利润应该成为利润的主要构成部分，因为依靠核心业务创利是企业生存和发展的基础，也是企业保持持续竞争优势的根本点。当与同类企业或企业不同战略阶段的利润构成进行对比时，如果利润额没有大幅度的波动而主营业务利润所占的比重下降，说明利润质量在下降，企业的盈利能力实质上也在下降，这是一个不容忽视的预警信息；反之，主营业务利润在利润中所占的比重越大，说明利润来源越稳定、持久，利润质量越高。

主营业务利润比重 = 主营业务利润 ÷（主营业务利润 + 其他业务利润）

对利润形成过程的分析，可以进一步细分为对营业收入、营业成本和营业费用的分析，从更深层次来评价利润质量的稳定性和持久性。

第一，营业收入的品种和区域构成。企业的产品线一般由多种商品或服务构成，在总的营业收入中，新产品或服务收入的比重及发展趋势说明了企业在研究开发方面所取得的成果，管理层可以据此判断新产品是否具有市场竞争优势，并可以预测未来的盈利趋势，从产品开发与创新的角度来评价企业的成长性。

新开发的地区营业收入也反映了企业在市场开拓方面的成就。对营业收入区域构成的分析可以揭示企业营销是否存在主要的目标市场和消费群体，是否存在良好的市场开拓前景。主导市场营业收入应该占企业营业收入的大部分，营业收入区域构成的变化预示着企业未来主导市场的转换和利润来源的稳定性，通过对营业收入地区构成及其变化趋势的分析可以预测企业在市场扩张方面的成长性。

第二，成本和期间费用构成。期间费用包括营业费用、管理费用和财务费用，这三项费用是企业在经营管理期间发生的，与特定的生产业务没有直接联系。对期间费用的构成分析应该关注研究与开发费用在期间费用中所占的比重及变化趋势。企业在研究开发方面的投入少，或投入失败，将直接影响产品未来的竞争能力和企业的成长性。

（二）对利润结果的分析

对利润结果的分析主要指分析会计利润与实际现金流入之间的

一致性程度。在企业战略的财务业绩目标中，净利润指标是根据会计制度中的权责发生制原则确认的，代表一种理论上的价值；净现金流量是根据收付实现制原则确认的，代表真实的现金增加值，一般认为，两者之间的差距越小，利润的价值实现程度越高，利润质量越可靠。利润质量的可靠性可以通过营业收入可靠率和营业利润可靠率两个指标来评价。

营业收入可靠率 = 经营活动产生的现金流入 ÷ 营业收入

一般认为，营业收入可靠率值越高，企业销售货款越能及时足额收回，资金周转越快，利润质量越高。

营业利润可靠率 = 经营活动产生的现金流量净额 ÷ 营业利润

经营活动产生的现金流量是企业获取持续现金来源的主要途径，同时也反映了企业自身获取现金的能力。因此，经营活动产生的现金净流量代表一种实际经济资源的增加，营业利润可靠率值越大，营业利润的实现越有保障，利润质量越高。

当营业收入可靠率和营业利润可靠率的变化趋势明显偏低时，则给管理层提出了两个方面的预警信息：

企业的应收账款占营业收入的比重大，应收账款周转慢，更多货款不能在信用期收回，致使现金的流入越来越滞后于账面利润，资金利用效率变低。

企业的坏账增加，致使部分账面利润始终无法实现，利润的真实价值直接受到贬损，这是企业必须及时改善的问题。

三、财务危机预警分析

（一）财务危机的概念

一般来说，财务危机（financial crisis）又称财务困境（financial distress），是指企业偿付能力的丧失，即丧失偿还到期债务的能力，无法支付到期债务或费用的一种经济现象。从严格意义上来说，严重的财务危机是财务失败（financial failure）或破产（bank-ruptcy）。从不同的角度来看财务危机还存在多种不同的含义：

1. 从财务危机解决方法角度定义

一个企业的财务合同可大致分为"硬合同"和"软合同"。"硬合同"一般指与债权人签署的债务合同，其详细指明了企业定期付给债权人的款项，如果不能按期支付，企业就违背了合同，而债权人可通过法律途径来强制执行。此外，企业与供应商、雇员签订的合同也可被视为一种"硬合同"。

"软合同"主要包括普通股和优先股，即使它们的持有者希望得到除股权之外的现金收益，但这些均由公司的政策决定。这些支付额在满足"硬合同"的支付后，根据公司流动资产的剩余可能被暂停或延期支付。

一个企业的资产可根据其流动性分为流动资产和长期资产（如厂房、设备等），由于后者在将来产生流动资产故可称为"硬资产"。由此，可以从上述企业合同和资产的划分来重新定义财务危机，即财务危机是在给定的某一时点，当企业的流动资产不能满足企业"硬合同"中债务的现金需求。

2. 基于现金流量的定义

财务危机是指一个企业处于经营性现金流量不足以抵偿现有到期债务（例如商业信用或利息），而被迫采取改正行动的状况。财务危机可能导致企业对合同的违约，也可能涉及企业、债权人和股东之间的财务重组。通常企业被迫要采取某些在有足够现金流量时不可能采取的行动。

3. 基于股权的定义

一个企业的资产价值少于其负债价值时会出现存量财务危机，这意味着企业股东权益为负。

综上所述，财务危机的基本含义可以概括为三个方面：（1）财务危机是企业盈利能力实质性削弱，持续经营难以为继的严重情况；（2）财务危机是企业偿债能力严重削弱，资金周转不畅的困难处境；（3）财务危机是企业持续经营能力丧失或接近丧失即企业破产或接近破产的严峻局势。

（二）财务危机内部成因分析

尽管企业发生财务危机的具体情况和严重程度不尽相同，但一般可归结为技术性失败和经济性破产两种类型。技术性失败是指企业在资产总额大于负债总额的情况下发生财务危机，其主要原因在于资产或负债的结构不合理。而经济性破产是指企业在资产总额小于负债总额的情况下发生财务危机，其主要原因在于资不抵债，即由于经营亏损导致所有者的权益为负值。无论哪种类型的财务危机，导致危机的主要原因都是运营、管理和财务这三方面的因素。

1. 运营因素

主要指企业经营的内部问题，如企业经营策略不当、盲目扩张导致主业盈利能力下降，高层管理人员的变化等；也可能是一些突发事件，如未经保险的火灾及失窃事件、市场环境的突然变换、由于技术原因造成产品的过时和淘汰、供应商的变化、产品价格的变化以及由于质量管理问题造成企业业绩的变化等。

2. 管理因素

主要包括：（1）企业管理系统的不完善，如企业的管理缺乏深度、科学性，决策依赖于个人行为，企业缺乏技术创新能力和市场开拓能力等；（2）低劣的管理技能，如一个没有财务和组织技能而又缺乏经验的管理团队；（3）员工的特点和习惯，如缺乏团队精神等。

3. 财务因素

主要是由于财务控制薄弱、财务管理手段缺乏等原因导致的财务问题，主要表现为：

（1）过度负债。一般而言，负债与企业发生财务危机没有必然的联系。但如果一个企业的权益资本不足，或盲目追求规模经济效益和财务杠杆利益而过度负债，就会增加企业偿还债务本金和支付利息的负担，同时企业所有者和债权人会因投资风险加大而要求增加投资收益分配和提高利率，从而导致企业财务负担加重，偿债能力进一步降低。

（2）严重亏损。从根本上讲，企业偿还债务的现款来源于投资以后所获得的现金流入量，如果投资以后不能获得大于或等于现金流出量的现金流入量，就表明企业发生了亏损、资本不能保值，因此企业无力清偿到期债务。尤其是那些亏损严重的企业，现金十分缺乏，财务危机将不可避免。

（3）资产结构不合理。资产结构的不合理会降低资产的流动性，导致公司财务负担沉重，偿付能力严重不足，巨大的偿债压力导致公司陷入财务危机。

（4）信用低下。在市场经济中举债是一种信用活动，对债务人来讲信誉是其生存之本。一个信用良好的企业，当债务到期需要偿还而又缺乏资金时，可顺利实现举新债还旧债；而一个信用低下的企业，举借新债则会困难重重，财务危机将难以避免。

（三）财务危机的表现

财务危机是企业丧失偿付能力的一种经济现象。财务危机的表现是指企业发生财务危机的不同状态或类型，它是我们判断和识别财务危机的标志。从企业丧失偿付能力的角度考虑，财务危机的显性表现存在流量和存量两个方面。

（1）从流量的角度分析

是指企业资产负债表上总资产超过总负债，但由于财务管理技术失败使企业流动资金短缺，其现金流量不足以抵偿其到期债务。这种危机主要体现在使用资金以及资金分配中发生和建立起来的经济利益关系网络中。在这种经济利益关系网络中，其主导作用的是企业与出资者之间的关系，企业因其而生，因其而兴，也会因其而衰。

首先，从企业与投资者之间的利益关系来看。企业与投资者之间的利益关系是权益分配关系，企业赖以维系的基础，是投资者投入的资本能保值增值，也就是说，企业要有盈余。如果企业经营不善，发生亏损，投资者不但不能获取投资报酬，而且还有蚀本。

其次，从企业与债权人之间的利益关系来看。企业的债权人，主要是指提供贷款的金融机构和提供商业信用的供应商等。此外，从某方面来说，企业职工和国家税务机关等也是企业的债权人。企业债权人为企业扩大经营和正常周转提供其所需要的资金，从而建立起企业与债权人之间的债权债务关系。这种关系赖以维系的基础是企业按期偿付借款本息，按期支付货款、职工工资和缴纳税金等。如果企业无力按期偿还上述债务，就会外化为履行义务受阻的财务危机，即流动性危机；如果企业资不抵债或不能偿还到期债务，就会外化为存量危机。

此外，企业与受资者之间以及与债务人之间财务关系紧张，主要是由于投资发生损失或不能如期收回债权，这是企业发生财务危机的重要因素之一。

（2）从存量的角度分析

是指企业现有资产价值不足偿还负债价值，即其账面净资产出现负数。此类财务危机称为经济性财务危机或者存量危机。

从对财务危机实质的分析中可以看出，财务危机是企业财务关系紧张到一定程度的显性表现。相对而言，破产是企业财务关系严重恶化的终极表现；企业履行义务受阻，无力支付到期债务和费用，或是严重亏损或连续亏损所体现的财务关系紧张程度则较为缓和一些。因此，财务危机是个层次性的概念。

（四）财务危机预警方法分析

所谓财务危机预警是指根据系统外部环境条件的变化，对系统未来的不利事件或风险进行预测和报警，是对企业财务危机发生的可能性进行多角度的分析判断，及时发出危机警告的过程。它包括企业外部环境变化的危机和企业个体内在财务状况恶化的危机两个方面，其主要目的都是督促企业尽早做好预防和应对财务危机的准备。

1. 财务危机预警定性分析

财务危机预警分析是指通过分析和调查，发现危机迹象及诱因，并告诉有关人员，以提前安排防范或应变措施，消除危机的分析系统，是预警机制的重要内容。

财务危机预警的定性分析方法主要包括：

（1）标准化调查方法

标准化调查法又称风险分析调查法，即通过专业人员、咨询公司、协会等，对企业可能遇到的问题加以详细调查与分析，形成报告文件以供企业决策者参考。这些报告之所以被称为标准化调查，是因为其提出的问题对所有企业都具有指导意义。

（2）"阶段症状"分析法

企业财务危机的出现具有特定的症状，而且是一个逐渐加剧的过程，"阶段症状"分析法将财务运营症状与危机划分为三个阶段，即财务危机的潜伏期、财务危机的形成期、财务危机的爆发期。企业管理当局要针对各阶段的发病症状，对症下药，采取有效措施，摆脱财务困境，恢复财务正常运作。

（3）"短期资金周转表"分析法

判断企业财务危机的有力武器是看企业是否制订了短期资金周转表，是否经常检查销售额对付款票据兑现额的比率，采用这一方法，企业要经常准备安全程度较高的资金周转表，如果企业资金周转处于紧张状态，则说明企业已处于财务危机当中。

（4）流程图分析法

企业流程图分析是一种动态分析。这种流程图对识别企业生产经营和财务活动的关键点特别有用。运用流程图分析可以暴露企业潜在的风险、在整个企业生产经营中，即使一两处发生意外，都有可能造成较大的损失，如果在关键点上出现堵塞和发生损失，将会导致企业全部经营活动终止或资金运转终止。一般而言，企业只有在关键点采取措施，才能防范和降低风险。

(5) 管理评分法

用管理评分法，按照企业在经营管理中出现的几种缺陷、错误和征兆进行对比打分，并根据这些项目对破产过程和产生影响的大小程度对所打分数加权处理。如果评价的分数总计超过 25 分，就表明企业正面临失败的危险；如果评价的分数总计超过 35 分，企业就处于严重的危机之中；企业的安全得分一般小于 18 分。因此，在 18～35 分之间构成企业管理的一个"黑色区域"。如果企业所得评价总分位于"黑色区域"之内，就必须要提高警惕，迅速采取有效措施，将总分降低到 18 分以下的安全区域之内。

2. 财务危机定预警定量分析

单变量财务危机预警模型（univariate model）即一元判别法，是指在预测中使用单个变量，即通过个别财务比率走势恶化来预测企业财务危机的模型。按照这一模式，当企业的财务危机预警模型所涉及的几个财务比率趋于恶化时，通常是企业将要发生财务危机的先兆。

按综合性和预测能力大小，预测企业财务失败的比率主要有：(1) 债务保障率＝现金流量÷债务总额；(2) 资产收益率＝净收益÷资产总额；(3) 资产负债率＝负债总额÷资产总额；(4) 资金安全率＝资产变现率÷资产负债率。其中：资产变现率＝资产变现金额÷资产账面金额。

按照单变量模式的解释，企业良好的现金流量、净收益和债务状况应该表现为企业长期的、稳定的状况，所以跟踪考察企业时，应对上述比率的变化趋势予以特别注意。

第七章

建立基于 EVA 的薪酬激励体系

第一节　企业激励与薪酬理论概述

一、企业激励理论综述

管理的目的在于充分利用所有的资源，使组织高效运转，提高组织绩效，实现组织目标。对一个公司而言，经营者作为企业运转的核心资源，如何采取有效激励，调动他们的积极性，尤为重要。

所谓激励，就是使经济活动当事人即主体达到一种状态，在这种状态下，他具有从事某种经济活动的内在推动力。通俗地讲，就是要调动经济主体的积极性，激励功能是以"经济人"追求自身利益最大化的行为假设为前提的。该定义包含有三个要素：

（1）人的行为是由什么激发并赋予活动的。这指的是人们自身有什么样的内在能源或动力，能驱动他们以一定方式表现出某一特定行为，以及有哪些外在的环境因素触发了此种活动。

（2）是什么因素把人已被激活的行为引导到一定方向上去的。这指的是人的行为总是走向一定的目的物，并且总是有所为而发的。

（3）这些行为如何能保持与延续。这个问题的考察不仅着眼于人的内在因素，而且要分析环境中有哪些外在因素对这些行为作出反应，从而影响行为内驱动力的强度及行为活力的发散方向，或怎样为行为重新导向。

侯光明、李存金（2002）根据激励理论所研究的侧重点和行为关系的不同，将激励理论分成内容型、过程型、行为改造型和综合型四大类。内容型激励理论也称需要型激励理论，通过研究人的行为动机探讨激励的原因和起激励作用的因素，主要有需要层次理论、ERG（生存、关系、发展）理论、成就需要理论和双因素理论。过程型激励理论通过寻找对行为起决定作用的关键因素来预测和控制人的行为，主要有期望理论、公平理论、目标设置理论。行为改造型侧重研究行为结果对激励水平的影响，此类主要有归因理论、行为强化理论、挫折理论。综合型激励理论主要有绩效—手段—期望理论、绩效—满足感理论、激励力量模型和场动力论。传统的激励理论有马斯洛的需要层次论、赫兹伯格的双因素理论、弗鲁姆的期望理论以及亚当斯的公平理论等。

（一）团队理论

20 世纪 70 年代以后，企业理论是主流经济学中发展最为迅速、最富有成果的领域之一，它与博弈论、信息经济学、激励机制设计理论及新制度经济学相互交叉，大大丰富了微观经济学的内容，其中较有影响的理论是团队理论和委托代理理论。

阿尔钦和德姆塞茨沿着科斯开辟的交易成本的分析方法研究企业问题，并大大推进了科斯的企业理论。科斯认为，企业的特征在于它是通过比普通市场更为优越的权利（如命令强制或行动的纪律约束等）来解决问题。阿尔钦和德姆塞茨发展科斯交易成本理论的地方在于他们认为企业的实质并不是雇主与雇员的长期合同，而是团队生产；在所有投入的合同中，处于集权位置的团队充当合约代理人，统一使用所有投入。企业这种合同形式是团队生产诱致的。

　　所谓团队生产是这样一种生产：（1）使用几种资源；（2）产出不是每种合作资源分别产出的和，一个追加的因素创造了组织问题；（3）团队生产所有资源不属于一个人，且不论联合使用的资源何以不由一人所有。基于此，团队如何向它的成员支付报酬，才能诱使他们有效率地工作。其中的困难在于，团队生产中参与合作的成员的边际产品无法直接地、分别地、便宜地观察和测度。团队向市场提供的产品是联合产品，并不是每个成员的边际产品。这就像两个人把一物体装上车，很难确定他们每个人各自的贡献。这种情况必定导致"搭便车"问题，团队成员因为能将偷闲的成本转嫁给别人，而获得偷闲和欺骗的奖励，结果使团队生产率受到损害。如果这些偷闲和欺骗能低费用地监测到，那么它们就可能不会出现。因此，需要找到能使测度费用和观察费用尽可能低的组织方式。

　　阿尔钦和德姆塞茨在交易成本和合同分析的框架下展开，特别强调进行团队生产的企业成员的激励问题，主要内容是：

　　（1）关于如何减少偷闲的方式。减少偷闲的一种方式是在团队内形成一种可监控的结构，使某些人的职能专业化，专门从事监控其他要素所有者的工作。注意，这里的"监控"有着宽泛的含义，它既指纪律、产出绩效的度量和按比例分配报酬，又指以监察与估计投入的边际生产率的方式来观察投入者的投入行为，并给出应该做什么和怎么做的指派，此外，还指强制性地终止和修改合同，和在不改变其他投入合约的情况下给予个别成员激励，以及监控者权利的出售。显然，这个监控，已经把剩余控制权即法律或契约未作明文规定的关于资产使用的决定权包括在内，而在经济学的意义上，这个权利正是所有权的核心。假定这样的监控可以有效地使被监控者减少偷闲的话，这里仍然还有一个问题没有解决，那就是谁来监控监控者，或者凭什么保证监控者不偷闲。这是一个激励机制的设计问题，也是一个产权制度的安排问题，解决的办法是将剩余索取权赋予监控者。

（2）所谓剩余索取权，指的是对于团队的净收入及向其他投入支付报酬的权利。如果合作投入的所有者同意监控者可以获得剩余，那么后者就获得了不偷闲的追加的激励。他越是努力，其他成员就越难偷闲，团队的生产率就越高，要素报酬和监控者剩余也就越大。他们各尽其力地激励，从而努力和效率就这样相互促进，良性循环。监控者为获得剩余而使偷闲减少，主要是通过观察与指导投入的行为和使用来实现的。管理与检查团队生产中所使用的投入的方式，于是成为团队生产中单个投入的边际生产率的计量方式。这样的监控费用同市场方式相对照是比较低的（监控费用也是交易费用）。此外，把剩余授予集权的监控者所有，要比把剩余分给全体成员会更有效率，因为，如果所有的团队成员依赖于对利润的分享，则集权的监控者偷闲的增加所导致的损失将超过对其他团队成员不偷闲的激励的增加所导致的产出得益。相反，如果把剩余给监控者，那么，由于他同时又是决策者和监督者，出于追求尽可能多的剩余的愿望，他就会努力做出好的决策和实施有效的管理。

团队理论设计了一系列激励约束机制的模型，但得到经济学界普遍认同的是近十年迅速发展的委托代理理论。

（二）不完全合约下的委托代理理论

按照现代产权经济学家詹森和麦克林的定义，所谓委托代理理论是指一个人或一些人（委托人）委托其他人（代理人）根据委托人利益从事某些活动，并相应地授予代理人某些决策权的契约关系。可见，委托代理关系是委托人授予代理人一定权力，要求代理人按照委托人的利益服务。

委托代理理论认为，如果代理人能够完全按委托人利益行事，则这种代理关系不会产生额外的成本，也不存在所谓代理问题。然而，代理人与委托人毕竟是不同的人，他们之间存在着两方面的不对称。

（1）利益不对称。由于委托人和代理人的利益不完全相同（如公司的股东作为代理人，追求的是利润最大化，而公司经理作为代理人则追求个人收入最大化、决策权的扩大化及舒适的工作条件等），而他们又都是追求自己利益最大化的经济人，因此，当代理人利用委托人的授权从自身利益着想而侵占或损害委托人的利益时，就出现代理成本问题。

（2）信息不对称。在代理关系中，委托人能了解的有关代理人的信息是有限的，如，对代理人素质能力及道德水准无法进一步地了解；由于外部环境的不确定性，委托人难以区别盈利的上升或下降是否因代理人工作努力程度所致。与此相反，代理人却比委托人掌握更多的信息，如，自己的努力程度；企业盈利是否或多大程度上因自己的能力或工作的努力程度所致。由于代理人掌握着信息优势，因此代理人为了自己的利益，会想方设法在达成契约前利用信息优势诱使委托人签订不利的契约，或在签约后利用自己信息上的优势"磨洋工"而损害委托人的利益。

需要指出的是，标准的委托代理理论虽然考虑了信息不对称与激励约束关系问题，但由于它建立在完全合同的基础上，认为一切都可以事前预计和约定好，所以，无论在什么产权结构下，还是交易发生在何处，都能设计出最佳合同，都能一样好地解决激励问题和降低交易成本。因此，它们不能解决企业的本质问题。

完全合同是一种理想化的合同，事实上，在实际的交易中，制定和执行的合同往往都是不完全的，需要经常修正和再谈判。这也就是说，实际达成的合同一则不能将未来可能发生的事件包罗无遗；二则不能将在所有这些事件出现时缔约人必须采取的行为、应有的权利和应尽的义务都包罗无遗；三则不能用准确的语言在有限的条款中将这些内容描述得包罗无遗；四则不能通过第三方如法院将这些合同条款执行得包罗无遗。因此，合同总是有遗漏和缺口，总是有模棱两可和歧义之处，总是需要不断加以协商和修正的。

合同不完全影响激励一致和承诺的有效性。首先，缔约人更有可能违约。因为在许多情况下对于应做什么合同并未说明或未作明确说明，所以违约者很容易称他做的就是原初同意的，另一方很难确定实情是否真是如此，而且，即使另一方确信他未履约，也难以指责他进行了欺骗，因为合同的不完全性使得第三方很难确认谁是谁非。其次，随着时间的推移和信息的改变，不可避免地要对合同进行事后的再谈判，而再谈判过程是有成本的。

由于以上几个方面的原因，委托人为了防止代理人损害自己的利益，需要通过严密的合同契约关系和对代理人活动的严密监督约束限制代理人行为，但这样做必然会付出成本。这种成本被称为代理成本。这样，就迫切需要建立一套既能有效地约束代理人的行为，又能激励代理人按委托人的意愿和目标而努力工作，从而大大降低代理成本的机制和制度安排。

（三）目标设置理论

目标设置理论是马里兰大学教授洛克提出来的，该理论认为，合适的目标是激励动机的主要手段，因为大多数激励因素是通过目标来影响工作动机的。目标的设置有三个特点：具体性、挑战性和可接受性。具体性要求所设置的目标应当能够精确观测，明确告诉员工需要做什么，付出多大的努力。挑战性反映目标实现的难度，富有挑战性的目标较之容易实现的目标更能激发员工的工作动机，调动各种激励因素。可接受性反映员工对目标的认同程度，企业应当以明确的方式与员工沟通，使员工充分理解目标设置的工作意图，以产生有效的激励力量。目标设置理论的启示是：（1）目标要明确，可量化、可观测；（2）目标要适当，过难或过易都不利于提高激励水平；（3）目标的达成要与奖励报酬相匹配，否则目标设置达不到预期的效果，也就失去了目标设置的意义。

（四）人力资本理论

严格地说，人力资本理论不属于激励理论的范畴，但由于本书所研究的激励对象的特殊性，在此一并加以阐述，以提高对激励问题的认识。

　　人力资本这一概念最早是由舒尔茨于 1960 年在其《人力资本投资》的报告中提出来的，人力资本是指体现在个体身上的可获得收益的价值，包括以人为载体的知识、技能、经验等，代表了人的能力和素质。人力资本理论把人力资本作为一种稀缺资源，视其为经济增长中的内生变量，成功解释了现实中经济增长的速度远远高于生产要素投入增长速度的问题。人力资本理论把教育与劳动的边际生产力相联系，较好地解释了工资水平的差异。随着经济的发展，人们对人力资本的认识日益深化，人力资本的地位逐步提高。周其仁（1996）把人力资本与非人力资本相提并论，认为企业是"人力资本与非人力资本的一个特别合约"。方竹兰（1997）则更进一步，在资本与劳动的问题上，认为非人力资本在现代经济中容易退出企业，由于人力资本的专用性和团队化使其成为企业的真正风险承担者，因而应该是"劳动雇佣资本"。

　　人力资本和物质资本既有同质性，又有异质性。作为同质性，人力资本同物质资本一样都具有资本属性，都是投资的结果，也会产生收益。异质性则表现在物质资本是一种资产，如机器、厂房等，是企业固有的、沉淀的资本。人力资本则是人力资本所有者专有的、可流动的资本。人力资本的资本属性决定了它逐利的本质，这种逐利行为只能在一定的经济关系中才能实现。人力资本的专有属性和流动性决定了人力资本使用过程中监督的有限性和激励的必要性。在委托代理关系中，信息不对称带来了道德风险，要克服代理人的机会主义动机，一方面要加强监督，尽可能获得经营者工作的充分信息；另一方面要通过恰当的激励，诱导经理人努力工作。

　　委托人需要在监督和激励之间折中、权衡。在知识经济时代，劳动对象、内容、形式发生了深刻变革，劳动的复杂性、高技术、高知识含量使得监督变得愈加困难，监督的有效性大大降低，这就要求企业制度安排的出发点必须由如何监督转到设计科学的激励制度、建立长期有效的激励机制上面来。

（五）激励约束理论

有效的激励约束机制要求公司制企业建立科学的企业法人治理结构。规范的法人治理结构本身是一个严谨的相互制衡体系，权力机构、执行机构、监督机构、经营团队的职能必须到位，使得董事长、总经理与监事长真正肩负起法人代理、经营权代理与企业监督的重任。建立对经营者的激励约束机制是企业制度创新的一个主要方面，即按照经营者的绩效确定其报酬。按照经营者的结构与层次决定经营者的激励方式和结构，依据激励机制的运作方式使经营者的工作业绩同个人的利益所得结合起来，从而激励经营者工作的积极性和创造性。激励约束机制要求加强企业内部专业监督，通过监督来强化企业内部的自我约束机制的运行，最大限度地保护企业所有者的利益。这样通过引进高效完善的激励约束机制，实现企业价值最大化、所有者收益最大化、经营者个人利益最大化。

真正有效的激励制度应当把经营者的经济利益与所有者的利益结合起来，尽可能地减少代理成本。以 EVA 为基础的激励机制将经营者变成"准所有者"，使经营者像所有者那样思考和决策。"EVA 第一次真正把经营者的利益和所有者的利益一致起来，可以使经营者像所有者那样思维和行动"。在具体制定激励机制时，需要针对不同层次的经营者设置不同的评判标准。如，对于 CEO 和企业的其他高层人士，一种合适的业绩评价指标是企业的总体 EVA；对于其他经营者来说，主要或者全部按照他们负责的具体业务领域的 EVA 业绩来评价。此外，为了协调各个 EVA 中心，使其能有效的合作并且注重企业整体业绩，可以考虑将各个中心经营者的奖金激励和企业总体 EVA 或股票表现挂钩。在 EVA 奖励制度之下，经营者为自身谋取更多利益的唯一途径就是为股东创造更大的财富。由此可见，以 EVA 为基础的激励机制较好地解决了因委托代理关系而产生的道德风险和逆向选择，降低了企业内部交易成本，有利于股东财富最大化。

（六）激励理论评述

前面对激励理论进行了概述，在传统激励理论的基础上着重阐释了目标设置理论、社会认知理论以及人力资本理论。这些理论分别从不同的侧面、站在不同的角度研究了激励问题，它们相互之间具有互补性，并不存在矛盾和对立。应当指出，没有任何一种理论能够解释各种各样复杂的激励问题。将这些不同的理论整合在一起，或许是一种研究复杂激励问题的有效途径。管理学家斯蒂芬·罗宾斯率先进行了尝试，他把期望理论、公平理论、强化理论等各种激励理论整合在一起，建立了一个综合激励模型，如图 7.1 所示。

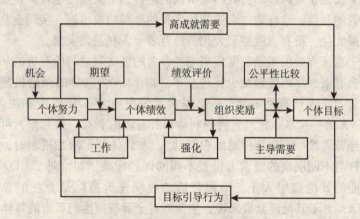

图 7.1　综合激励模型与绩效奖励

该模型以绩效—激励为主线，突出了绩效奖励对员工激励的重要作用，反映了各种激励理论的共性特征，有助于提高员工为实现企业战略目标而努力工作的积极性。

在既定的工作条件和经营环境下，个体的绩效水平高低取决于努力的程度，努力的程度又受到目标的驱动，目标的产生来源于个体的需要，其中主要是主导需要，只有主导需要才会产生最大的激励作用，主导需要又受到公平性比较的制约，公平性比较来源于组织激励的高低，在这一链条中，组织激励处于核心地位，激励水平的高低取决于组织激励对其主导需要满足的程度。组织激励可以有多种形式，从薪酬管理的角度来说，对绩效的经济性报酬是最直接、最有力的激励手段，它在满足员工经济需要的同时，也满足了心理需要、成就需要和自我实现的需要，因此建立客观公正的业绩评价系统，根据个体努力程度、取得的绩效合理地支付薪酬，是研究激励问题、设计薪酬制度的关键环节。

二、企业薪酬理论综述

关于薪酬理论有两种基本的观点或者假设，一种观点认为工资是市场均衡的结果，企业对工资的自由裁量权受到市场的局限，只能被动地接受市场出清的均衡工资率。另一种观点认为，企业在薪酬管理上有相当大的自主权，受到企业制度的支配。前一种基于新古典经济理论，属于市场决定论，后一种基于后制度经济学，是效率工资论。下面首先概要介绍这两种薪酬理论，然后阐述效率工资理论的三个模型。

（一）新古典经济学的工资市场决定论

新古典经济学认为，工资是劳动力市场供求均衡的结果，工资水平在市场的调整下，总是趋于同等水平。均衡工资率是市场中所有劳动者和雇主面对的单一工资率，由于市场力量足够大，单个雇主和雇员无法左右市场，只能是市场工资的被动接受者。在具有完备信息和理性决策的前提下，单个雇主的工资政策必定会采取市场现行工资率，否则利润会减少，从而失去市场竞争力。（见图 7.2）

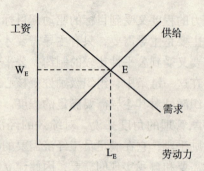

图7.2　新古典经济学的工资模型

如果雇主和雇员被动地接受均衡工资那样被动地接受新古典经济学的工资模型，那么企业薪酬制度、激励机制设计也就失去了研究的意义。正如莱斯特（Lester，1952）所说的"谈论'竞争性工资'、'均衡工资'或者'市场出清工资'是天真幼稚的行为"。

（二）后制度经济学的效率工资理论

新古典经济学的工资决定理论在 20 世纪 40~50 年代占据统治地位，经济学家们也常用实践来检验这一模型。在研究过程中，学者们（Lester，1946；Dunlop，1957；Slichter，1950；Treiman，Hartmann，1981；Segal，1986）发现，有许多"制度性的力量"如工会、惯例、管理理念、模式等，在薪酬管理中发挥重要作用，在企业之间、地区之间、行业之间存在着工资差异，这种差异无法用新古典经济均衡模型来解释。以克尔和顿罗普（Kerr and Dunlop）为代表的后制度经济学家认为市场力量并非像模型中所指出的那样运作，制度力量在薪酬管理中的作用不可忽视。雇主在战略性薪酬管理方面拥有相当的自主权，不同的雇主为相同的工作支付的工资存在重大的长期的差异，这一差异无法用市场均衡工资来解释。企业薪酬制度在工资差异形成的过程中具有市场无法替代的作用。事实上，后制度学派由新古典的市场单因素决定论转为制度和市场的双因素决定论。

后制度经济学家对引起工资差异的原因进行了多变量分析，格罗森（Groshen，1991）研究了6个制造业中工资水平差异的原因，发现组织差异解释了行业内部21%～58%的工资水平变化。伦纳德（Leonard，1990）以中高层经理为研究对象，将人力资本、职业、级别、销售收入等作为控制变量，发现现金薪酬（基薪加奖金）中有8%的差异源于厂商的差异。杰哈德和米科维奇（Gerhart and Milkovich，1990）通过对1.6万名经理人5年的跟踪研究，发现基薪在不同雇主之间有显著、稳定的差异，在薪酬结构的选择上有更大的稳定的差异。由此推断，企业在薪酬绝对数量、薪酬结构安排上拥有自由裁量权，薪酬数量自由裁量的下限取决于劳动力市场，上限取决于产品市场，在支付的具体实现方式上可以多种多样。

后制度经济学家通过对劳动力市场实际运作状况的分析，指出了依托劳动力市场的新古典工资模型的局限性，主张突出非市场因素（如制度、内部劳动力市场、工作性质）和雇主差异的重要性。在此基础上，提出了效率工资的观点，即支付高于市场工资率的工资，有助于提高组织效能、达成组织目标，这就是效率工资理论。

（三）效率工资的三种模型

企业实施效率工资的目的是为了提高组织的效力，创造更多的价值，效率工资可以通过几种方式起作用，如激励员工提高努力水平（激励效应）；吸引高素质的员工（分选效应）；增进合作、挽留高素质的员工、避免辞职（挽留效应）等。下面按照效应机制的不同分三个模型来阐述。

1. 偷懒监督模型

由于工作任务的复杂性、地域分布的广泛性和组织规模的庞大，企业在监督方面存在较大困难，在理性人的假设下，员工可能偷懒而不必受到降低工资的处罚。这也是一种道德风险模型。此时，效率工资可以用作克服监督成本过高无法进行有效监督的困难，激发员工努力，减少逃避责任的一种措施。不过这其中隐含着一个假定，即高工资有助于解决员工监督和绩效度量方面的困难，这一点可以从风险收益角度获得解释。假如员工是可以自由流动的，如果将工资水平设定在员工其他市场机会的工资水平之上，那么员工就不会冒着失去工资溢价的风险去偷懒，高工资抑制了道德风险，减少了偷懒的动机。

2. 能力分选模型

雇主通过高工资率雇用高能力的员工，反过来，高能力的员工避开低工资的雇主，所以也称能力分选模型为逆向选择模型。能力分选模型借鉴了人力资本理论的研究成果，在人力资本理论之前，理论上人们总是假定劳动力是同质的无差异的标准单元（事实上，这也是新古典工资模型中关于劳动力的基本假设），很少注意到劳动力素质的个体差异。人力资本理论揭示了不同雇员的工资差异很大程度上在于劳动者个体的能力差异，效率工资按员工能力的不同建立了分选机制，高素质的员工支付高价格，否则无法调动高素质员工的积极性。员工个体素质差异反映了人力资本投资（如教育和培训等）的程度。

3. 租金分享模型

在效率工资分享模型中，拥有高于正常利润的企业通常会支付员工较高的薪酬，共同分享租金，这样做能够起到挽留员工和吸引高素质员工的作用。如果员工不参与分享劳动成果，会通过辞职、偷懒或者其他不合作的方式，消极怠工或对抗，损害企业的利益。希尔德里斯和奥斯华尔德（Hildreth and Oswald, 1997）通过研究利润和工资水平之间的关系验证了利润分享模型，得出利润和工资水平正相关的结论。租金的分享机制是一个复杂的问题，在利益相关者模型中，租金的分享将取决于利益各方力量的对比，其中员工的行为对组织的效力具有重要的影响，因为从人力资本的角度看，员工毕竟是租金的主要创造者。

（四）薪酬理论的评述

新古典经济学从市场出发提出了工资的劳动力市场模型，忽视了企业在薪酬制度设计中的能动作用，无法解释越来越多的工资差异现象。后制度经济学家强调非市场因素，建立了效率工资模型，通过激励效应、分选效应和挽留效应直接或间接地提高组织的效力。有的学者（Hunter，2000；Batt，2001）还从经营战略的角度，研究了效率工资对企业价值的作用（可以称之为效率工资的战略效应）。这些模型和研究都是为了探寻揭示工资政策和组织有效性之间关联性的理论和实际证据。薪酬问题包罗万象，十分复杂，它涉及管理学、经济学、心理学、社会学等多门学科。俗语说"金钱不是万能的，但没有金钱是万万不能的"，在所有激励中薪酬是最重要的激励因素。理论研究可以为薪酬实践指明方向，但真正的挑战在于依据企业实际、公司战略、市场环境设计出一套合适的薪酬制度，一方面保证组织目标的达成；另一方面不以牺牲利益相关者的利益为代价。

根据杰哈特和赖尼斯（Gerhart and Rynes，2005）的分析，薪酬理论的未来研究主要集中在以下几个方面：

（1）组织内部的工资差异（工资离散程度），包括基于绩效和不基于绩效的各组织层次内部及层次间的工资差异对员工的态度和行为的影响，在差异化的形成过程中，程序性因素和分配性因素的作用方式等。

（2）以前的研究工作主要集中在工资的激励效应，对工资的分选效应和选择效应关注不够，今后的研究要更加关注这两类效应，关注吸引和挽留员工的类型（如能力、素质、价值观等）。

（3）对工资政策和组织成果间的干预性过程与机理的研究。在个体层面上从心理学的角度对中介效应研究较多，在组织分析层面上的中介过程研究较少，组织层面的数据获取是一个难题。

（4）关于工资战略的研究。兼顾统一性和多样性，整合外向型的研究模式（如标杆企业、最佳实践等）和内向型的研究模式（基于企业资源、具体的人力资本结构等），缓解薪酬理论及实践上的刚性匹配和差异化之间的对立状态。鼓励企业利用差异化的薪酬政策获得竞争性优势的经营实践。

（5）整合物质报酬和非物质报酬，整合激励效应、分选效应和挽留效应，从整体上进行理论架构，研究综合的评价方法，设计完整的薪酬激励方案。

在方法论上，一要在工资与经营成果的研究中提高结构效度（有效性）和度量指标的可操作性，使用多层次的研究设计，尽可能扩大数据来源渠道。二要注意时序性工资研究在确定引起工资计划效应中的作用，纠正跨部门研究可能出现的选择性偏差。

第二节　薪酬激励现状与分析

一、国外企业高管薪酬激励现状

（一）薪酬的运作方式

在股份公司，股东与经理是一种委托代理关系。由于股东与经理之间存在着信息不对称，如何激励经理为股东服务，是一个重要问题。现实中，在国外的上市公司，企业高层经理的薪酬是由董事会来决定的，而不是由股东决定的，薪酬问题一般无需提交股东大会来投票表决。一般地说，董事会下设薪酬委员会，这个委员会提出经理应拿多少薪酬，然后由董事会通过。薪酬委员会通常由外部董事组成，而不是由内部董事组成。当然，公司的首席执行官要向薪酬委员会提出有关其他高管薪酬的意见，但之后，他就要离开会议室，让委员会决定这些高管的薪酬问题，以及首席执行官本人的薪酬问题。通常，委员也从专业化的咨询公司雇用一些薪酬咨询专家，咨询专家比较了解其他企业薪酬形式和薪酬水平情况，有时也使用将薪酬与诸如业绩、公司规模等有关变量联系起来的统计模型。他们提供的信息和意见对薪酬委员会的决策有重要影响。

薪酬委员会在决定高管薪酬时考虑哪些因素呢？国外企业主要考虑以下三个因素：

(1) 公司的业绩。如上一年公司的利润额，这个利润水平与同行业比较如何，以此决定经理的工资应该是多少，以及多少奖金等。这可以说是事后的奖惩。

(2) 对经理的吸引力。在一个竞争的经理市场上，经理的服务是有市场价格的，如在美国大型企业，总经理的薪酬都是公开的，人皆可知，企业在决定经理的薪酬时，必须考虑其市场价格，必须了解同样级别、同样规模的其他公司的经理薪酬水平如何。如果提供的薪酬不能高于其市场价格，就不可能留住人才。因为越是好的经理，市场价格就越高，所以公司给予的薪酬也就应该越高。

(3) 对经理提供刺激，使其有积极性做好自己的工作。激励的方式选择取决于公司希望的经理行为导向。比如，企业面临一个很大的投资，这个投资风险很大，这时可给经理一种激励机制，如果这个项目成功，有很大的收益，就给他一部分股票或期权。这样，项目成功他获得收益，项目失败也没有什么损失。也就是降低一点风险，经理才愿意去冒这个险。如果没有这种激励机制，冒着风险太大，可能就不愿意干。在考虑这些因素后，董事会确定经理的薪酬根据各种满足程度采取各种形式。

(二) 薪酬的形态

国外企业，特别是上市公司高管薪酬主要有六种形式，在实践中，高管薪酬由这其中的几个部分组成，一般都包括固定部分、短期激励和中长期激励三个部分。六种形式分别是：

1. 基本工资

此部分需要考虑工作年限、年龄、竞争条件、生活费用等，若派他到物价高的地方工作就要付给他高的工资。固定工资也可与其经营业绩相联系。

2. 年度奖金

这是常用来激励经理的手段，奖金一般与以下三个指标相联系：企业业绩、所在部门业绩，以及个人业绩。比较理想的一种状态是奖金主要与个人业绩相联系，可在现实中，很难确定个人业绩。一般而言，部门业绩是现实中经常使用的指标，尤其是在具有团队生产的性质时。有时因为精确衡量个体员工的业绩很困难，企业可能会为了少付奖金，故意调低对员工业绩评估的结果。然而，一旦企业业绩考评方案被认为具有系统性低估业绩的倾向就会使企业很难再激励员工。所以，为了避免不必要的猜疑，采用可核实的指标，例如，企业的整体业绩，是一种可行的办法。但这种方法的缺点是与员工个人的业绩联系不是很紧密，从而使激励强度相对不够。

3. 股票奖励

股票奖励，也称干股、赠股，即企业通过赠送给高管一定股份的方式来激励经理敬业，也是常用的激励手段，由于经理得到一定股份，就相当于高管对于企业资产具有一定的所有权，所有权可以激励经理努力行事。

4. 影子股票

影子股票是只有分红权而不享有投票权的股票。如同昔日山西票号所使用的"人身股"。在山西票号，东家一般都会给"掌柜的"一定股份，但该股份只有分红权，决策权仍保留在东家手里。

5. 股票升值权

所谓股票的升值权就是指企业并不给高管实际的股票，但经理有权获得一定数量的股票升值带来的好处。比如，企业可以给经理数量为 1 万的股票升值权，现在的股票价格是 10 元，但是一年之后升至 12 元，这时，经理就可以获得 2 万元的回报。

6. 股票期权

股票期权是指赋予高管按照事前确定的价格在未来购买本公司一定数量股票的权利。理解这一概念首先要注意的是，股票期权是高管得到一种权利，而不是义务。换句话说，在未来，经理可以选择购买也可以选择不购买。其次，经理购买公司股票的权利在未来，而不是现在。具体在未来什么时间，可以在股票期权合同中约定。第三，未来购买股票的价格和数量需要事前规定好。如果高管通过努力可以把企业的价值提高，就会导致企业的股票价格在未来的一段时间内上升，这样，经理届时行使购买公司股票的权利，就会得到由市价高于执行价的收入。股票期权可以起到激励作用的原理在于：由于经理的期权的价值是与未来的企业价值相联系，因此，这将使经理不仅注重企业当前的业绩，还要关注企业长期的发展，从而避免了高管的短期行为。

相对股票奖励来说，股票期权使高管的收入更具风险性。因为在使用股票奖励的情况下，如果公司的业绩没有增加，经理通过出售股票仍然可以得到一些薪酬，但是，在使用期权时，如果公司的业绩没有增加，股票价格就不会上升，从而期权就不会给经理带来任何效益。

（三）薪酬的特点

大公司的高层经理的收入是非线性的，如美国，大公司 CEO 的年收入是最底层工人的 109 倍，在日本，这一数据是 17 倍，法国和英国是 24 倍。从各国的实际情况看，经理薪酬的几个特点是：

（1）在大公司的高层经理的激励中中长期激励（包括股票期权）最重要股票期权出现在 20 世纪 50 年代，但是很少采用。到了 70 年代开始受到关注，80 年代开始发展，90 年代则普及全球。1985 年毕马威会计师事务所的一项研究结果表明，在《财富》杂志评出的全球 500 家大企业中，有 89% 的公司已对其高级管理人员实施了股票期权制度。美国硅谷的企业则普遍采用了股票期权制度。高级管理人员持有的股票期权总量也日益增多。1989～1997 年，全美最大的 200 家上市公司的股票期权数量占上市股票数量的比例已从 6.9% 上升到 13.2%。美国迪斯尼公司和华纳传媒公司可以说是这种薪酬变革的先驱者，他们最早在高级管理人员的薪酬结构中大量使用股票期权。在这两家公司中，经理股票期权占整个薪酬的比例首次超过了基本工资和年度奖金。

在推行股票期权制度的企业数量急剧增加的同时，股票期权制度的受益面也在扩大，开始由经理层向企业普通员工扩散。现在的股票期权授予对象，不仅包括企业高管，而且还包括董事在内，以致在美国经济中出现了从所有权到控制权重新结合的趋势。在美国硅谷，许多企业甚至将股票期权的受益面扩大到所有员工，如著名的思科公司。

麦肯锡的高级研究员吴亦兵对美国 150 家最大公司的调查发现，1998 年，非执行董事、外籍专家、咨询人员和律师参与薪酬计划的公司比例分别为 41%、18% 和 17%；到 1999 年，上述数据变为 37%、15% 和 16%，也就是说，参与股票薪酬计划的人群范围在不断的扩大，而不仅仅局限在公司董事和专家级群体。由此可见，在国外股票期权这种有效的约束激励机制已取得了较大的成绩。

（2）薪酬与公司规模正相关，企业规模越大，经理薪酬越高。比如，在美国，销售额每增加 10%，可使经理的工资和奖金增长 2% ~ 3%。一方面，越是大企业，高层经理的积极性越重要，经理的积极性具有乘数效应。另一方面，工资越高表明能力越高，没有企业愿意承认自己的经理能力低，这可能是经理薪酬被抬高的一个原因。

（3）薪酬对经营业绩，即短期利润也是十分敏感的。

（4）中层以下的高管的工资显著地低于高层经理，同时它是对企业的经营业绩更不敏感。

二、我国企业高管薪酬激励现状

我国企业高级管理人员薪酬通常由基本薪酬、短期奖励、中长期奖励、福利津贴等构成。

基本薪酬一般指基本工资，这一部分薪酬一般在聘用合同里规定，作为固定收入，保障高层管理人员的基本生活，不占过高比例。

短期奖励指的是年度奖金，根据企业当年经营业绩、盈亏状况确立一定比例作为奖励。年度奖金一直在高层管理人员薪酬中占有重要的作用，是对业绩优秀人员的直接回报，其激励作用十分明显。目前中国 90% 的高层管理人员都被付给奖金，奖金占高层管理人员总薪酬的比例逐年上升。基本工资和年度奖金一般都以现金形式支付，也有一些企业采取奖金报酬延期支付的方式，以便留住企业高级经营管理人才。

长期报酬激励一般包括高层管理人员持股、股票期权和经营业绩股份等。高层管理人员持有一定比例的公司股票使得个人利益与企业利益紧密联系。经营效益越好，高层管理人员所得到的回报越丰厚；反之亦然。高层管理人员持股有利于促使其忠实履行责任，强化经营管理和提高企业经济效益。股票期权是公司在经营者上任、升迁和年终激励时，给予他们在一定期限内按照某个既定期的价格购买一定数量本公司股票的权利。若经过管理者的努力，在期权有效期内，企业每股净资产提高，股票市价上涨，此时期权拥有者可以以获得期权时的股价购买已经升值的股票，从中获得收益。股票期权将管理者的个人利益和企业利益联系在一起，以激发管理者通过提升企业经营效益来增加自己的财富。股票期权已成为高层管理者薪酬增长最快的部分，是激励与约束高层管理者的最好方式之一。激励管理者努力提升企业经营业绩促使企业股价上升，此时管理者行使期权获得收益。同时约束着管理者，若其不努力工作，企业股价下跌，个人利益也将受损。股票期权使管理者能够享受到公司股票增值所带来的利益增长并承担相应的风险，能够降低委托代理成本，节约营运资金，激发提升创新能力，吸收、稳定优秀人才，矫正管理者的短视心理。实行股票期权后，高层管理者不再仅仅关注已经实现的收益和当前收益，而更加注重公司的长期发展，决策时不仅考虑公司的短期利润更重视公司的核心竞争力和发展后劲。股票期权将公司价值变成了管理者收入函数中一个重要变量，实现了管理者和股东利益的一致性。经营业绩股份是指对完成了预定业绩目标并继续留任的高级管理人员授予企业股份。这些股份通常延后支付，以防止高层管理人员中途由于各种原因离开企业，也属于长期激励报酬机制的一种。

福利津贴方面，除了大多数职员都享有的人身意外保险、医疗保险、住房公积金等外，还包括针对高层管理人员的特别医疗保险、人寿保险、住房补贴和金色降落伞离职金。金色降落伞是指企业被并购或恶意接管时，高层管理人员主动离开或被迫辞去现有职位，他将获得一笔离职金，也就是说，如果高级管理人员在企业收购或合并中受到不利影响，就业合同规定要给予他们特殊的补偿。

在以上高管人员薪酬的几个组成部分中，基本薪酬，也就是固定部分基本反映了人才市场的竞争性薪酬水平，应与该高管所适用的市场上类似教育背景、技能、经验、从事类似职业的人群的平均薪资水平相当。其中的短期和中长期激励，应该与公司经营绩效水平相对应，但是在传统的薪酬激励模型中，其短期与中长期激励均与传统的会计指标挂钩。

三、薪酬激励现状分析

由前面的分析，可以看出，国外企业对高管薪酬激励制度相对比较完备，并且对股票期权制度的采用已经达到相当高的程度，而我国企业高管薪酬主要集中在年度奖金方面，虽然拥有一定的股份，但在公司间还很不平衡。

（一）年度奖金激励现状分析

在传统的奖金激励模式下，一般是采取财务指标作为业绩考核依据，在年初时由公司董事会与经营者确定业绩目标。年终根据考核结果，确定经营者的奖励系数。在业绩较低的时候，经营者拿不到奖金；在业绩达到一定水平时，经营者开始获取奖金，并且业绩越好拿到的奖金也越多；当业绩超过一定水平后，经营者将不再拿到额外的奖金，因此，奖励机制不再发挥作用。这种传统薪酬激励模式存在以下问题。

（1）在计算奖金中使用错误的业绩评价指标，会使得经营者产生错误的行为。目前，国内的绝大多数公司对公司最高管理层的激励是基于会计利润指标，比如营业利润、每股盈余或净资产收益率等一些指标。但是实证表明，这些会计利润的派生指标与股东价值并没有系统的相关性。这些标准严重影响公司战略资源配置和决策的正确性。由于忽视了资本成本，企业的经营层往往过度投资，以获得更大的销售收入和利润增长，结果留下一大堆闲置资产。会计利润在计量股东价值方面的另外一个致命缺陷是：企业会计准则对稳健性原则的坚持为经营层的盈余操纵大开绿灯，而且鼓励了经营层的短期行为。

（2）传统的目标奖金一般根据目标业绩来确定，而且业绩通常根据预算来制定，然而根据预算来指定目标业绩存在以下问题：每年的预算由于牵涉利益分配问题，都需要股东和管理人员花费大量的时间和金钱进行协商，大幅提高了管理成本。同时由于管理层和股东的信息不对称，也使预算准确性受到了严重制约。

（3）设定了最低业绩指标和奖金封顶。传统的奖金激励具有这样的特点：在企业业绩较低的时候，管理者往往没有奖金，业绩水平在超过一定限度后，管理者将不能获得额外的奖金。在这种情况中，管理者没有处于准所有者的位置，一个准所有者的奖金支付应随着业绩提高而不断上升。在传统奖金计划中，当业绩超过限度时，就不再有能够有效激发管理者努力工作的动机。而且，如果企业业绩一旦小于一定水平，奖金计划也不能刺激管理者努力工作。因此，设定最低业绩指标和奖金封顶的传统激励制度，只能在全部可能结果中的一个狭小范围内发挥作用，太高或太低的业绩会使激励作用失效。如图 7.3 所示。

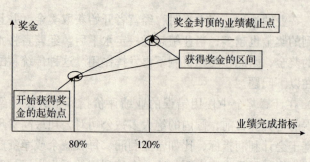

图 7.3　奖金示意

从图 7.3 可以看出，在 80% 和 120% 这两个点以外，真正的激励是无所作为的，管理者放松努力也不会影响奖金。于是，就会出现管理人员与制度的博弈问题。一方面，如果业绩不好，管理者可能会使他变得更加不好。因为这样在下一个年度就可以有一个更容易实现的目标。在 80% 起始点的左边，管理者唯一担心的是业绩太差而遭到解聘的问题。另一方面，如果遇上业绩好的年份，管理人员则不希望业绩太好，因为这样会对下一年度协商目标利润有影响，股东可能会因此而提高目标利润水平。

在传统的激励制度中，奖金目标的谈判是一件成本较高，延续时间过长的制度博弈。每年就业绩指标进行谈判的做法削弱了财富杠杆的作用，也破坏了管理人与股东利益的一致性。对管理人而言，最好的计划是最容易实现的计划。这样，管理人就会和股东进行制度博弈，在确定目标时讨价还价。在这个过程中，管理人可能要把主要精力用在影响股东或上司的预期上，而不是用于业务，结果浪费了宝贵的时间和精力，进一步加大了股东的成本。由此可见，传统的激励制度不能很好实现激励相容目标。

（二）我国股票期权激励问题分析

传统的股票期权激励计划是指计划给予员工在未来确定的年份按照固定的价格购买一定数量公司股票的权利。这种权利使得员工在等待期结束后，股价上升时，可通过行权或行权并出售股票获得收益。它可以将未来的风险与经营者的利益挂钩，从而在一定程度上使管理者与股东利益一致，并能起到限制风险的作用。因此，与传统的奖金激励制度相比，股票期权制度是一个进步。但是，传统的股票期权制度仍然存在以下问题。

（1）容易出现中下层管理人员的"搭便车"问题。随着管理人员级别的降低，期权的效用却急速下降。对于广大中层管理人员而言，很难注意到个人业绩与公司股票价值间的关系，股票所有权太抽象、遥远，以致难以对人们的行为产生较大的影响。这很容易带来所谓的"搭便车"行为，从而削弱股票期权激励作用。

（2）对管理层的业绩完成情况"只奖不罚"。当股票价格升至行权价之上时，期权持有者可以行权购入股票使自己获益，但当股价一直低于行权价时，持有期权的管理层却不会有任何损失。这实际上是"只奖不罚"，造成了管理层与股东只能同甘，而不能共苦的局面。除此以外，购股期权常规机制中也存在股东和管理层利益脱节之处。例如，购股期权通常具有较长的期限，行权价固定在期权发生当天的股票价格之上，由于行权价固定，期权持有者可以从股票价格上升中获利，即使这种上升幅度很小，以至于不能为股东提供最低的投资回报。也就是说，传统期权是管理人远远没有为股东创造价值之前就对他进行奖励。另外，股价高低除了公司内部经营因素外，外部环境也有较大影响，这在一定程度上削弱了股价和价值创造方面的联系。

（3）在国内股票市场市场化和规范化程度低的情况下，仅仅用股价来衡量公司的业绩并不合理。股权作为高管的报酬有其合理性和特殊功能，但其不足之处在于公司市值的某些决定指标是经理层无法控制的。股票期权在美国得到广泛应用的一个原因是其资本市场十分发达，因而股票价格基本上能作为衡量经营者业绩的一个指标。国内目前的股票市场市场化、规范化程度较差，投机性较高，且带有政策干预的痕迹，股票价格受各种因素影响常常处于非理性状态，不完全反映上市公司的经营状况。在这种情况下，通过"内部人控制"人为操纵形成的高股价可使经营者的股票期权轻易获暴利。因此，以股票价格作为衡量上市公司经营者业绩的手段显然并不可行。

（4）缺乏股票来源。这个问题在 2006 年 1 月 1 日前因《公司法》没有对此作出规定而缺乏法律支持，不过新修订的《公司法》第一百四十三条规定对此做了修正，允许公司收购本公司不超过已发行股份总额的 5% 股份，用于奖励本公司职工。所以这一问题在 2006 年之后将不复存在，但必须严格按照《公司法》的规定进行操作。

第三节　薪酬激励影响因素分析

一、薪酬激励概述

由于委托代理关系的存在，需要有一种机制促使经营管理者与股东的利益保持一致，就公司治理的视角看，公司产权安排、法律制度、诚信责任、市场竞争以及相关的信誉机制等都可以促使企业高级管理人员的利益能够和股东的利益或企业价值保持一致。在一定程度上，借助法律以及市场竞争等外在的力量（第三方监督）可以使企业高级管理人员兢兢业业；借助诚信、道德和声誉等内在的力量（第一方监督）也可以使企业高级管理人员克己奉公。但这毕竟不能从根本上解决问题——人的物质需要毕竟是基础性的。因此，需要对企业高级管理人员进行薪酬激励。

所谓薪酬激励，就是通过对高级管理人员外在的报酬机制设计，促使企业高级管理人员的利益与股东利益或企业价值保持高度一致，实现企业价值创造的最大化。为此，对企业高级管理人员进行薪酬激励需要设计有效的激励合同。设计合同的关键问题是如何将企业高级管理人员的薪酬与其为企业的发展所做出的努力联系起来。由于经营管理过程中的努力水平难以观测，人们一般借助最终的结果——企业高级管理人员的贡献来推测企业高级管理人员的努力程度，这就涉及用什么衡量企业高级管理人员的贡献或者说用什么指标度量其业绩最好的问题。此外，在薪酬激励机制设计过程中，还需要考虑比如行业、所在地区等一系列因素的影响。

（一）薪酬激励目标

企业高级管理人员与股东利益之间的矛盾是客观存在的。管理人员作为企业的内部人，拥有比股东更多的信息，对企业短期效益的调整也存在着可能性。如果激励不当，可能会造成管理人员认为调整业绩，为短期的效益而损害公司的长期发展。传统观点总是把管理人员激励性薪酬当做人工成本，而不是当做人力资本来看待，没有考虑收益的风险因素，会给股东利益造成损失。这样的薪酬激励机制仍然没有解决好管理层与所有者之间利益一致的问题。

股东在对管理层进行激励时，也必定要付出成本。这些成本包括激励成本、监管成本和损失成本。有效的激励机制必须控制成本，使上述三者成本之和最小。因为股东的目标是股东价值的最大化，而不是员工和股东总收益的最大化。如果激励成本过高，对管理者过于激励，会损失股东的利益。同样，如果激励成本低，对管理者激励不足，就会发生管理人员离职问题，这样也会给股东造成损失。因此，在建立激励机制时，应采取适当的平衡性措施，考虑以下四个目标：

（1）利益一致。就是所建立的激励机制，能够保证管理人员与股东利益最大限度地达到一致。让管理人员能够像股东一样进行决策，使管理人员短期和长期利益都能与股东的利益一致。

（2）财务杠杆。是指管理人员投入可能给自己带来巨大的财务，也有可能很大损失的风险。实现财务杠杆效应的目标，应该给管理人员足够的激励，使其能够承担一定的风险，达到激励作用最大化，从而实现企业价值最大化。

（3）限制去职。管理人员去职问题对企业的经营影响很大，如何进行挽留，特别使在经营业绩不佳的情况下更加重要。好的激励机制应该达到限制去职的目标。

（4）股东成本。要求把管理薪酬限制在能使当前股东利益最大化的范围之内，使股东所付出的激励、监管成本和损失成本降至最低。

（二）薪酬激励体系设计原则

为实现高管薪酬激励的四个基本目标，并回答薪酬激励机制涉及薪酬给多少，怎么给的几个基本问题，在高管薪酬激励机制设计中，应遵循以下几个原则，分别是：

（1）激励的强度原则：激励强度依赖于产出对努力的敏感程度，依赖于代理人的风险规避程度，依赖于外生因素的不确定性，依赖于努力的痛苦程度；

（2）信息量原则，即激励合同必须建立在最有信息量的那些可观测的变量的基础上；

（3）监督与收买交替的原则，即如果你不能监督他，那你就要收买他；

（4）平衡原则，如果代理人从事多种活动，如果你希望他在每个方面都花费精力，激励合同必须使他花费在不同活动中的努力得到相同的边际薪酬，如果不能做到这一点，放弃对他的激励也许更好；

（5）团队原则，对团队成员的激励机制的选择，依赖于团队化程度的相对重要性，监督的相对难易程度，以及生产的团队化程度；

（6）动态原则，将薪酬与业绩动态关联，既考虑带来积极效果（声誉效应），也考虑产生消极效果（棘轮效应），激励合同必须同时照顾两个方面。

二、薪酬激励设计影响因素分析

高管团队成员作为特殊群体，相对于一般劳动力来讲，其管理劳动工作是一种特殊劳动，因而高管团队薪酬决定也较一般员工要复杂，高管团队薪酬形成需要系统考虑，也需要有权变思想。设计合理有效的公司高管团队薪酬制度，对于公司发展至关重要。薪酬水平是否合理，直接关系到公司高管团队成员积极性的发挥，影响公司绩效。

公司高管团队薪酬水平高低受到很多因素影响。从外部因素来看，劳动生产率水平、经理人市场的供求状况、地区差异、行业差异、物价变动、与薪酬相关的法律法规等因素，都会影响公司高管团队薪酬水平。从内部因素来看，公司经济效益、生产要素边际生产率、企业文化、董事会和股权结构、公司规模、成长潜力、公司绩效、财务结构、研究和开发密集度、资本密集度、资产负债率、现金流变动率都会影响公司高管团队薪酬水平。此外，还有高管团队的人口特征因素，这些人口特征包括高管团队成员的年龄、任期、经验等。本文由于研究对象是公司高管团队，因此在模型中不考虑公司高管团队成员个人特征，因为高管团队成员个人特征通过高管团队人口特征来体现。

（一）内部影响因素

从公司内部看，决定公司高管团队薪酬水平的因素主要有以下几个方面：

1. 生产要素的边际生产率

根据劳动边际生产率理论，在劳动力投入与其他要素投入达到最合理的配置时，企业总产出最大。此时，如果继续投入劳动力，就会使劳动力与既定数量的其他生产要素失衡，从而引起人均产出的下降。如果投入一定量的资本所获得的产出比投入同样的劳动所获得的产出高，企业便会用资本代替劳动，显然，在这种情况下，薪酬水平不会提高，反之，薪酬水平则会相应提高。

2. 公司规模

公司规模对于公司高管团队薪酬影响，是学术界一直关注的问题。高管团队薪酬高低，与高管团队所掌握的资源多少有关。大公司高管团队所掌控的资源比较多，对高管团队的管理能力要求也高，那么高管团队薪酬也高，反之亦然。

3. 公司支付能力

公司支付能力在市场经济条件下是决定微观薪酬水平及其变动的最重要因素。公司业绩对薪酬水平的影响归根到底是企业对雇员薪酬支付能力的影响。如果企业生产的产品能适销对路，质量上乘，且能根据市场变化，及时开发、试制新产品，这样，企业经济效益便能在激烈的市场竞争中稳定提高，薪酬水平的提高也就有稳定可靠的资金来源，否则，薪酬水平的提高便是无源之水。

4. 公司风险

公司风险是公司高管团队薪酬决定的另一个重要因素，公司风险通过风险溢价的方式激励公司高管去承担风险。无论是公司薪酬委员会还是公司高管，都会评估公司风险，进而确定薪酬期望水平。

5. 股权结构

股权结构包括两方面：股权集中度和股权性质。一般而言，在其他条件不变的前提下，股权越集中，股东对公司拥有的控制权越强，越倾向于设计与业绩挂钩的薪酬制度。在控制权可竞争的情况下，剩余控制权和剩余索取权是相互匹配的，股东能够并且愿意对董事会和经理层实施有效控制；在控制权不可竞争的股权结构中，企业控股股东的控制地位是锁定的，对董事会和经理层的监督作用将被削弱，那么公司高管团队薪酬也会受到影响。

6. 高管团队人口特征

高管团队人口特征刻画了高管团队成员的背景。这些背景包括高管成员个人的教育状况、资历、专业知识、年龄、经验等。这些个人因素通过汇总，上升为公司高管团队的团队特征。这些公司高管团队人口特征都会对公司高管团队薪酬产生影响。一般而言，高管团队平均年龄越大，团队薪酬就越高。

另一个衡量团队属性的指标是团队的异质性。团队异质性是指团队内部不同成员之间的差异程度，这些差异包括年龄上的差异、教育上的差异、性别和经验上的差异等。一般而言，高管团队异质性越高，高管团队薪酬越高。

7. 公司治理结构

所谓公司治理结构，是由所有者、董事会和高级执行人员即高级管理人员三者组成的一种组织结构。在这种结构中，上述三者之间形成一定的制衡关系，作为公司重要制度，公司高管团队薪酬势必会受到公司治理结构影响。

（二）外部影响因素分析

从外部因素看，决定公司高管团队薪酬水平的因素主要有：

1. 劳动生产率水平

生产力水平是决定公司高管团队薪酬水平的客观依据，而劳动生产率水平是衡量生产力水平的重要指标。对一个国家而言，劳动生产率低，生产力水平也低，薪酬水平也必然低。发展中国家与发达国家之间公司高管团队薪酬水平差距，主要是因为劳动生产率水平不同。一般来说，在正常情况下，为了保证社会再生产顺利进行，薪酬水平增长幅度要适度慢于劳动生产率的增长。

2. 经理市场劳动力供求状况

经理市场劳动力供给与薪酬水平之间的关系是：当劳动力供给大于需求量时，薪酬水平下降；反之，则薪酬水平上升。劳动力需求与薪酬水平之间的关系是：当市场对企业产品需求增加从而生产规模扩大，使劳动力需求增加时，企业为了获得足够的所需管理者，将提高薪酬水平；反之则会降低薪酬水平，促使管理人离开企业。

3. 地区差异

地区差异是影响公司高管团队薪酬的重要因素。各地区的经济发展水平不同，有些地区经济发达，另一些地区经济落后，两者之间形成了经济实力上的差别，导致地区间公司高管团队薪酬差异。此外，各地区产业结构有差别，有些地区产业链条较长、附加值增加较多、实力雄厚，对这类地区来说，往往薪酬水平较高；另一些地区产业结构较单一，且多为初级加工产业，附加值增加较少，实力不够厚实，因而增加公司高管团队薪酬难度会较大。

4. 行业差异

产业特征对公司高管团队薪酬会产生深远影响。不同行业，高技能工、熟练工在整个产业劳动力中所占的比重也不同。有些产业高技能工、熟练工所占比重较大，有些产业高技能工、熟练工所占比重小，前者公司高管团队薪酬就会高些，后者薪酬就会低一些。不同行业的科技含量也不同，一般来说，高科技产业，公司高管团队薪酬也高。

5. 政府的政策法规

政府对劳动者薪酬的调节大体上包括个人所得税政策、最低工资法、反歧视工资法以及工资指导线制度等。政府的这些薪酬调节措施主要是为了发展和完善劳动力市场，协调劳动力供求关系，引导人力资源的合理配置和使用，同时也是为了通过立法来规范企业的分配行为。

6. 物价变动

物价变动，尤其是生活消费品价格变动，会直接影响公司管理者的实际薪酬水平。在货币薪酬水平不变，或者变动幅度小于价格上涨的情况下，会导致公司管理者实际薪酬水平的下降；反之，会引起公司管理者实际薪酬水平的上升。前一种情况发生的可能性较大，因为从长期看，物价往往呈刚性上涨趋势。如果生活消费品价格普遍上涨，那么，只有通过一定的措施如物价补贴、提高薪酬标准、增发奖金、实行工资与物价指数挂钩、低价供应实物等才能保证公司高管的实际薪酬水平不降低，这时，薪酬水平通常要提高。

综上所述，公司高管团队薪酬是多因素共同作用的结果，其中内部因素 7 个，外部因素 6 个，如图 7.4 所示。

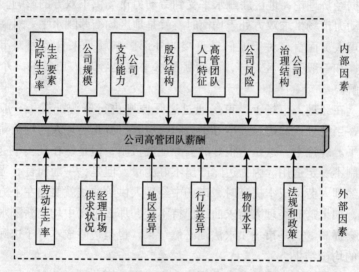

图7.4 公司高管团队薪酬影响多因素分析

三、薪酬激励关键影响因素分析

根据前面的阐述，影响高管团队薪酬水平有很多种因素，可见，公司高管团队薪酬设计是个复杂过程。

（一）地区差异和高管团队薪酬

在外部比较过程中，地区差异是一个重要参考指标。不同地区具有不同薪酬水平，这是普遍被接受的事实。导致不同地区薪酬差异原因，除了经济因素以外，还有其他社会因素。正如社会契约理论所阐述的那样，薪酬和雇佣合同，也可以看成是一种社会契约。

根据社会契约理论，不同地方的雇员对于雇佣关系期望是不同的，因此，对于劳动薪酬的期望也就不一样。

许多研究都表明，地区劳动力市场因素会影响薪酬的高低。也就是说，外部经理人市场对于高管薪酬的形成起到很重要的作用。根据经济理论，地区薪酬水平受到劳动力市场供求双方的影响。当劳动力市场供求双方处于均衡时，就是地区均衡薪酬水平。对高层管理人员而言，对于他们最直接的外部影响就是来自经理人市场了，和一般劳动者一样，高管薪酬水平也是经理人市场的一个均衡解。

在经理人市场上，市场通过边际原则进行资源配置。一般而言，当经理人的边际成本等于边际收益时，就是经理人的均衡薪酬水平。理论上，这是个很好的资源配置机制，但是，在现实中这个机制不一定适用。因为边际产出不好测量。但是，一般而言，当地区经理人劳动成本提高时，市场中经理人供给曲线就要向左上方移动，如果这时经理人需求曲线保持不变，那么市场中均衡薪酬水平就会提高。这是市场供求法则必然结果，也是边际成本等于边际收益的均衡结果。

从经理人市场的需求角度看，需求面的变化同样会对地区经理人平均薪酬产生影响。在经济比较发达地区，一般也是企业发展比较活跃、公司效益比较好的地区。由于这些地区集中了这些好的企业，就构成了当地经理人市场的强大需求。根据经理人市场的供需关系，这时，在其他情况不变的条件下，需求曲线向右上方移动，导致均衡薪酬的提高。

在薪酬形成过程中，需要综合考虑劳动成本。但是，有时一个地区劳动成本比较难以计算，有些研究从比较各地的生活费用或者各地的生活标准作为确定当地薪酬水平衡量和借鉴标准，本文采用各地高管薪酬平均水平来衡量当地的薪酬水平和借鉴标准。在国际比较研究中，地区差异对于管理人员薪酬的影响已经得到验证。

（二）行业差异和高管团队薪酬

高管团队薪酬激励与一般员工薪酬激励具有类似的目的，希望通过有效的薪酬激励来吸引有能力的高管加入公司，留住这些管理人员在公司中任职，并且激励这些管理人员去实现公司目标。公平理论研究表明，高管薪酬激励系统的目标能否得以实现，关键取决于能否提供这些高级员工足够的公平感。

公平理论研究者把公平分成两类：外部公平和内部公平。这里只探讨外部公平，所谓外部公平是指，公司给予每个员工薪酬至少等于同类工人在市场上的薪酬水平。因此，为了实现高管团队的薪酬激励目标，公司首先需要让这些高管感觉到从外部比较的角度，他们是受到公平的待遇，进而获得外部公平感。

行业平均薪酬水平，受到行业特征的影响，其中一个重要因素是不同行业具有不同的技术水平。根据劳动生产率理论，一个行业劳动生产率主要是由每个单位劳动力所投入的技术应用水平决定的。在一个相对成熟的行业中，技术的应用比较标准化，因此，同一行业中不同员工之间的薪酬具有较强的可比性。同行业其他员工的工资，往往成为外部比较的参照物。

行业内部具有较高的技术同质性，使得行业薪酬成为公司制定薪酬水平的重要参考指标。同一行业中的公司雇主，可以通过观察、比较同行中其他公司薪酬做法来采取类似行动。尽管同一行业内部公司之间也存在一定的差异，但是公司雇主都会有一种普遍信念，认为通过效仿同行其他竞争对手的做法可以具有竞争力和获利。通过同行之间比较，公司雇主会认为只要与同行竞争对手在薪酬支付上存在差异比较小，就可以生存和获利。公司雇主一般很少通过计算员工生产率和市场供求关系来确定雇员薪酬，而是通过薪酬调查来了解同行做法，进而确定本公司的薪酬水平。

因此，无论从雇员还是从公司的角度，行业薪酬水平都是外部公平的重要衡量指标。对雇员而言，低于行业平均薪酬水平太多，意味着存在外部不公平。对公司而言，高于行业平均薪酬水平太多，也意味着存在外部不公平，相对公平做法就是参考行业平均薪酬水平，再根据本公司自身特点进行合理调整来制定本公司薪酬水平。不同行业，由于技术含量不同、产业生命周期差异等，具有不同行业平均薪酬。因此，外部公平理论预测，高平均薪酬行业，高管团队薪酬就比较高；相对应的，低平均薪酬行业，高管团队薪酬就比较低。

（三）公司规模和高管团队薪酬

公司规模对于高管人员薪酬影响，是高管薪酬激励问题研究中古老的领域。一些早期研究都是在探讨公司规模对于高管人员薪酬影响，例如高管薪酬研究的先驱者鲍莫尔（Baumol），他们就是在探讨公司规模的作用。高利（Kole）研究表明，高管薪酬随着公司规模的扩大而增加。罗森（Rosen）发现，公司规模越大，公司运作越复杂，对高管团队能力要求就越高，那么高管薪酬也越高。尽管有那么长时间研究，公司规模对于高管薪酬影响机理，还是需要进一步探讨。正如罗森和霍尔姆斯特龙（Holmstrom）提出的那样，问题的关键在于如何比较不同规模公司的高管薪酬和激励。比较新的一个研究发现，公司高管薪酬并不是随着公司规模的扩大而上升，而是达到一定程度以后就保持不变，甚至会随着公司规模的扩大而出现微弱的减小倾向。

尽管学术界对于在公司规模和高管薪酬之间的联系存在一定的争论，但是，更多的资料和研究还是倾向两者之间存在正相关联系。这种关系可以分别从人力资本理论和委托代理理论来加以解释。

从人力资本角度而言，公司管理者薪酬水平应该和管理者本人的内在能力、累积的知识和技能正相关。因为随着公司规模的扩大，公司管理的复杂性也会随着公司规模的扩大而增加，要管理这个复杂性不断增加公司就要求管理者拥有更多的人力资本，因此，管理者就需要得到更高薪酬。人力资源和公司规模之间还可能存在另一种关系，拥有更多人力资本的管理者更容易被大型的更复杂的公司聘用，因此就会获得更高薪酬。在此基础上，罗森还发现公司管理者薪酬和公司规模之间的弹性系数是 0.25。

从委托代理角度而言，公司管理者的薪酬水平不仅反映个人的管理能力，还反映了代理成本和监督成本。由于公司不能直接观测管理者的个人努力程度，就需要通过其他监督机制来克服委托代理问题。但是，引入其他监督机制在降低代理成本同时也提高了监督成本。当增加的监督成本大于减少的代理成本时，公司采用高薪激励方式使公司高管团队更加努力工作，以避免因为经营失败而失去高薪的机会。由于大公司管理者行为难以监督，大公司就越可能给于管理者更高的薪酬来激励他们。

（四）公司支付能力和高管团队薪酬

大量的研究表明，支付能力是影响和决定高管薪酬的一个重要因素。支付能力是指公司能够提供给雇员的薪酬支付能力。租金共享理论认为，那些处于经济发达地区的公司一般具有较强的新财富创造能力，因此需要和公司员工分享这些新创造的价值，原因主要有：

第一，公司雇员讨价还价的能力。当公司拥有大量的新财富而不与员工共享，那么雇员就会通过保留工作的努力程度、集体辞职以及阻挠和新员工之间的合作来威胁公司。

第二，如果公司不与员工共享新创造的价值的话，雇员可能加入工会来和公司进行谈判。为了阻止员工加入工会，公司往往会通过提高员工薪酬的方法来和员工分享新财富。同时，公司领导人发现给员工高的薪酬可以使自己过得更加舒服，因为员工出来批评管理者的做法会因为比较高的薪酬而减小。

第三，公司员工一般认为公司管理人参与新财富分享是公平行为。因此，通过利润分享可以提高公司员工心中的公平感，高薪酬就可以提高员工的努力程度、减少离职率，进而降低劳动成本。

（五）风险和高管团队薪酬

风险是影响高管薪酬的重要因素。根据委托代理理论，在股东和公司管理者之间存在利益冲突。由股东雇来的公司管理者，会追求自己个人利益最大化而不是股东利益最大化，结果导致股东利益受到损害。股东和公司管理者之间的冲突，主要源于两个原因。

其一，管理者具有追求个人利益最大化的动机。例如公司管理者会享用公司特权追求公司规模的扩展和采用可能损害股东利益的策略来维持和巩固自己的位置，这些行为都是追求管理者利益最大化，但是可能损害股东利益，不是股东利益最大化所需要的行为。

其二，管理者和股东对于风险的态度是不同的。股东可以通过购买不同公司股票来投资不同公司，进而达到组合投资的目的。这种多元化的组合投资，可以降低股东所面临的投资风险。因此，一般认为股东是风险中性的。但是，由于管理者和公司的密切关系，不太可能任职好几家公司，因此，不太可能拥有投资组合。一个高管一般只能在一家公司里任职，所以对这个工作的风险态度不可能是风险中性的。

公司高层经理一般被认为是风险规避者。姆斯威里（Mussweiller）指出，公司经理希望得到使自己所承担个人风险最小的薪酬结构。对给定的薪酬水平，公司经理更偏好于固定的现金薪酬而不是权益薪酬，因为权益薪酬往往和公司绩效联系在一起，并且在一定程度上超出公司经理的控制。当公司经理的人力资本会随着公司绩效变化而变化时，这种偏好就更加显著了。为了减少经理薪酬的风险，经理们会采取各种方法来减少公司风险。这些行为对于公司绩效会产生负面影响。

在社会比较过程中，过去有一个因素被学术界忽视了，那就是公司风险。风险是个普遍的问题。在高管薪酬激励研究中，一般都是假设公司董事会是风险中性，而公司管理者是风险规避。因此，公司董事会希望公司管理者具有一定的风险意识，去争取股东利益最大化。但是，在这个过程中两者之间存在一定的矛盾，因为两者对于风险的偏好不一样。一般研究认为，公司风险与高管薪酬之间是正相关的联系。例如格雷（Gray）和坎纳拉（Cannella）的研究表明，公司风险越高，高管薪酬水平也就越高。经济学上的解释，是因为高管属于风险规避型，那么要让他承担更大的风险，就需要给予它们相应的风险溢价作为承担风险的回报。

可见，在董事会制定高管薪酬时，会考虑风险作用。董事会越有效，那么越会综合评估风险，然后再对高管薪酬方案中引入风险溢价，以激励管理者去承担风险，进而追求股东利益最大化。在公司具有比较高的风险时，提高高管薪酬可以减少风险对于高管的负面影响。因此，在高风险企业中，可以发现高的高管薪酬。

（六）股权结构与高管团队薪酬

股权结构是公司治理的重要内容，一般而言，在其他条件不变的情况下，股权越是集中在某一大股东手中，大股东将在薪酬制度设计中独揽大权，并根据好恶和利益关系刻意制定有利于自身的政策。由于我国上市公司的绝大部分由国企改制而来，第一大股东基本为国有股东，其本身还在延续计划经济体制下的薪酬制度，在制定上市公司薪酬制度时即便有所超越，也不可能完全与在市场搏击中成长起来的民营公司相比。与此相对应的，如果股权在几家大股东中均衡地分布，多家股东在薪酬政策的制定中相互制衡，公司更倾向于设计与公司绩效相挂钩的市场化薪酬制度。为此，本书将第三大股东的持股比例与第一大股东持股比例之比定义为股权制衡度，股权制衡度越高，说明股权在三家大股东之间的分布越均衡，此时，公司经营管理团队的薪酬越取决于市场化因素，如行业、地区以及公司绩效等。

第四节　建立基于 EVA 的股票
期权激励制度

EVA 可以用于内部激励制度设计。以 EVA 为基础，可以设计出多种激励方案。以 EVA 为基础的薪酬激励机制与其他薪酬激励机制相比，具有更高的激励效度和激励强度。这正是我们提出设计基于 EVA 的薪酬激励机制的根本原因。

一、股权激励的类型与比较

股权激励是指使经理人在一定时期内持有股权、享受股权增值收益并承担风险的一种激励方案，它可以使经理人更多地关注公司价值，抑制短期行为，引导和激励长期行为，以利于公司长期价值的实现。依照股权持有者和股权收益之间的权利与义务关系，可以分成三种类型：现股激励、期股激励和期权激励。

现股激励是公司直接赠与或者依照股权当前市值出售给经理人，使经理人直接获得股权的一种激励方式，经理人在一定时期内必须持有股票并不得出售。期股激励是公司和经理人约定在未来某一时期以一定的价格购买一定数量股权的一种激励方式，购股价格一般参照当前的价格确定，它对经理人的出售期限也做出限定。期权激励则是公司给予经理人在未来某一时期内以事先约定的价格购买一定数量普通股的权利，经理人到期可以行使或者放弃这种权利。三种激励方式在股票表决权、资金即期投入、增值收益、持有风险、享受贴息等方面有所不同，如表 7.1 所示。

表 7.1　　　　　　　　　　**不同股权激励模式的权利与义务**

类型 \ 权利义务	股票表决权	资金即期投入	增值收益	持有风险	享受贴息
现股激励	√	√	√	√	×
期股激励	×	×	√	√	√
期权激励	×	×	√	×	√

在股票表决权上，现股激励的股权已经发生了转移，持有股权的经理人拥有股票表决权，期股和期权激励的股权尚未发生转移，持有者不具有表决权。

在资金投入上，不管是公司赠与还是出售，现股激励都需要即期投入资金，而期股和期权都约定在未来时期投入资金。

在增值收益上，三种激励方式都给经理人带来增值收益，在期股和期权激励中，经理人可以在远期支付购股资金，但购买价格参照当前价格确定，从即期起就可享受股权的增值收益，相当于经理人获得了购股资金的贴息优惠。

在持有风险上，现股和期股都是事先购买了股权或者确定了股权购买协议，在享受增值收益的同时，也要承担相应的风险。对期权激励，如果股权贬值，经理人可以放弃行权，避免由于股权贬值带来的风险。

现股和期股激励对经理人来说，既是一种权利，也是一种义务，经理人在获得股权带来的收益的同时，也承担着股权贬值的风险。它们的作用机理是"收益共享，风险共担"，既有较强的激励作用，也有较强的约束作用。由于受到经理人风险承担能力和资金支付能力的局限，现股和期股激励方式下的股权数量不可能太大，因而会影响到激励的效果。期权激励是公司给经理人的一种选择权，其激励机理是一种价格激励，经理人获得的是不确定性收入，这种收入通过市场来实现，企业没有现金支出，大大降低了激励成本，这种方式受到公司的欢迎。

二、股票期权的优点与存在的不足

股票期权应用于经营者激励始于 20 世纪 70 年代的美国，90年代在西方发达国家得到广泛的应用。在 1996 年《财富》杂志评出的全球 500 强中，89% 的企业在高级管理人员中实行了股票期权制度。在导论中提到，美国企业流行构建长效激励机制，通过改善薪酬结构，突出长期薪酬的作用，大幅度地提高股票期权在薪酬中的比重克服经理人的短期效应。这说明股票期权是有其自身的特点和生命力的。

作为一种长期激励性报酬，股票期权实施的目的是将公司管理者的利益和广大股东的长远利益捆绑在一起，形成利益共同体共同推动企业的发展。根据这一制度，公司给予管理者在未来一定时间内以一种事先约定的价格购买公司普通股的权利，在规定的时间期满后持权者自行决定何时以行权价购买股票，以获得行权日股票市场价格与行权价格之间的差额收益。其激励机理主要是基于一种良性循环：授予股票期权——经营者努力工作——企业业绩提高——股票价格上扬——经营者行使期权获利——经营者更加努力工作。股票期权的积极作用主要表现在以下几个方面（王长安，2001）：（1）有利于现代企业制度的建立和完善；（2）能使委托人和代理人的目标达到最大限度的一致；（3）激励经营者不断创新；（4）能减轻企业日常支付现金的负担，节省大量营运资金；（5）能避免公司人才流失，并能吸引更多的人才。

在股票期权激励机制的实际应用过程中，也存在着以下几个方面的不足。

（一）股票期权激励并不能保证经理人和股东利益的完全一致

股票期权是作为一种能够激励经理人工作动机的有效手段引入的，通过期权变管理者为"准股东"，把管理人员的利益和股东的

利益捆绑在一起，最大限度地减少管理者的短期行为和败德行为，
这是实施股票期权的理论基础。但这一目标实现的前提是资本市场
的有效性假设。通常，公司的股价与公司的长期价值并不一定完全
一致，两者的相关性取决于市场的有效程度。在有效性较低的资本
市场上，股票价格并不能真实反映公司价值。特别是在我国，股市
尚属"弱式有效市场"，存在着庄家操盘和恶意炒作等投机行为，
股价很难反映上市公司的真实业绩和业务成长。

在这种情况下实施股票期权激励，经理人实际上关心的是股票
出售的价格，而不是公司的长期价值。为了个人利益的最大化，经
理人的经营行为可能更具有道德风险。在期权授予的前后，经理人
会利用掌控公司内部信息的权力，操纵利润和会计盈余，甚至编造
虚假信息，促使本公司股票价格的下跌或上涨，攫取更多的利益。
当拥有大量股票期权的时候，经营者就会利用对企业的有效控制
权，想方设法保住自身地位，出现"防御效应"，此时经营者不再
以股东财富最大化作为努力的目标。

（二）股票期权并没有完全与企业的真实业绩挂钩

本质上，期权是以股票价格计量的非线性薪酬合同，在理性市
场和信息有效市场的假设前提下，股票价格能够反映企业的价值，
从而股票价格成为设计经理人薪酬合同的一个理想的客观指标。实
际上，泡沫理论指出，由于存在市场投机、市场噪音和随机冲击，
股价在大多数情况下是不能够反映基础价值的。布顿（Burton，
1987）通过对证券市场的信息分析，研究了弱式有效市场、半强
有效市场和强式有效市场的形成机理，认为至少在一个半有效的市
场中，股市才能有效地发挥资源配置的作用。这就是说，股票价格
的变动不仅仅取决于经理本身的努力，还受宏观经济气候、行业发
展等因素的影响。因此，股价涨跌不能客观地反映经理人的努力程
度，不能准确反映企业的真实价值，而股票期权也就没有完全与企
业的真实业绩挂钩。

（三）股票期权重在激励而不是约束

作为一种激励机制，它强调的是一种权利而不是义务。在经营者获得股票期权后，可以行使或不行使这种权利。当股价上升的时候，经营者可以通过执行期权，获得股票行权价与市场价之间的差额收益；当股价下跌的时候，可以不行使或放弃这种权利。股票期权重在奖励而不是惩罚。如果公司经营业绩良好，股价上涨，经营者就会通过执行期权获得可观的收益。比如，美国通用电气公司的总裁韦尔奇 1998 年的收入高达 2.7 亿美元，其中股票期权所得收益占 96%。如果公司业绩不佳，经营者放弃行权，也不会有太多的损失。不过，当股票期权成为薪酬的重要组成部分时，个人潜在的损失也不容忽视。

三、基于 EVA 的股票期权激励制度设计

（一）股票期权影响激励的主要因素

股票期权激励主要有以下几个方面的影响因素：

1. 标的股票的执行价格

执行价格的确定是股票期权激励计划中最为关键的因素，它影响着激励作用的大小。确定的执行价格通常等于和低于目前股票市场价格。如果股票价格定得过高，就不会起到正确得激励作用。

2. 授予的股票期权中所包含的股票数量

授予的股票期权中包含的股票数量决定了股票期权激励在总薪酬中所占的比例，影响着管理者的总财富，继而影响股票期权的激励效果。通行的做法是将管理者创造的价值，根据当前价格换算成相应的股票期权数量，最后确定股票的数量。

3. 股票期权的到期日

管理者根据股票市场价格，决定是否执行股票期权的日期。通

常的做法是将股票期权分成连续的几个时期，将总的股票期权数量按照一定的原则，每次授予管理者一部分股票期权，直到将所有的股票期权授予完毕。其目的是能够使股票期权起到持续的长期激励效果。

4. 执行期限

它体现了股票期权长期激励效果的作用期限。期限越长，管理者就会形成长期的稳定的战略眼光，因而有利于公司的稳定的发展。管理期权的基本原理是，在每一个执行期限的到期日，管理者根据股票市场价格，决定是否执行股票期权（购买股票）。如果股票市场价格大于执行价格，则执行期权，否则放弃期权，从而达到管理人员长期关注公司股票的表现。股票在股市的表现不仅仅取决于企业内部经济因素，而且和整个资本市场和宏观经济因素有关。因此通常的做法是在管理期权计划中加入限制性条款，规定从期权授予日到到期日，公司的经营业绩必须达到某一水平，管理者才有资格获得执行股票期权的权利。

（二）基于 EVA 的股票期权激励制度的特点

EVA 股票期权计划就是根据 EVA 确定股票期权的行权价格和数量的一种激励机制。EVA 股票期权计划是一种有效的长期激励机制。EVA 股票期权制度具有以下特点。

1. 以管理层创造的 EVA 作为分红和股票期权的依据

EVA 股票期权计划将期权的授予和管理人员获得的 EVA 分红直接挂钩，也就是和管理人员创造的经济增加值直接挂钩。这一特点在很大程度上解决中下层管理人员的"搭便车"行为。

2. EVA 股票期权计划根据 EVA 对股票期权的行权价格和数量进行调整

股票期权的授予数量根据当年经理人员所获得的红利而定，而经理人员的红利又是和当年实现的 EVA 值线性相关。行权价格采用递增的方式，而不是固定的行权价格。在授予时等于公司股票的市场价格或公允价值，授予日后每年的行权价格递增，增加的比例为当年的加权平均资本成本减去股息率。递增的行权价提高了期权计划对管理人员的激励效果。

3. 适用于非上市公司和企业分部

国内大多数企业并非上市公司，并没有现成的股票价格可以利用，期权市场也远未发展起来，这些都决定了利用普通的股票期权解决国内企业经营者激励问题的局限性。EVA 股票期权由于不再以股价作为评价指标，因此其应用不再像普通的股票期权那样局限于上市公司。实行 EVA 股票期权计划只需获得公司股东大会决议通过。因此，与传统的股票期权相比，EVA 股票期权的应用范围扩大了。

4. 可避免现金行权带来的问题

由于《公司法》中有关于高管持股在任期内不可转让的条款，因此国内一般的股票期权的行权方式只能是现金行权。一方面在现金行权方式下，激励对象必须为行权支付现金，企业经营者股票期权通常行权金额大、周期长，而因为历史的原因国内的企业经营者一般并不具备大额股票期权的行权支付能力；另一方面由于国内资本市场的不够成熟，使杠杆化股票期权计划执行起来有很大的难度。虽然可由企业提供一定的财务支持，但也一定程度上加大了企业的财务负担。而 EVA 股票期权是非现金行权的方式，一般不授予经营者购买股票或分红的权力，也不要求他按照授予价支付相应现金来购买公司股票，因此可避免这一问题。

（三）基于 EVA 的股票期权激励模型

基于 EVA 的股票期权激励模型，通过以下方式调整和确定前述股票期权影响的主要因素：

1. 设立 EVA 基准

利用 EVA 作为激励计划的基准，首先就是设定赠与股票期权的 EVA 下界。根据 EVA 的原理，EVA 值为正才是真正创造了财富。因此，合理的基准下限指标应该是 EVA≥0。

2. 股票期权授予范围

股票期权计划应规定授予范围，一般仅限于公司决策层成员、核心技术和管理骨干。具体人员由董事会选择，董事会有权在有效期内任一时间以适宜的方式向其选择的雇员授予期权，期权的授予数目和行使价格均由董事会决定。董事会决定向雇员授予期权时须以信函形式通知获受人，获受人自授予之日起在一定的时间确定是否接受期权授予，如果是在有效期失效或方案终止之后接受，则不予受理。期权是否被获受人接纳以获受人在通知单上签字为证。

3. 用 EVA 对授予股票期权中所包含的股票数量进行调整

具体的调整方法是：设本期值 EVA_t 和上一个授予期 EVA_{t-1} 的比值作为增加率，对本期赋予股票期权的数量进行调整，也就是本期末赠与的股票期权所包含的股票数量为：

$$N_t = N_{t-1} \times \frac{EVA_t}{EVA_{t-1}}$$

经理人一般在每年一次的业绩评定的情况下获赠 EVA 股票期权，EVA 期权为获受人所私有，不得转让，获受人不得以任何形式出售、交换、记账、抵押、偿还债务或以利息支付给予期权有关或无关的第三方。除经理个人死亡、完全丧失行为能力等情况，该经理人的家属或朋友都无权代表他本人行权。

4. 设置执行价格

一般的股票期权行权价的确定一般有三种方法：一是现值有利法，即行使价低于当前股价；二是等现值法，即行使价等于当前市价；三是现值不利法，即行使价高于当前股价。而 EVA 行权价格采用递增的方式，而不是固定的行权价格。在授予时等于公司股票的市场价格或公允价值，授予日后每年的行权价格递增，增加的比例为当年的加权平均资本成本率减去股息率。由此得到股票期权执行价格为：

$$P_t = P_{t-1} \times [1 + (当期加权平均资本成本率 - 股息率)]$$

5. 基于 EVA 的股票期权激励模型

根据前面对股票期权数量和执行价格的调整，假设 t 为股票期权执行期，股票执行价格为 P_t，股票数量为 N_t，股票当前价格为 S，则基于 EVA 调整后高管的股票期权激励财富为：

$$W_e = \max(S - P_t, 0) \times N_t$$

一般的，如果公司高管的经营能力越强，则公司的加权平均资本成本率将会越低，此时实现的 EVA 将会比较大，股票期权执行价格也将比较低。由于 EVA 的增加，将通过相关信息传导机制，实现股票价格 S 的提升，这样股票当前价格与执行价格的差值将越大，即 $S - P_t$ 较大；同时公司加权资本成本较低，通过 EVA 调整后的股票期权数量也将较多，由此，公司高管通过股票期权得到的财富将会很大，所起到的激励作用将非常强大。另一方面，由于实现了较大的 EVA，股东的财富也将实现较大的增长。这样就实现了股东和经营者之间的利益捆绑机制。

第五节　建立基于 EVA 的奖金激励制度

一、EVA 红利（即奖金）计划的演变

（一）早期的红利计划

红利 = y% × EVA(EVA > 0)。早期的红利计划主要为通用汽车公司所采用，使用时间长达 25 年。其优点主要表现在：红利支付权数 y% 是固定的。这样做的最大优点是使经理人产生了稳定的预期，稳定的预期使管理人员和股东之间的激励相容程度大大提高，使管理人员和股东之间的激励相容程度大大提高，使管理人员和股东的长期利益和短期利益趋向一致，从而大大减少了管理人员的机

会主义行为倾向。

　　缺点主要表现在：（1）对于经营状况不佳，EVA 为负值的企业而言，EVA 的比例值相当于持有企业经营良好年度的一份期权合同。在这种情况之下，企业的经理人会将费用和收入开支在不同年度进行转化，从而使得他所获得的红利达到最大化，在这种情况下，企业的经理人所获得的红利要大于其应该得到的红利。（2）对于按照 EVA 的固定比例份额支付红利，会导致激励机制的强度与股东的成本之间的权衡无效率。例如某公司最初的 EVA 为 1 亿元，红利支付比例 y% ＝2%，此时的红利支付额为 200 万元。但是当 EVA 增加到 20 亿元时，红利支付额为 2000 万元，此时股东当然认为这么高的红利额远远超出了吸引经理人所必需的数据。但是如果降低支付比例必然会影响激励的强度，要解决这一问题，一个比较有效的办法就是给予管理人员一个目标 EVA 增量的份额。（3）早期的 EVA 激励机制对于预期 EVA 增量并没有任何的规定。例如当一个公司的 EVA 的增加值不能支撑企业的股东对于该公司 EVA 的增长预期时，必然伴随着该公司股票价格的下跌，股东的财富遭受损失。然而由于按照 EVA 的绝对量支付红利，此时经理人仍然可以得到客观的红利，这样会使得激励的强度大打折扣。

（二）XY 红利计划

　　正是由于早期的红利计划所存在的缺陷，因此，红利计算公式发生了新的变化。新的公式中红利支付额在原来公式的基础之上增加了按照 EVA 增加额的比例支付的红利。

　　新的公式为：

$$红利 = (x\% \times EVA) + y\% \times \Delta EVA, \quad EVA > 0$$
$$红利 = y\% \times \Delta EVA, \quad EVA < 0$$

　　这个公式就是著名的"XY 红利计划"。美国和欧洲的一些企业至今仍然在使用这个公式。与早期的红利计划相比，无论企业的 EVA 是正数还是负数的，XY 红利计划对于管理人员的激励效率都有所改善。对于业绩较好的企业而言，公式中的 y 值激励经理人创造出更多的超额 EVA；对于 EVA 为负值，经营业绩不佳的企业而言，公式中的 x 值对于经理人完全不起作用，但是 y 可以激励公司的管理人员减少 EVA 的负值，使得企业的业绩不断改善。

（三）红利银行计划

虽然 XY 红利计划可以创造出很强的激励效果，但是如果业绩的提高是由于那些外生于管理人员无法控制的因素，例如经济的景气循环、行业或者市场的变化等因素作用的结果，则会使管理薪酬的成本大大提高。

现代 EVA 薪酬激励计划对"XY 红利计划"作了两个重要的改进：一是用目标奖金代替 XY 计划中的 （X% × EVA）；二是用超额 EVA 增量 = ΔEVA − EI 代替了 XY 计划中的 ΔEVA，奖金计划公式变为：

$$红利 = 目标红利 + y\% \times (\Delta EVA - EI)$$

其中，EI（expected improvement）是指预期的 EVA 增量，ΔEVA 是本期 EVA 与上期的 EVA 相比的实际 EVA 增量，ΔEVA − EI 代表超额 EVA 增量，y% 是一个固定百分比。

红利收入总额等于目标红利额加以超额 EVA 增量与一个固定百分比的积，是在取得了预期 EVA 值后获得，如果仅达到目标预期 EVA 进度，超额 EVA 增长量为 0；由于 （ΔEVA − EI） 可以是正值亦可负值，所以红利总额也可以为负，且无最高和最低额。

红利收入总额将被存入红利银行（bonus bank），红利的发放依据红利银行的收支平衡状况而定，而并非按当时挣得的红利数额而定。

$$红利发放额 = 目标红利 + y\%（红利库当前余额 − 目标红利）$$

式中：红利库当前余额为上年度红利库余额加当年红利额；Y 为提取比例，一般取值为 1/3。

EVA 红利银行是将公司每一会计年度所赚取的 EVA 的一定比

例作为薪酬发放给管理人员，但这部分红利首先存入累积红利数额的户头——红利银行。当 EVA 为正时，按照账户中奖金存量的一定比例（通常为 1/3），每年支付一次。红利银行中剩下的部分奖金继续累积着，在以后的各个年度里按照同样的程序执行。当 EVA 为负时，红利银行账面余额减少，抵减以前所获取的红利。

对于一名优秀的管理人员而言，只要每期的 EVA 均为正，那么他每期所获得的红利以及在红利银行中的账面余额都将逐期递增，除了非正常离职，红利银行的户头将始终存在。在红利银行制度下，一部分额外的红利将被保存起来，以备以后业绩下降时补偿损失，从而使管理层和员工集中精力于开发具有持久价值的项目。同时，后续期间的业绩影响红利支付，削减了管理人员从事短期行为的动机。红利银行的设置也缓解了员工报酬的大幅变动，并且推迟了这种变动带来的影响，直到可以确定这种奖金变动与股东财富的持久变化相关联。

现举例说明以上这种情况。假设红利计划为：红利 = 100 万元 + 2%（ΔEVA − 5000 万元）。则各年度的红利收支情况如表 7.2 所示。

表 7.2　　　　　　　　　某公司红利收支情况　　　　　　　单位：万元

	第一年	第二年	第三年
EVA 增量	15000	−5000	15000
EI	5000	5000	5000
超额 EVA 增量	10000	−10000	10000
目标红利	100	100	100
红利收入	300	33	300
红利收入银行节余	300	33	300
红利支出	167	33	167
红利银行余额	133	0	133

对于上表中各年度红利的计算过程如下：

第一年度：

红利收入 = 100 + 2%（15000 − 5000）= 300（万元）

红利支出 $= 100 + (300 - 100) \times 1/3 = 167$（万元）

红利银行余额 $= 300 - 167 = 133$（万元）

第二年度：

红利收入 $= 100 + 2\%(-5000 - 5000) = -100$（万元）

红利支出 $= 133 - 100 = 33$（万元）

红利银行余额 $= 0$

第三年度：

红利收入 $= 100 + 2\%(15000 - 5000) = 300$（万元）

红利支出 $= 100 + (300 - 100) \times 1/3 = 167$（万元）

红利银行余额 $= 300 - 167 = 133$（万元）

三年之中经理人收入红利共计为 500 万元，实际支出 367 万元，余额为 133 万元。从上面的分析中不难看出累积红利支出和经营业绩之间建立了稳固的联系。

（四）EVA 红利银行计划的功能

在 EVA 红利计划设计过程中，人们把多种工具和管理手段融入 EVA 奖金计划，经过不断发展，EVA 激励机制日益完善。红利银行计划的功能主要表现在以下三个方面：

1. 只有在持续改进了公司的 EVA 之后，管理人员才能得到奖金

红利银行是培养经营者长期观念的主要机制。因为，经营者知道，关注短期业绩会损害长远成果，对他们是没有好处的。红利银行实际上就像一个长期的业绩计分表，鼓励管理人员树立长期观念。

2. 红利银行还可以平抑奖金支付的高峰和低谷

这对于周期性产业中公司减少去职风险特别有利。在这样的情形中，管理人员的奖金账户在好年景中积累起大笔的资金，遇到差年景则从中扣除。最后，红利银行对极为成功的管理人员来说是一副"金手铐"。因为，如果这样的管理人员辞职，就会失掉奖金库中尚未提取的那部分奖金。

3. 把经营者的目标和创造股东财富结合起来

没有上限的货币激励使他们去发现、并成功地实施可以使股东财富增值的行动。利用红利银行将一部分额外的奖金保存起来，以备日后业绩下降时补偿损失从而使得管理人员集中精力于开发具有持久价值的项目。

上述这些特性共同作用，使 EVA 奖金计划具有两个特点，这两个特点对于 EVA 作为一种公司治理机制的效率是非常关键的。

第一，经营者知道，他们增进自己利益的唯一方式就是为股东创造更多财富。

第二，经营者也知道，他们将分享自己创造的财富。

这种机制使经营者的行为走上正轨，而不需要来自上面的不断规劝。一些公司董事会和大多数薪酬制度的咨询专家忽视了这一点，他们担心无节制地发放奖金可能会提高股东成本，使之变得不可接受。他们忽视的是：超常的奖金只有在获得了超常的 EVA 时增长，从而在有了超常的股东回报之后才能获得。

二、传统奖金激励机制

奖金作为一种工资形式，其作用是对与生产或工作直接相关的超额劳动给予报酬。奖金是对劳动者在创造超过正常劳动定额以外的社会所需要的劳动成果时所给予的物质补偿。

奖金的特点：

（1）奖金具有很强的针对性和灵活性。奖励工资有较大的弹性，它可以根据工作需要，灵活决定其标准、范围和奖励周期等，有针对性地激励某项工作的进行；也可以抑制某些方面的问题，有效的调节企业生产过程对劳动数量和质量的需求。

（2）奖金可以及时地弥补计时、计件工资的不足。任何工资形式和工资制度都具有功能特点，也都存在功能缺陷。例如，计时工资主要是从个人技术能力和实际劳动时间上确定劳动报酬，难以准确反映经常变化的超额劳动；计件工资主要是从产品数量上反映劳动成果，难以反映优质产品、原材料节约和安全生产等方面的超额劳动。这些都可以通过奖金形式进行弥补。

（3）奖金具有更强的激励作用。在这种工资制度和工资形式中，奖金的激励功能是最强的，这种激励功能来自依据个人劳动贡献所形成的收入差别。利用这些差别，使雇员的收入与劳动贡献联系在一起，起到奖励先进，鞭策后进的作用。

（4）奖金分配形式的收入具有明显的差别性。

（5）奖金分配所形成的收入具有不稳定性。

传统的激励机制具有图 7.5 所表示的特点：在企业业绩较低的时候，经营者往往没有奖金，业绩水平一旦达到了 L，经营者开始获得奖金，随着业绩增加奖金也不断增加。但是在超过 U 之后，经营者将不能获得额外的奖金，即具有一定的上限。在这种情况中，经营者没有处于"准所有者"的位置，一个准所有者的奖金支付应随着业绩的提高而不断上升。在常规激励机制中，当业绩超过 U 时，就不再有能够有效激发经营者努力工作的动机。而且，如果企业业绩一直小于 L，激励机制也不能刺激经营者努力工作。

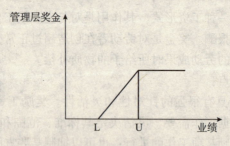

图 7.5　传统的激励机制

传统的奖金激励机制有以下不足：

（1）使用会计利润作为业绩评价指标。美国会议委员会

（Conference Board）对企业奖励制度的最近一次调查显示：绝大多数企业对企业最高经营者的激励是基于这样一些指标之上，包括企业利润、每股盈余、股东收益率（ROE）或者资产收益率（ROA）。但是实证表明：这些会计利润的派生指标与所有者财富并没有系统的相关性。会计原则对稳健性原则的坚持使得会计数字并不能准确反映企业实际经济收益和准确的经济价值，同时也为经营者的盈余操纵大开绿灯，而且鼓励了经营者的短期行为。

会计利润在计量所有者财富方面的另外一个致命缺陷是：它只考虑债务资本的成本，却未考虑股权资本的机会成本，并不能有效说明所有者财富是否保值增值。即隐含着这样一个假设，即股东或所有者的钱是可以无偿使用的，这显然是错误的。

（2）传统的目标奖金一般根据目标业绩来确定，而目标业绩通常根据预算来制定。然而根据预算来制定目标业绩存在以下问题：每年的预算由于牵涉利益分配问题都需要所有者和经营者花费大量的时间和金钱进行协商，加大了激励合同的协商成本。同时由于经营者和所有者的信息不对称也使预算准确性受到严重制约。

（3）传统的奖金激励机制是一种短期激励行为，容易导致经营者采取牺牲长远绩效的短期行为。

三、EVA 红利计划和传统红利计划的比较

传统红利计划主要有三个特点：红利发放是根据财务经营目标的完成情况而确定的，最典型的莫过于按预算的经营利润目标发放红利；红利的发放以实现最低盈利目标为前提；红利支出是有上限的，这些特点在欧美企业的薪酬机制中都有体现，具有一定的普及性。

红利的发放中将目标的 80% 作为门槛业绩，规定低于门槛则经营者得不到分红；设有上限，红利发放的最高数额为目标值的

120%。一般而言经理人员的红利在其薪酬中的比重不大，这时红利在典型非 EVA 红利计划中激励经理人的作用是十分有限的。

在传统红利计划下，设有门槛和最高限制是为了降低挽留风险和企业的成本。然而门槛和最高限制则使经理人有动力进行业绩转移，而影响企业的正常决策。例如企业经理人员在 10 月份就达到最高限额的业绩，则他有动力将本年度的顾客订单移到下年度确认收入，保证下年度的"门槛"。

红利计划基于经营目标的实现，而经营目标是逐年调整的，在这种情况下，经理人要考虑今年的目标完成情况会对下年度的经营目标的影响。而在实际中今年目标完成的情况下，则下年度经理人很可能会面对更高的目标，这使得经理人不能很好地与股东之间达成激励兼容状态。

一般而言经理人员的红利在其薪酬中的比分不大，这时红利在典型非 EVA 红利计划中激励经理人的作用是十分有限的。

和传统红利计划相比，EVA 红利计划具有以下特点：

（1）采用"红利银行"的形式来递延薪酬，从而对那些想要离开公司并通过损害远期 EVA 值以达到现期 EVA 最大化的经理人进行约束；

（2）规定目标业绩不会由于实际业绩超过期望业绩而上升，也不会由于实际业绩低于期望值而下降；

（3）固定比例的红利份额，保证了管理人员的红利比例既不会由于业绩超过期望值而下降，也不会由于业绩低于期望值而上升，这样可以使得经理人员在远期和现期红利之间的权衡与股东在现期和远期 EVA 值权衡保持一致，使得经理人有致力于企业价值特别是股东价值最大化的动力。

上述的这三个方面使得 EVA 红利计划下的经理人与股东之间激励兼容程度提高，使得经理人如果想获得更多的薪酬，唯一有效的方式是高效率地使用企业的各种资源，追求股东价值的最大化。同时通过 EVA 红利计划的重新校准，可以降低挽留风险，从而使经理人满足参与约束，此外，EVA 红利计划校准也降低了股东成本，达到追求成本最小化的要求。

在 EVA 红利计划中，奖金的数额与 EVA 值挂钩。EVA 的创造值越大，对经营者的回报也就越大，充分体现了"多劳多得"的分配原则。并且，由于经营者的分红所得 100% 来源于其创造出来的超额利润，对股东来说则没有成本，因此使得各方实施 EVA 奖励计划的积极性也大为提高。

四、基于 EVA 的红利计划设计

EVA 激励的核心，是将对经营者的激励与 EVA 挂钩，通过把 EVA 增加值的一部分回报给经营者，从而促使经营者创造更多的 EVA。这样可以在企业营造一种追求业绩的文化氛围和所有者意识，让经营者和员工切身认识到，增加个人收益的唯一途径就是为企业创造更多的财富，这样就形成了一种经营者与企业所有者的利益捆绑机制。激励不单纯是为了对个人的绩效做出评估，更深层次的目的是为了有效推动个人的行为表现，引导企业全体员工从个人以至个别部门开始，共同朝着企业整体战略目标迈进。因而，制定正确的考核指标和激励体制，是影响员工行为和企业价值的关键因素。

（一）基于 EVA 的红利计划模型设计

1. EVA 红利计划模型

经营者根据企业的成本和生产能力，制定可行的 EVA 值，即预期 EVA 值，所有者将实际 EVA 值与预期 EVA 值进行比较来发放奖金。其公式表示为：

$$B = \beta \times EVA_F + \alpha \times (EVA - EVA_F)$$

其中，α，β 为比例系数，且 $\alpha < \beta$，EVA 为企业实际 EVA 值，EVA_F 为预期 EVA 值即企业的目标 EVA 值，B 为奖金。

当经营者的利益与所有者的利益发生偏离时，在经营者厌恶付出努力、厌恶承担风险或者经营者具有控制权偏好（empire building）的状态下，所有者必须采取适当的措施激励经营者报告有关项目的真实情况。

（1）假设企业所创造的 EVA 极限为 EVA_L，EVA 永远不能超越 EVA_L，$EVA \leq EVA_L$ 如果经营者估计出的预期 EVA_F 值等于 EVA_L，此时超过 EVA 极限 EVA_L 的生产能力是不可能的，即 $EVA > EVA_L$ 是不可能的，故当 $EVA_F = EVA_L$，即经营者真实地报告了企业的成本和生产能力，经营者最大化自己的奖金，同时企业也最大化自己的利益，此时奖金为 $B_L = \beta \times EVA_F = \beta \times EVA_L$。

（2）假设经营者估计出的 $EVA_F < EVA_L$，即低估了现行生产能力；或者经营者估计出的 $EVA_F > EVA_L$，即夸大了现行生产能力。同时 $EVA \leq EVA_L$，显然实际 EVA 是不可能大于 EVA_L 的，且 $\alpha < \beta$ 时，有：$\alpha \times (EVA - EVA_F) < \beta(EVA_L - EVA_F)$ 成立，整理 $\beta \times EVA_F + \alpha \times (EVA - EVA_F) < \beta \times EVA_L$，即经营者的奖金小于最优化奖金 B_L。

从这个模型中可以看出，只有经营者真实地报告了企业的成本和生产能力，即使得 $EVA_F = EVA = EVA_L$，经营者才能最大化自己的奖金，同时企业也最大化自己的利益；任何高估和低估现行成本和生产能力的行为都将得到惩罚，即不能最大化自己的奖金。

2. 模型中参数的确定

必须 $0 < \alpha \leq \beta \leq 1$。$\beta$ 系数的大小决定了奖励的基础系数，左右了奖励力度的大小。$\alpha \leq \beta$ 保证了经营者在最大限度内提高预期的 EVA 值，如实汇报企业的生产能力，鼓励经营者尽可能有效率地工作。

α、β 的值可以动态性调整。在企业发展初期，全靠经营者的正确决策和开创性的艰苦工作。经营者必须亲力亲为，付出巨大的劳动。此时对其采取高强度的激励，使参数尽量取大点的值。当企业进入成熟稳定阶段后，经营者对企业发展的影响下降，可适当降低 α、β 值。

参数的确定与企业所处的行业特点有关。如高科技行业的变革非常迅速，属于高风险行业，经营者战略决策对企业的发展影响很大，可以加大激励强度，使参数尽量取大点的值。

参数的确定还取决于宏观经济环境、产品特点、市场容量及个人偏好等因素。

（二）目标红利的确定

要确定目标红利需要先进行竞争性薪酬分析，研究竞争对手相应职位和技能水平的薪酬，一般要经过以下几个步骤：

（1）确定样本企业，根据行业、业绩、规模、地域等确定同类的企业集合。

（2）进行职位匹配，选择研究的竞争对手，研究对象主要是企业经营者。

（3）解析薪酬结构，一般只考虑现金薪酬，不考虑股票、期权等不确定性报酬。

（4）剔除年度薪酬波动和增长因素的干扰。

（5）根据规模调整薪酬。通常薪酬和规模不存在直接的线性关系，一般取两者的对数，在薪酬（compensation）和规模（market value）的对数之间建立线性关系：

$$\ln C = a + b \ln MV$$
$$C = e^{a}(MV)^{b}$$

经过上述一系列调整得到样本空间，通过分析各样本的现金薪酬，确定目标红利。

（三）建立红利银行

用实际 EVA 增加值的一个固定比例来确定可用于对经营者进行物质奖励（惩罚）的货币奖金，奖金上不封顶下不保底；将每段期间内的奖金按一定比例对经营者实行即时奖励，其余部分留存存入红利银行，作为风险抵押金，在未来的年度里分期支付。

奖金的计算与支付是分开的。经营者获得的奖金不是直接提取，而是存入事先设立的红利银行，到一定的时期支取其中的一部分。同时只对持续增加的 EVA 支付奖金，如当期 EVA 增量为负，则经营者也要承担业绩下降带来的风险，即时奖励比例自动为零，并从原有账户留存中扣除相应金额。

为了保证红利银行制度的实行更加有效，可适当做出补充规定，如：规定经营者除正常退休外的中途离开企业都将部分或全部核销掉其在红利银行中的余额；一旦发现经营者的违规行为，可以从其红利银行中扣除相应比例金额进行惩罚等。

EVA 激励机制的"这种银行特征，即让财产承受风险，使经营者成为所有者"，从而激励经营者持续不断地改进业绩。这种激励机制的关键在于："它赋予经营者与企业所有者一样的关于企业成功与失败的心态，像回报企业所有者那样去回报经营者。"EVA 红利银行有助于解决企业中一直存在代理问题，即如何使代理人与委托人的利益保持一致，使经营者站在企业所有者的角度思考问题。美国思腾思特公司从数百个应用 EVA 成功的案例中得出结论："企业往往拥有巨大的隐藏价值和待开发的业绩。一旦在组织中建立了 EVA 激励机制，这种好处就会释放出来，所有员工就会成为企业的合伙人，为企业创造持续的业绩。"

（四）不同企业生命周期的红利计划设计

将以公司每一会计年度所赚取的 EVA 计算的奖金作为红利奖励给企业经营者，但这部分红利首先存入累积红利数额的户头——红利银行，当年得到的最终红利奖励为其账户的一定百分比，通常为 1/3。实践中根据企业所处的企业生命周期的不同，EVA 红利计算常有以下三种形式：

1. 当 $EVA_t > 0$ 时，红利 $= EVA_t \times a_1 + (EVA_t - EVA_{t-1}) \times a_2$

当 $EVA_t \leqslant 0$ 时，红利 $= (EVA_t - EVA_{t-1}) \times a_2$

其中 EVA_t 表示本期 EVA，EVA_{t-1} 表示上期 EVA，a_1、a_2 表示特定的比例。

该形式通常适用于已进入夕阳期的企业。这种企业在正常情况下只能获得行业平均利润，EVA 的均值为 0 或小于 0。该形式同时以大于 0 的 EVA 和 EVA 增量作为薪酬发放依据，旨在鼓励经营者挖掘其内部潜力，使 EVA 大于 0，并能逐年提高。

2. 红利 $= (EVA_t - EVA_t^0) \times a_1 + (EVA_t - EVA_{t-1}) \times a_2$

该形式通常适用成熟期的企业。这种情况下，企业的 EVA 一般情况下为正，而且各年 EVA 值趋于稳定，企业发展前景比较容易预测。该形式旨在鼓励经营者不要只满足于 EVA 为正，而要达到和越过一定的目标，同时使公司业绩不断提高。

3. 红利 $= (EVA_t - EVA_{t-1}) \times a_2$

该形式通常适用于朝阳期高新技术企业。这种企业的发展速度较难估计，采用 EVA 增量衡量经营者业绩可以最大限度地调动经营者发展公司的积极性，从而抢占市场。

第八章

建立基于 EVA 的企业财务战略

第一节　基于 EVA 的企业财务战略框架

企业财务战略的制定与实施要依据企业总体战略，要建立在企业总战略的基础之上。一个成功的企业战略，必然有相应的财务战略与之配合。财务战略与企业战略之间是一种相互影响、相互印证、相互协调的关系，只有在各方面经过多次相互作用与协调，才能最终达成平衡，形成相应的战略。

融资战略是用来规划企业在未来一段时间内融资规模、融资渠道、融资方式、融资时间等，并实现最优化资本结构和为企业战略实施提供资金的保障。

企业融资既是一个公司成立的前提，又是公司发展的基础，是一个连续不断的公司理财职能，其内容极为复杂，是任何企业都必须十分重视的问题。公司筹资，从融资量来看，主要是解决公司发展的资金需要问题，它与公司发展战略目标有关，受公司发展战略目标的制约；从融资结构来看，主要是要解决如何通过控制与利用财务风险来达到降低筹资成本和提高股权资金收益率的问题，它与公司经营风险和财务风险的大小有关。因此，企业融资战略主要解决融资需要量以及在融资成本分析的基础上解决企业融资结构问题，融资战略主要针对的是企业资产负债表右边的项目。

投资战略主要解决战略期间内企业的投资目标、投资规模、投资方式和投资时间等问题。投资战略在制定与实施过程中，还需要成本战略的支撑。成本战略是企业全面分析研究企业成本的一切活动，控制成本驱动因素，重组价值链，力求降低成本。

投资战略主要针对资产负债表左边内容。企业筹集的资金有不同的用途，有很多的投资渠道，如固定资产投资就可以投资很多项目，在证券市场上买股票、基金、债券等。投资战略主要侧重于资金的投向、规模、构成的管理。投资战略与融资战略是密不可分的，企业融资的目的是为了投资，融资的规模与时间等要依据投资战略来进行决策，投资的风险与收益预期会影响融资决策的制定与实施。

利润分配战略目标是企业合理确定利润的留用与分配比例以及分配形式，以提高企业的潜在收益能力，从而提高企业总价值。盈利的企业一般都是增长较快的企业，它们需要额外的资金去满足发展的需要。许多企业都清楚地认识到，与其分享利润再煞费苦心地去谋求其他资金渠道，不如直接把利润作为资本的来源，不把利润作为股息的方式全部分光，而使其成为资金的来源之一，这在许多企业是行之有效的。但是，这种资本积累必须和企业面临的投资机会相结合，否则，就会造成资本闲置和浪费。同时，许多企业都希望保有一定的利润，而不把利润全部分配掉。一方面，企业形成的利润要用于股利分配，给股东一定的回报，这是企业生存的基本目标之一；另一方面，企业的利润还必须留存一部分，目的是为新的投资机会准备资金，同时也为了防止经营方面的亏损和必要的股利补贴，做到"以丰补歉"。

企业财务战略的制定与执行中，必不可免地要进行风险分析。企业需要对自身可能面临的风险因素进行分析，及时地进行财务危机预警，减少企业面临财务危机的可能性。企业经营过程中，面临着各种各样的风险：

（1）在融资战略中，管理措施失当会使筹集资金的使用效益具有很大的不确定性，由此产生融资风险，可能使企业丧失偿债能力，带来收益的不确定性。

（2）在投资战略中，企业的投资项目并不都能产生预期收益，从而引起企业盈利能力和偿债能力降低的不确定性，如出现投资项目不能按期投产，无法取得收益，或虽投产但不能盈利，甚至出现亏损，导致企业整体盈利能力和偿债能力下降，或者虽没有出现亏损，但盈利水平很低，利润率低于银行同期存款利率；或利润率虽高于银行存款利息率，但低于企业目前的资金利润率水平。

（3）在分配战略中，收益分配包括留存收益和分配股息两方面，留存收益是扩大规模的来源，分配股息是股东财产扩大的要求，二者既相互联系又相互矛盾。企业如果扩展速度快，销售与生产规模的高速发展，需要添置大量资产，税后利润大部分留用。但如果利润率很高，而股息分配低于相当水平，就可能影响企业股票价值，由此形成了企业收益分配上的风险。

（4）在成本战略中，由于市场的变化，成本的确定也存在着不确定性。

因此企业在财务战略制定与实施过程中，要建立财务危机预警指标体系，加强融资、投资、收益分配及成本的风险管理，提高企业的效益，实现股东财富最大化。

为了保证融资战略、投资战略及成本战略的顺利实施，需要对经营者业绩进行评价以及建立相应的激励机制，以保证企业财务战略的顺利实施，保证企业整体战略得到很好的执行。

基于上述分析，基于 EVA 的企业财务战略框架如图 8.1 所示。

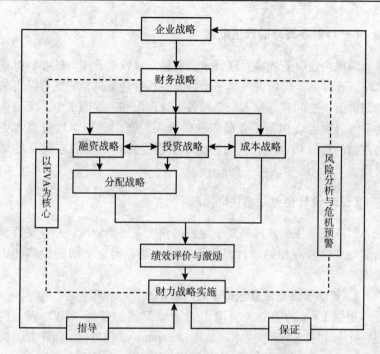

图 8.1　基于 EVA 的企业财务战略框架

第二节　基于 EVA 财务战略的设计思路

一、企业财务战略基本内容

财务战略是指在企业战略统筹下，以价值分析为基础，以促使企业资金长期均衡有效流转和配置为衡量标准，以维持企业长期盈利能力为目的的战略性思维方式和决策活动。企业财务战略管理包括三个方面。

（一）财务战略的价值取向

现代企业财务战略管理要求企业建立以价值管理为核心的财务战略管理体系。价值管理是一个综合性的管理工具，它既可以用来推动价值创造的观念深入到公司各个管理层和一线职工中，又与企业资本提供者（包括企业股东和债权人）要求比资本投资成本更高收益的目标相一致，从而有助于实现企业价值和股东财富的最大化。

（二）设计企业业绩评价标准

财务战略主要从提高竞争地位的角度来评价业绩，将业绩评价指标与战略管理相结合，根据不同的战略，确定不同的业绩评价标准。

1. 管理层应当建立创造 EVA 的理念

根据 EVA 的创立者美国思腾思特公司的解释，EVA 表示的是一个公司扣除资本成本（cost of capital，COC）后的资本收益（return on capital，ROC）。也就是说，一个公司的 EVA 是该公司的资本收益和资本成本之间的差额。

EVA 的基本理念可以阐释为：一个企业只有在其资本收益超过为获取该收益所投入资本的全部成本时才能为企业的股东带来价值。考虑资本成本特别是权益资本的成本是 EVA 的明显特征，EVA 不仅是一种有效的公司业绩评价指标，还是一个企业全面管理的架构，是经理人和员工薪酬的激励机制，是战略评估，资金运用，兼并或出售定价的基础。

2. 设计 EVA 为基础的业绩评价指标体系

在传统的业绩评价标准中，产量和市场份额指标无法提供财务业绩方面的信息，在亏损的情况下还会增加产量和市场份额，从而损害企业价值；产值、销售收入及其增长指标，忽视了生产成本和销售费用、管理费用等，会计净利润、每股收益指标只注重账面利润，忽视了资本成本，因此都有可能损害企业价值。

在 EVA 理念下，企业可以设计一套以 EVA 为基础的财务和非财务业绩评价指标体系，作为管理层为实现战略目标而应当实现的指标。这些指标尽管也有缺陷，但是其衡量的目的是与价值管理战略目标相一致的，并可以对传统的业绩衡量指标起到很好的补充作用。

（三）建立有效的组织结构和管理程序

企业应当根据财务战略目标、业绩标准和价值管理的要求，层层分解，落实责任，形成一个条理清晰的财务组织模式，并对各个组织层次的部门、人员设定业绩标准、考核要求、薪酬与福利等。

二、基于 EVA 的财务战略的适用性分析

基于 EVA 的企业财务战略为企业财务战略的制定与实施提出了一个新的思路，与其他的财务战略的思想与方法一样，有其本身的适用性。自从我国引入 EVA 概念以来，其适用性有着较大的争议，典型的观点认为：EVA 不适用于金融机构、周期性企业、风险投资公司、新成立公司等企业。这种观点认为：

金融机构。金融机构有着法定的资本金比率要求，我国法律规定。商业银行的法定资本充足率要达到 8%，同时，银行如果把贷款额作为资产来使用和计算，其 EVA 值将被扭曲。因此，美国思腾思特公司对中国上市公司 EVA 排名中并没有将此类金融上市公司列入范围。

周期性企业。周期性企业由于受客观周期的影响，利润波动太大，也可能会引起 EVA 数值扭曲。

新成立企业。新成立企业利润波动也很大，要等到企业开始有稳定业务和利润之后，再实施 EVA 考核激励比较好。

资源型公司。资源型公司因为必须投入大量的资本去进行勘

探，勘探结果和资本利用率、资本成本不便于进行量化。另外，资源勘探设备随着折旧的累计，其价值是降低的，商勘探到的资源却有可能和设备的价值变化相反。

但近期的研究表明：周期性企业、成长期企业以及资源型企业也都可以实施基于 EVA 的财务战略。

（一）周期性企业

某些周期性企业变动明显，导致企业经营也就随之出现大幅度的波动，如钢铁等行业，这为正确评价企业的经营业绩提出了较大的挑战。为解决行业周期的波动性导致对企业业绩失真的影响，在经济增加值的业绩考核方案中主要采取两种解决办法：（1）可以参考以历史平均或行业长期标准的价格作为企业所主要销售的产品或主要原材料的锁定价格，在年初设定考核目标值时就已锁定价格核算；（2）在制定激励方案时，对经济增加值考核结果超过目标或低于目标的情况可以设定奖惩机制，采用一定比例及奖惩额。奖惩额可以用与目标业绩的比例来计算，并可以通过设立奖金库来储备部分超额奖金或减额罚金，从而抵消年度业务变动带来的影响。

（二）成长期企业

对于某些处于成长期的企业，需要对项目进行不断的投资，占用大量的资本，而且部分项目投资期较长，其获得投资收益的时间也较长，这样往往导致企业当期的净资产收益率、总资产收益率和每股盈利等效益指标也较低。以 EVA 作为考核指标恰恰能避免上述利润指标和效益指标对经营业绩的不合理之处，主要体现在：

（1）EVA 目标值在设定时就考虑了企业的未来投资计划和发展阶段。对 EVA 的考核实际上不是考虑其绝对值，而是考核其增加值，将其实际完成的 EVA 与其目标值比较。在设定 EVA 的目标值时就已经靠拢了企业的未来投资情况和所处的阶段，所以两者是在同一基础上进行比较，能真实反映当年的经营效率和管理者业绩。同时，企业在计算 EVA 时会对资本占用进行相关的调整以反映企业的经济现实，能够使管理人员从战略角度考虑投资。

（2）EVA 只是阻止那些投资收益少于资本成本的侵蚀股东财富的行为，鼓励投资行为一定要增加股东财富，使管理人员的眼光具有持久性，并对其短期行为进行惩罚。EVA 奖金库通过对基于长期目标的 EVA 进行奖励而不是针对每年的预算完成情况进程奖励，从而鼓励一种长期经营管理理念，因而适用于成长期的企业。

（三）资源类企业

一般的，资本市场对资源性行业企业的价值估值来源于三个部分：已实现的收益、已探明但尚未开发的资源储量、尚未探明但已在投资勘探中的储量。后两者的价值对资源类企业的影响大大超过已实现的收益的影响。传统的财务指标只能对已实现的收益进行评价，对后两者的价值难以进行评价。EVA 对石油及煤炭等资源性行业进行业绩衡量时，将储量等没有反映到已实现的收益中的价值也进行了衡量，毕博咨询将忽略的储备价值称之为"期权价值"，类似于股票里的期权，把投入的前期费用作为期权费用，因而比传统的财务指标更能真实地反映资源类企业的真实业绩。

由上述分析可以看出，基于 EVA 的财务战略的适用性很广泛，企业应根据自身的企业规模、组织结构、经营特点等方面进行选择。

三、基于 EVA 的财务战略的设计原则

（一）适用性

企业在设计财务战略时，一方面要考虑自身所在行业特点和企业本身的特征确定是否采用基于 EVA 的企业财务战略，另一方面又要考虑会计调整的可能性与可行性，考虑资本成本的计算问题，

从而制定出是真正适合本企业的基于 EVA 的财务战略。国内外 EVA 战略成功与失败的事例表明，除了经济环境等因素外，EVA 战略是否真正适合企业所处行业与企业自身特点是一个关键成功因素。

（二）逐步性

制定与实施基于 EVA 的财务战略时，应该逐步将 EVA 应用于企业的各个阶层，令所有的员工都关注 EVA 的创造。在各个层级落实时，必须确认各个层级的关键价值驱动要素，各个层级的考核要与 EVA 挂钩，而不是经济总量或财务指标。所以，应该花费时间与精力积极主动地寻找、确认和评估价值驱动要素。管理层应该通过更加清晰明确的战略规划来体现价值创造。

（三）结合性

实施 EVA 的企业应该将 EVA 同企业的整体战略结合起来。财务战略本身就是企业战略的一个重要组成部分，不能把企业财务战略与企业战略割裂开来，因此，企业的各个层级应该结合企业的战略与业务的经营，不断地分析寻找价值驱动要素，设计价值提升策略与可行性方案，真正地把基于 EVA 的财务战略与企业整体战略有机地结合起来。

（四）沟通性

信息与沟通越来越成为企业内部控制的一个重要组成部分，财务战略的制定与实施也离不开信息与沟通。企业应该加大对信息系统的投资力度，对每个部门的战略地位进行评价，并对每个部门的战略价值进行估计。在增强信息系统的同时，企业的各部门之间、上下级之间应该经常采用对话与讨论的方式进行沟通，促使各个部门共同为企业 EVA 的提升而努力。

（五）可理解性

由于EVA会计调整以及企业资本成本的复杂性，使得很多企业对EVA望而却步，因此，企业在采用基于EVA的财务战略时，应该注重财务战略的可理解性，应该采用自上而下的培训方式，是企业的员工能够真正理解EVA，只有这样，才能够在企业中很好地实现财务战略。

四、基于EVA的财务战略实施步骤

实施EVA价值管理一般需经过以下主要步骤：

步骤一：在董事会和管理高层中形成对EVA管理的认同。

步骤二：做出关于EVA管理方面的主要战略性决策（征得广泛认可）。要考虑以下问题：

（1）EVA管理中心的确定原则；

（2）核算EVA的方法；

（3）需要做的相关调整；

（4）部门资本成本和公司整体资本成本的对比；

（5）公司的会计体系适应EVA核算的安排；

（6）EVA核算的周期；

（7）实施EVA管理薪酬方案初步和未来的对象；

（8）各部门的EVA管理者红利和公司整体的或部门集团的管理者红利的对比；

（9）管理薪酬和非财务指标之间的关系。

步骤三：制定EVA管理实施计划。

步骤四：确定人员培训方案。需要考虑的问题有：

（1）需要培训的对象；

（2）培训方案的执行方案；

（3）每个培训对象所需的培训期数；

（4）如何阐述 EVA 管理的概念；

（5）在实施初级阶段过后的继续培训。

第三节　基于 EVA 财务战略的具体设计

一、基于 EVA 的融资战略

融资是任何企业开展经营活动的必要前提。企业应该根据自身的需要和金融市场的情况，利用一定的金融工具，选择使用负债资金或股权资金，并付出一定的利息、股利和承担一定的风险；根据自身能力和市场情况，在可承受的风险范围内，达到最佳的资本结构，努力降低资本成本，充分利用杠杆作用，获取杠杆利益。

融资战略的目标一般是运用合理的手段，筹措必要的资金，保证经营之需，同时使资本成本最低、资本结构最佳和企业价值最大。

资本成本的概念在任何时候都是既包括负债资本的成本，也包括权益资本成本在内的，从来不应有偏废。但在现实中很少有企业考虑权益资本成本的问题，究其原因，不是由于对资本成本概念和风险意识观念强调得不多、不够，而是筹资战略的操作体制的问题。首先，风险意识和资本成本概念在头脑中或许有过一刹那，但在随后的筹资过程和资本的占用、使用过程中没有明确的风险和成本存在，负债率过高的企业在"利润"仍高高在上的光环下丧失了风险意识，对偿债能力和现金流关注不多，在企业的财务报表上也看不到股权资本的成本支出而使权益资本的成本意识树立得不牢固；其次，对管理者的评价，基本上与筹资决策没有直接关系。以利润或利润率作为评价管理者业绩的综合指标与筹资决策实际上没有太大的关联，以这样的评价指标演化成的目标又从根本上偏离了理论上筹资决策的目标，背离了股东财富最大化的总体目标。

基于 EVA 的企业融资战略主要包括以下几个方面的内容：

（1）正确认识股权融资成本。如上所述，EVA 中的权益资本成本是一种机会成本，以投资者期望报酬率表示，这个报酬率不应低于金融市场一般预期收益率，股权融资是"免费午餐"的神话不攻自破。债务资本的利息具有节税效应，而权益资本不具有这种优势，这时候，股权融资成本真的远远低于债务融资成本吗？答案显然是否定的。EVA 可强化资本成本概念，尤其是对于上市公司的股权筹资以及资金的使用来讲，EVA 的资本成本观念的树立和保持非常必要，当企业对股权融资的成本有了真正认识时，可能就会转向债务融资。EVA 与企业价值最大化的总体目标是完全一致的；EVA 是筹资决策与总体目标的桥梁，达到了 EVA 目标，也就达到了价值创造的目标。

（2）业绩评价。EVA 指标揭开了会计利润的面纱，还企业经营业绩以真实面目。通过 EVA 指标，人们可以判断企业究竟是在创造价值还是在毁灭价值。肖辉等对 EVA 在中国证券市场的实证研究中，以净资产收益率指标和 EVA 指标分别对 2000 年的上市公司进行排名，发现净资产收益率排名前 10 名公司中只有一家进入 EVA 排名表前 10 名。这是因为，EVA 指标包括资本成本，企业的收入不仅要弥补经营成本，还要弥补资本成本，所以利润高不等于创造的价值也高。将 EVA 指标引入企业业绩评价体系，可以促使企业重新权衡债务融资与股权融资的利弊，不再仅仅因为债务资本带来的利息会降低利润而排斥债务融资方式。

（3）增强自身融资能力。国有资产保值增值一直是我国国有企业绩效评价的重要指标，上有政策，下当然有"对策"，大量地赊销，大规模生产产品都可以使资产增值，资金闲置至少可以做到"资产保值"。然而根据 EVA 的理念，赊销形成的应收账款、存货占用资金及闲置资金都是有成本的，"资产的沉积意味着成本的增加和财富的损失"，这是机会成本的概念。在 EVA 的压力下，管理者必须努力提高资本运用能力，如加快应收账款的回收，减少不必要存货，提高流动资金使用效率。资本使用效率的提高必然跟随着企业经济效益的提高，企业自身融资能力增强，上市公司利用股权融资"圈钱"的动机也会减弱。

（4）影响经理人融资决策。上市公司改制前极高的负债水平与改制后极低的负债水平形成巨大反差，理由同出一源，我国的激励报酬制度不完善，公司改制前依赖国家，改制后依赖股东，不注意自身发展能力。激励报酬制度是 EVA 财务管理系统的支柱，它的激励体系要求管理者激励与企业业绩有较强的联系。当企业经理人意识到资本成本包含在 EVA 的考虑当中，而 EVA 结果会影响到对其业绩的评价，从而最终影响到自身的利益时，他们可能就不会再一味地偏爱股权融资了，因为毕竟内部融资和债务融资的成本要比股权融资低得多。

（5）与投资决策和股利政策决策的目标相统一，有利于团结一致，凝聚力量，增强决策的系统性和科学性。如果公司有较多好的投资机会（EVA >0），公司应尽量采取低股利支付率政策，以使用内部资金，降低资本成本，提高 EVA；当好的投资机会（EVA >0）较少，公司则宜采取剩余股利政策。同时，公司应切实避免通过缩减 EVA >0 的投资项目来发放股利。公司的管理者可以审时度势，制定合理的股利政策，以使公司拥有保证优质投资项目（EVA >0）的资金需要和切实降低资本成本，以提高 EVA 和企业的价值。

当然 EVA 并非点石成金的"法宝"，企业融资行为受到诸多因素的影响，但是如果将 EVA 引入业绩评价体系，应该会对上市公司理性选择融资结构有所帮助。

融资决策的目标 EVA 与企业的总体目标——企业价值最大化是一致的。由 EVA 的计算可以看出，在运用资本和运用资本报酬率既定时，加权平均资本成本率越低，EVA 越大。公司在达到最优资本结构的同时，必然是达到了其总资本成本的最低，也必是 EVA 的最大值和企业价值的最大值。三者关系如图 8.2 所示。

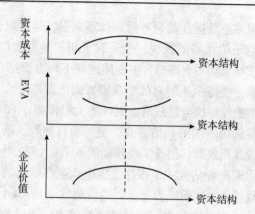

图8.2 资本成本、EVA和企业价值与资本结构的关系

二、基于 EVA 的投资战略

(一)EVA 投资战略是企业的必然选择

在市场激烈的竞争中过程中,企业是否能够将所筹集的资金投放到收益高、回收快、风险小的项目上,对企业的生存与发展起着至关重要的作用。在市场中,每个企业都要寻找新的投资机会,或者扩大现有投资规模。只有投资于好的投资项目,才会取得更高的利润。因此,在企业财务战略中,投资战略是重要一环。

企业投资决策一般可以分为战略投资决策和日常投资决策两大类。通常战略投资决策主要解决企业的方向性问题,如企业是否需要扩张,向哪个领域扩张,怎么扩张等,而日常投资决策主要是为保障战略投资决策能顺利按计划进行或能成功实施而进行的经常性决策,如对现金、存货、应收账款等合理量的分析和确定。简单地讲,前者主要解决"如何做正确的事"的问题,而后者则是解决"如何正确地做事"的问题,在企业价值的创造过程中,二者缺一不可。

从目前很多企业运作的财务管理体系来看，尽管对这两方面的投资决策都给予了相当的重视，也采取了相应的配套的分析方法，但是具体操作结果却不大理想，主要体现在下列方面：（1）战略决策方法不完善，使得企业的对战略投资方向把握不准，不是浪费很多能创造价值的投资机会就是造成财产的大量流失；（2）对投资项目的不同阶段采用不同的评估方式，使得项目预算、项目实施、项目监控各阶段互相脱节，很难实现预期的效果；（3）对不同规模的投资项目采用同一评估方式，往往造成企业生产能力的闲置，并遗漏很多虽然规模不大，但能为企业创造价值的项目；（4）在日常投资决策中，只注重显性成本，而忽略隐性成本，造成大量存货、应收账款等流动资产的积压、变质和贬值，有时甚至导致亏损。

从这四个方面可以看出，导致企业投资决策最终失败的原因主要有两个：（1）在整个投资决策实施的过程中，缺乏一个统一的评估决策标准；（2）各个评估决策标准总是忽略相应的隐性成本。那么如何才能从根本上解决现存的这些问题呢？EVA 方法给我们提供了思路。

（二）EVA 投资战略的主要内容

基于 EVA 的企业投资战略主要包括以下几个方面的内容：

1. EVA 对战略投资方向的定位

对战略投资方向的把握是企业进行投资决策的第一步，无论是进入新领域，还是退出旧领域，或是对现有规模的扩张和缩小，都涉及此问题。在我国，尤其是"内部人控制"较严重的企业，经理人为了满足自己的利益，对各个项目的可行性分析只是流于形式，往往不是以项目是否能创造价值作为决策依据，从而造成股东财富和投资者利益的大量损失。如果以 EVA 为决策依据对战略投资方向进行把握，这种现象就会大大减少。

（1）对于盲目扩张的现象来讲，因为 EVA 考虑了所有资本成本，一旦项目已经实施或并购行为已经开始，经理人就必须对此行为负责，并补偿所有显性和隐性成本，这样经理人在决策时就会综合企业各种生产能力和项目产出的盈利能力进行谨慎分析，他们明白以损害股东利益为代价来实现自身利益最大化是行不通的。从西方实行 EVA 的效果来看，有相当一部分企业在采用 EVA 作为决策标准后，并非加大了投资力度，而是将一些已经实施或准备实施的项目撤了回来，其主要原因并不是他们故意躲避风险或是安于现状，而是这些项目的预算 EVA < 0，根本不能为股东创造价值。

（2）对于浪费投资机会的现象来讲，因为 EVA 是个绝对值，以 EVA 作为经理业绩的考核指标，就可以将经理业绩与股东利益紧密联系，避免决策次优化。例如采用投资报酬率（ROI）作为经理考核指标时，经理会放弃高于加权资本成本而低于目前部门 ROI 的投资机会，以提高部门的业绩，但这样做却损害了股东的利益。因为，从股东的角度看，只要 EVA 大于零就能增加股东财富和公司价值。

2. EVA 对企业闲置生产能力问题的解决

闲置生产能力主要是由于企业没有满负荷运转而产生的，例如某企业的机器、设备、厂房等生产能力利用率为 70%，则说明它存在 30% 的闲置生产能力。对于闲置生产能力，很多企业都没能充分利用，甚至有些采用 EVA 的企业也不能正确决策，因为 EVA 的理念强调要求补偿所有成本，一旦无法补偿，即 EVA < 0，就是在毁灭价值，这样的项目自然无人问津。对于具有闲置生产能力的企业来讲，一个项目究竟是否有助于价值的创造，是否应该实施，判断方法是有所不同的。针对此种情况，EVA 也可采用特殊的处理方式。

总的来讲，闲置生产能力不同对企业会产生两种影响，一种是企业的闲置生产能力非常大，致使目前项目的生产能力根本无法收回其损耗，即 EVA < 0；另一种是当前项目的 EVA > 0，但的确存在着闲置生产能力。对于第一种情况，按照 EVA 的决策标准，应该立即将其撤回，并处理变现相关生产能力，以寻求更佳的投资途径；而对于第二种情况，因为当前项目的 EVA > 0，是在创造价值，因此仅因为有部分闲置生产能力而将其撤回的做法是不明智的，应当努力去寻找更多的投资项目以充分利用现有的闲置生产能力，但并不是说任何项目只要能利用现有的闲置生产能力使之满负荷运转就行，它还必须满足一定的条件：EVA 边际贡献 >0，也就是说，只有新项目的 EVA 边际贡献 >0 时才能投资，否则宁愿让资产闲置，也不能投资。

这里，EVA 边际贡献 = 销售收入 - 变动营运成本 - 净营运资本成本，其与 EVA 的关系是：如果在此基础上再扣除固定营运成本和固定资本成本就是 EVA，即 EVA = EVA 边际贡献 - 固定营运成本 - 固定资本成本。之所以这样规定，主要因为闲置生产能力对企业来讲已经是一项沉没成本，所以从某种程度上讲，如果一个新项目不再需要额外的固定成本，而只是利用现有生产能力就可以正常生产的话，就相对于此项目所耗费的固定成本是免费的，不需要对它补偿。因此，只要它的收益能弥补由于新投资带来的可变成本，即 EVA 边际贡献 >0，此时它产生的边际贡献，还可以弥补部分甚至是全部闲置生产能力的无形损耗，从企业整体来看，还是提升了 EVA。

3. EVA 对项目各阶段评估标准的统一

有时造成实施项目最终失败的原因，并不是企业投资方向或项目本身有问题，主要是因为对项目评估的各阶段采用不同的标准，使得项目前后互相脱节，并最终导致失败。企业一般都会用净现值法（NPV）或内含报酬率法（IRR）来进行项目可行性分析，但它们都属于"前瞻性"模型，一旦项目被批准进入实施阶段，按照项目绩效评价必须基于过去数据的特点，NPV 和 IRR 均不再适用，只能选择诸如投资回报率、净利润等会计指标，由于这两套评估方法原理不同，这样就会使实施结果偏离项目最初的预期，使得本来具有很大发展潜力的项目仅由于人为因素而以失败告终。

以 EVA 作为项目各阶段评估的标准，就是解决此问题的办法。首先，EVA 可以进行项目前评估，即对项目进行可行性分析。它采用的方法是预测项目每年可能带来的 EVA，并将其贴现成现值，实际上贴现 EVA 方法和 NPV 方法的计算结果完全相同，即 EVA 现值＝NPV，而 NPV 方法是目前常用的项目可行性分析方法，所以 EVA 也有此功效。其次，EVA 可以进行项目后评估，即对项目的实施效果进行评价。其实对项目的实施效果进行评价的过程就是看此项目是否创造了价值的过程。最后，也是 EVA 作为项目评估具有优势的最关键一点，EVA 可以将项目前后的评估统一起来。

以 EVA 作为评估标准不会再造成项目评估脱节的现象，因为 EVA 在进行项目后评估时具有"跟踪"功能，使项目预期投入的资本及其成本均在后期的实施中给予了充分的反映，而采用 NPV 法预算的项目一旦被实施和资金被投入，几乎没有人检查实际现金流是否与预期相一致，某些资本对他们来说就相对于免费使用，从而造成拖延工期、挪用专款等损害股东价值的行为。这样尽管在项目可行性分析中对所有资本及其成本给予了考虑，但后期并没有形成有效的"跟踪"，致使项目预算几乎是形同虚设。所以只有利用 EVA 才能将项目各阶段联系起来，实现项目预算、项目实施、项目监管的有机统一。

4. EVA 对日常投资决策的改进

在日常投资决策中，可能会经常遇到这样的问题：是享受原材料的低购买价格还是低储存成本呢？是采取宽松的应收账款政策还是紧缩的应收账款政策呢？是享受现金的流动性还是收益性呢？是降低收费还是提供更多的服务呢？这些问题在目前的财务管理中也给予了充分的重视并提出了相应的解决方法，但有时总会因为某些客观或主观的因素偏离目标。而如果采用 EVA 对它们进行选择和判断，答案就非常清楚。EVA 考虑资本成本的理念，就是把资产负债表转化成另一种支出项目清单，这样管理人员就可以对任何选择进行成本与收益之间的比较和衡量，从而做出准确的判断。正如 1995 年采用了 EVA 模式的 Boise Cascade 公司的 CFO 乔治·哈罗德（George Harad）所说的："当你让资本成本在整个组织之内成为一个货币指标时，人们就会密切关性手中的报资。我们对此感到惊喜。虽然我们的大多数经理在财务方面是内行，但 EVA 还是带来了重大变化。"

（三）EVA 投资战略同传统投资相比显示的优势

通过以上四个方面的分析可以断言，从战略投资决策到日常投资决策 EVA 都无疑是一个强有力的分析工具。

同传统的投资决策方法相比，基于 EVA 的投资战略具有以下几个方面的优势：

（1）EVA 方法可以使业务部门的经理在资本预算、年度利润计划和日常运营中使用相同的、一致的分析和评价指标。相对于净现值方法（net present value，NPV）来说，EVA 更适合于对项目进行期间的控制和考核。而折现的现金流量方法（discounted cash flow，DCF）容易导致决策评价指标和绩效评价指标的不一致，不利于管理政策的延续性和管理者对项目的后续评价与控制。

（2）EVA 方法可以让经营单位的管理者容易看到，自己管辖的资本项目如何改善本单位的 EVA 指标，从而清晰地看到自己的业绩实现过程，可以增强对项目的关注程度和责任心。

（3）EVA 方法可以更准确地描绘一个投资项目每年带来的增加值；而不像 DCF 方法，在一开始认可全部初始投资的现金流出，然后完全"忘掉"它们。EVA 方法将资本成本分摊在项目的整个寿命期。

（4）更为重要的是，若管理人员已经加入了 EVA 奖金计划，EVA 方法就会在投资项目的整个寿命期以内时时刻刻强化资金的概念。这实际上是一种带有"记忆"功能的 NPV 方法。管理人员知道，如果一个项目没有带来正的 EVA，他们未来的奖金就会受到影响。于是，他们不再有激励去玩弄预测数据。相反，他们具有很强的动机去做出最准确的预测，他们花钱更仔细、更节省、更精明。这样，公司总部不再担心来自经营单位的投资建议是否诚实，也不需要派出检查组进行监督和促进。经营单位不再把总部的财务部门看成是小气鬼，他们希望在财务部门的帮助下做出正确的

EVA 预测，努力实现 EVA 的最大化，从而实现股东财富最大化。

可见，尽管 NPV 法与 EVA 法能产生相同的结果，但是，EVA 方法却能传达 NPV 所不能传达的信息。另外，作为业绩评价指标的 EVA 反映的是一段时期内企业的价值创造额，是一个时段的流量概念，能动态地反映被评价部门的价值创造，并且，EVA 的倡导者认为，EVA 的综合性表现之一在于 EVA 可用于评价企业的下层管理者的业绩。这些优势造就了 EVA 方法能更有力地激励企业的经营行为和财务管理活动以企业的价值创造为核心、以股东财富最大化为终极目标。

三、基于 EVA 的成本战略

（一）作业成本法的基本原理

企业为了提升价值，必然要引进最新的管理信息体系，而作业成本法（activity-based costing，简称 ABC 法）就是新的适时生产系统（just in time，JIT）与全面质量管理（total quality management，TQM）兴起的必然产物。JIT 是以高科技为基础，于 20 世纪 70 年代在日本首先创建的，随后在西方发达国家也得到广泛的应用的一种新的由后向前拉动式的生产管理系统。JIT 意味着企业要根据顾客订货所提出的有关产品数量、质量和交货时间等特定要求作为组织生产的基本出发点，即以最终满足顾客需求为起点，由后向前进行逐步推移，来全面安排生产任务。适时生产系统要求整个企业生产经营的各个环节能像钟表一样相互协调、准确无误地进行运转，使之达到很高的效率和效益。全面质量管理同适时生产系统有着直接的联系，是适时生产系统得以顺利实施的一个必要条件。

适时生产系统和全面质量管理理念在制造组织中的应用，要求企业通过改进产品设计和生产过程，减少产品零部件的数量，减少超量过时的存货及产品返工等浪费问题，也就是企业必须时刻检查并消灭其不增值作业，传统的成本会计制度显然无法满足这样的要求，因而客观上催生出了作业成本计算与管理的思想与方法。

作业成本法是以作业为间接费用归集对象，通过对资源动因的确认、计量，归集资源费用到作业上，再通过作业动因的计量，归集作业成本到产品上去的间接费用的分配方法。它关注导致成本增加和使成本复杂化的因素，揭示在产品之间分配间接成本的不合理、不均衡所产生的后果。ABC 法的目标就是把所有为不同顾客和产品提供作业所消耗的资源价值测量和计算出来，并恰当地把它们分配给顾客和产品。与传统的成本核算相比，ABC 法针对以作业为核心的多元化的成本核算对象，以成本动因作为成本归集和分配的标准进行核算。它以增加顾客价值作为业绩评价的目标。

ABC 法能够改变传统成本计算中标准成本背离实际成本的事实，从而可以提供相对准确的产品成本信息，因为它抓住了很多动态变量。ABC 法告诉我们，成本信息是一个区间近似值，而不是传统中的精确到小数点以后几位数的精确数字，因而，作业成本法能提供"相对准确"的成本信息，而传统成本制度只能提供"绝对不准确"的成本信息。

1. 资源、成本要素和成本对象

一个企业的资源包括有直接人工、直接材料、生产维持成本（如采购人员的工资成本）、间接制造费用及生产过程以外的成本（如广告费）。资源成本信息的主要来源是总分类账，它提供诸如企业今年支付了多少工资，计提了多少折旧，应支付多少税等信息。如果把整个制造中心（作业系统）看成是一个与外界进行物质交换的投入——产出系统，则所有进入该系统的人力、物力、财力等都属于资源范畴。资源进入系统不一定都是对形成最终产出有意义的消耗。因此 ABC 法把资源作为成本计算对象，是要在价值形成为最初形态上反映最终产品吸纳的有意义的资源耗费价值，即要处理两个方面的问题：一是区分有用消耗和无用消耗，把无用消耗价值单独汇集为不增值作业价值，把有用消耗的资源价值分解到作业中去。二是要区别消耗资源的作业状况，看资源是如何被消耗，找到资源动因，按资源动因把资源耗费价值分别分解计入吸纳这些资源的不同作业中去。

分配到作业的每一种资源就成为作业成本池的一项成本要素。

成本对象是成本分配的终点，它可以是产品也可以是顾客，分配到产品或顾客的成本反映了成本对象消耗的作业成本。

2. 作业（activity）

作业是工作的各个单位（units of work）。在设立相关作业组时，一般将作业按作业水平的不同，分为单位水平作业、批量水平作业、产品水平作业及设备水平作业四类：（1）单位水平作业（unit-level activities）是指每生产单位产品便相应进行一次的作业，它随产品产量的变化而变化。直接材料和直接人工作业成本与产量成比例变动，如果产量增加 1 倍时，则直接材料和直接人工成本也会增加一倍。（2）批量水平作业（batch-level activities）是指每生产一批产品时，便相应执行一次的作业。其成本随批数的变化而变化，与产量无关，对每批产品的产量而言，又是固定的。如生产准备、检验（除每件产品均需进行检验外）、编制生产计划等。（3）产品水平（维持）作业（product-level activities）是指公司内借以维持多种产品的生产而需执行的作业，这种作业的成本与单位数和批数无关，但与生产产品的品种成比例变动。如产品测试程序的开发、产品的营销、过程设计等均是产品水平作业。（4）设备水平作业（facility-level activities）则指借以维持企业的一般制造过程的作业。该类作业在某种水平上有益于整个企业。例如，厂部管理、土地规划、支持社区项目等。

对作业这样分类，将大大简化产品成本计算过程，其原因在于与不同水准相联系的作业成本，也与不同的成本动因类型相对应（成本性态随水平变化而变化），从各类作业的定义，可以清晰地表明这一特征。传统制度下，仅使用单位基准动因来解释各产品所耗费的制造费用，而作业成本制度意识到，许多制造费用实际上是随与产量之外的其他因素成比例地变动，通过分析这些因素有助于经理人员提高产品成本计算的准确性，了解该类中的多种成本的内在性态，增强对引起该类成本的作业控制。

3. 资源动因和作业动因

正如上面所提出的那样，在今天高度自动化的工厂环境里，制造费用所占产品成本的比重大大提高，这种情况下假定人工"驱动"制造费用将导致不准确的产品成本计算，而应将动因扩展到一系列更为复杂的非数量动因，使得其各组成项目"各得其所"地适用不同的动因，这无疑会带来更为准确的产品成本计算。

资源动因是分配作业所耗资源的依据，反映了作业对资源的耗费情况。它联系着资源和作业，把总分类账上的资源成本分配到作业。比如工资是企业的一种资源，把工资分配到作业"质量检验"的依据是质量检验部门的员工数，这个员工数就是资源动因。

作业动因是分配作业成本到产品或劳务的标准。它们计量了每类产品消耗作业的频率，反映了产品对作业消耗的逻辑关系。作业动因与前述的作业分类有关。如是单位水平作业，则作业动因是产量；如是批别水平作业，则作业动因是产品的批量。

当作业动因计量的耗费等于或接近于产品对作业的实际耗费时，则产品成本就能得到准确的核算。作业动因是产品和作业的联系，代表了产品或工艺的设计的改善机会。

4. 作业成本池或同质成本库（homogeneous cost pool）

一个公司可能会有成百上千种作业，针对每种作业就有相应的作业动因，这样就会产生数以百计的制造费用分配率，这样计算产品成本时将十分烦琐。为减少所需制造费用分配率的数目，并相应简化作业成本计算的过程，各种作业可以根据如下的两个特点将相同或相近性质的作业并为一组：（1）作业水准属性，该属性界定了"逻辑上相关"；（2）动因属性，指各作业必须有相同的消耗比率。由一系列的同质作业相联系的制造费用集合，叫做同质组。

5. 作业成本法核算方法的计算过程

作业成本核算的基本思维是：作业消耗间接资源，产品消耗作业，生产导致作业的发生，作业导致间接费用或间接成本的发生。可以看出，作业成本的实质就是在资源耗费与产品耗费之间借助作业这一"桥梁"来分离、归纳、组合，然后形成各种产品成本。

第一步：确认和计量各种资源耗费

资源可以简单地区分为：（1）货币资源；（2）材料资源；（3）人力资源；（4）动力资源等几类。有关各类资源耗费的信息可从企业的总分类账中得到。

作业成本计算法并不改变企业所耗资源的总额，改变的只是资源总额在各种产品之间的分配额以及资源总额在存货和销售成本之间的分配额。

第二步：把资源分配到作业，开列作业成本单，归集成本池成本。

这一步要做的工作包括以下几方面：（1）确认作业所包含的资源种类，也就是确认一作业所包含的成本要素（项目）；（2）确立各类资源的资源动因，将资源分配到各受益对象（作业），据此计算出作业中该成本要素的成本额；（3）开列作业成本单，汇总各成本要素，得出作业成本池的总成本额。作业成本单揭露了作业所耗用的资源。对管理作业来讲，这是有用的信息，因为任何作业执行上的变化都会反映在所耗资源变化上。

第三步：选择作业动因，把作业成本池的总成本分配到产品，并开列产品成本单。

这一步骤包括以下几个方面：（1）确认各作业的作业动因，并统计作业动因的总数，据此分别计算各作业的单位作业动因的制造费用分配率；（2）统计各产品所耗作业量（或作业动因数）；（3）计算产品承担的制造费用，开列产品成本单。

近年来越来越多的作业成本法与作业成本管理（activity-based

management，ABM）系统被加以利用，以改善经营成本，提高计量产品成本的精度。虽然作业成本法对改善经营成本管理做出了很大的贡献，但其忽略了资产负债表，无法计算资本的全部成本，所以经营和生产成本被低估了。

（二）EVA 与作业成本法的结合

企业增值的关键动因是增加毛利、增加收入、提高资产的运用和管理资本结构。其中，大多数关键动因是可控制的，可通过将 EVA 与作业成本管理系统（ABM）信息相连接和集成，从而达到增加企业价值的根本目的。

首先从增进毛利的角度来看，企业可以通过作业成本管理系统（ABM）反馈的信息进行企业流程和作业的持续改进和再造，通过增加生产力和效率的手段来取代削减成本的短期行为，对于高毛利的产品和服务，要努力扩大其带来的收入；其次，从增加收入的方面考虑，企业应该优先考虑为企业创造价值的业务流程及作业，尽可能地为企业发掘创造价值的新业务机会，在保持投资额不变的条件下，以现有投资进行负债经营的产品线的扩张；最后在提高资本运用方面，要做到提高营运资本的周转，特别是应收和应付项目，杜绝呆账、坏账的发生；对于固定资产，可以通过作业成本管理系统（ABM）的信息改进流程再造其生产能力。

作为全面衡量企业生产经营真正盈利或创造价值的财务指标，考虑资本成本是 EVA 指标最具特点和最重要的方面，将 EVA 应用于作业成本法中，将资本成本和资本动因引进作业成本法与作业成本管理中，就可以得到一个改善的成本管理系统，帮助经营者集中精力于所有能够创造股东价值的必要因素，包括成本与资产的管理。EVA 与作业成本法结合的目标如下：

（1）更加准确地反映企业的生产成本，为企业决策提供更加准确的成本信息；

（2）明确 EVA 在哪里产生（如产品类型、地区、消费者细分、分销渠道、经营单元、业务流程和某些其他行为），明确和评估哪些过程和业务改善能够增加 EVA，为企业创造了价值；

（3）把经营计划与 EVA 的战略联系起来；

（4）把 EVA 的有关决策落实到基层组织以达到可以操作的水平；

（5）把全部资本成本进行分配，其中组成部分必须包括作业成本系统，把作业成本系统与 EVA 联系起来就有了资本费用和资本动因。

ABC 法与 EVA 集成系统的主要目标是把三种主要的成本（直接成本、间接成本和资本成本）追加到具体的成本对象中去。在系统中，根据各自的所长，采用 ABC 法进行间接成本的分配和 EVA 进行资本成本的分配。直接成本可以直接计入对应的成本对象中。2000 年，美国学者纳西兹·罗兹托奇（Narcyz Roztochi）建立了集成系统的实体关系流程图（见图 8.3）。

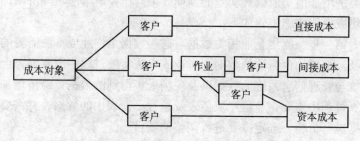

图 8.3　ABC 与 EVA 集成系统

图 8.3 表明了经济实体以及它们的贡献和相互关系。贡献是用来描述各种经济实体的特征，具有同样贡献的经济实体构成同一类经济实体。以成本对象为例，成本对象是一个经济实体，它可能是有形的（一种产品或者是一个客户），也可能是无形的（一种服务），这些对象共同组成了成本对象的实体群。比如，公司欲通过对其客户群的分析来评估公司的报酬率，在这个盈利分析中，顾客

是它的成本对象。由于这些顾客对公司的贡献一致，所以他们被称之为一类经济实体类型。

通常，三种成本类型（直接成本、间接成本和资本成本）代表三种不同的经济实体。多数情况下，直接成本与成本对象有着直接的联系，间接成本被间接追加到成本对象中，而资本成本与前两者的不同之处在于，它仅仅与风险投资等特定的项目有关。

除了成本对象和它的三种成本类型以外，作业成本法与经济增加值的集成系统的经济实体图还包括了第五种实体类型，即作业。按作业成本法，通过作业可以使间接费用追加到成本对象中。除此之外，作业也可以进行资本成本的分配。

对于任何一个新的企业管理系统的应用，企业高层管理人员的支持是最重要的，关系着新的管理系统应用得成功与否。作业成本法与经济增加值的集成模式的实施，同样需要企业高层管理人员的支持，需要建立一个高效的实施团队，并且事先要明确作业成本法与经济增加值集成模式实施的预期效果。作业成本法与经济增加值的集成模式实施步骤如下：

第一步，收集企业相关数据。这些数据是作业成本法需要的数据及经济增加值需要的数据。作业成本法实施过程中需要财务会计系统与管理信息系统的数据以及现场采集得到的数据；经济增加值计算过程中需要企业资产负债表及盈亏平衡表中的数据，并需要对数据进行分析，确定需要进行调整的项目。

第二步，确定该企业的主要作业，并进行资源设计。这一步是和作业成本法中作业设计相同的，同样应该避免两个极端：一是作业数量太多，这样不仅不能得到更多有用的信息，而且造成实施困难，引起分析的紊乱；另一个是作业数量太少，难以揭示作业改进的机会，不能满足企业实施作业成本考核与分析的目的。

对于工作内容较少的各个企业组织，应以该组织的核心工作任务为作业，工作中心划分的基础是具有相同的工作内容，以工作中心的核心工作作为作业能方便对工作中心进行考核，并能实现从管理信息系统数据获得各个作业的具体内容，另外各个工作中心与员工关系比较固定，易于对员工的业绩进行考核。

第三步，计算期间费用，将期间费用向作业摊分，建立作业成本库。期间费用的计算就是一个价值归集的过程，即把各种资源的消耗归集到各个资源库中，期间费用的数据可以从企业的财务报表中获得。将期间费用向作业进行分摊，面临的已是确定的作业，该步骤成本计算就演化为如何将资源库价值结转到各作业成本库这一具体的问题。解决这一分配问题要按照作业成本计算的基本原则：作业量的多少决定着资源的耗用量，资源耗费量的高低与最终产出量没有直接关系。资源动因反映了作业对资源的消耗状况，是把资源库价值分配到各作业库的依据。

第四步，计算企业资本费用，根据作业资本相关性分析将资本费用向作业进行分摊。这一步是作业成本法与经济增加值的集成模式与作业成本法的实施步骤的最大的区别，作业成本法中并不存在企业资本费用的计算与分配。作业不仅消耗企业的资源，同时也消耗企业的投入资金，在作业成本法与经济增加值的集成模式下作业的成本要比作业成本法中的作业成本高一些。这一步需要企业投资的信息，可以从企业资产负债表与盈亏平衡表中获得相应的数据。资本成本的计算与经济增加值中资本成本计算相同，利用作业资本相关性分析就可以获得各个作业的资本成本。将各个作业的期间费用与资本成本相加，就可以得到各个作业的总成本了。

第五步，选择作业动因，将作业成本向产品摊分，计算产品成本与利润。依据作业动因，将作业总成本向最终的成本对象进行分配，就可以得到成本对象的成本。

作业成本法与经济增加值的集成模式对于一个资本成本很高的企业更具有价值，企业在决定是否采用作业成本法与经济增加值集成模式时，可以通过资本成本与期间费用的比率来判断。资本成本与期间费用的比率如下公式所示：

　　　资本成本与期间费用的比率＝资本成本÷期间费用

　　如果资本成本与期间费用的比率大于等于 0.1，企业就应该采用作业成本法与经济增加值的集成模式，因为企业的资本成本已经达到了一个很高的水平，不考虑企业的资本成本会造成严重的成本扭曲。对于资本成本与期间费用的比率小于 0.1 时，需要根据企业的具体情况决定，并在实践中进行进一步的确定。

第九章

我国企业建立 EVA 业绩考核
体系的对策和建议

第一节　国外企业应用 EVA 案例分析

《财富》杂志于 1999 年 3 月对美国一些注重价值管理的上市公司的股市表现进行了调查研究。这项研究包括了 66 家美国上市客户公司，这些公司有至少 24 个月股价表现记录。研究重点分析了在应用了价值管理机制后的 5 年内各公司股东所获得的总回报。事实证明，对这些公司股票的投资在 5 年后获得了平均高达 49% 的良好回报——超出对相似市值的同类企业的投资回报；而全面应用与价值创造紧密挂钩的激励机制的公司取得了更好的业绩——对这些公司的股权投资 5 年内所获得的回报要比同类投资高出 84%。

案例一：西门子公司——EVA 在大型多元化组织中的全面彻底实施

（一）公司概况

西门子公司是一个总部在德国，在全球居领导地位的大型企业。它是一个大型多元化的组织，其业务范围包括能源、工业、信息技术、通信、运输、卫生保健、照明等方面，同时，它也是世界上最大的电气和电子公司之一。西门子创造。790 亿美元的收入，雇员超过 44 万人，有多达 100 万件产品，在全球范围内有 60 万个股东，用于研发方面的预算就高达 50 亿美元，在 190 个国家开展业务。西门子也是在中国投资的最大外商企业之一，拥有 21000 名员工，在中国建立了 28 个地方办事处和 40 多家合资企业，长期投资总额超过 54 亿人民币（约 6.55 亿欧元）。

（二）实施背景

在过去的 10 年间，西门子曾经经历了巨大的变化。在 20 世纪 90 年代早期，它是一个庞大的、多元化的集团企业，但却在全球金融机构中有一个糟糕的名声。公司的股票价格表现很差，无法完成既定的财政目标，对于出现的市场机会反应缓慢，并且经常不能达到一些大型工程的要求。公司一味追求大量快速的增长，而不是价值增加，这被同行所嘲笑。管理者所做出的企业决策目标是提供雇佣机会，而不是获得投资者的注意力。

1997 年，西门子决定实施价值管理，以此作为催化剂来改革公司的文化，并改进商业表现。公司高层的目标是让西门子变得更加企业化，提供更合理的报酬机会；管理者能够减少做出决策的时间，并且拥有一个更有说服力的管理层为其商业行为负责。除此之外，他们希望明确整体目标，建立一个能横跨其下属不同行业的共同目标。他们遵从董事会主席卡尔－赫曼·鲍曼（Karl-Hermann Baumann）的信念——这也反映了公司在那段时期内所经历的思考："EVA 使得存在几种不同的绩效衡量标准所引起的混乱消失了，取而代之创造了一个共通语言——对于最一般的雇员和最高级的管理者都适用。"

（三）实施步骤

1. 流程设计

西门子在咨询顾问的协助下，组织了一个系统框架来保证一个新的 EVA 实践的广泛实施。五个主要的里程碑在 18 个月的时间内完成了。表 9.1 是西门子公司 EVA 实践的关键流程和具体时间。

表 9.1　　　西门子公司 EVA 实践的关键流程和具体时间

董事会决定实施 EVA	5 月	1997 年
EVA 用于绩效评估	秋季	1997 年
EVA 用于激励作用的报酬——试点	秋季	1997 年
EVA 用于新投资的评估	春季	1998 年
对 EVA 目标的一致同意	春季	1998 年
把 EVA 作用于激励作用的——所有单元	秋季	1998 年

2. 培训和教育

从一开始，西门子就意识到 EVA 的培训和教育会成为价值管理过程的一个巨大挑战。因此，公司组织了一个专门的任务小组与咨询顾问一起来制作培训材料。这些培训材料包括相关的案例学习和 EVA 如何应用于管理者经常要面对的商业决策。关于如何培训 EVA 的内部专家专题讨论会也经常召开。这些专家在经过 EVA 专业咨询顾问培训后，担负着培训其所在公司其他员工的责任。

3. 建立内部绩效控制部门

公司的绩效控制部门在价值管理中起到了十分重要的作用。这一部门的一个主要的角色就是支持 EVA。这个部门作为一个"内部分析"的角色，吸引管理层对于那些对公司发展有重大影响的商业行为的注意力。特别值得一提的是，它们的责任还包括：

（1）不断地将内部绩效目标与投资者预期相配比；

（2）为西门子、西门子下属各集团、西门子各部门追踪和报告价值创造；

（3）明确价值驱动因素和价值创造动机；

（4）持续地将公司业绩与资本市场的期望挂钩，积极实现与投资者的沟通；

（5）在公司内部的各价值中心、运营部门落实价值创造责任与价值管理机制；

（6）关注关键的价值驱动要素及能够提升价值的战略举措；

（7）战略规划、计划预算、业绩考评围绕股东价值创造紧密衔接；

（8）对价值提升目标执行状况进行详细的动态分析对比。

绩效控制部门的新责任表现为对过去的一个巨大的改革。它日益加强的重要性帮助激励经理人努力达到目标。领导层的推进对于促进整个公司的改革也有很重要的作用，这主要表现为由上层而来的对改革的承诺。西门子 CEO 曾经是（现在仍然是）一个应用 EVA 来明确和传达绩效的公众冠军，CFO 对于整个工程的实施也十分的积极。

西门子的内部业绩监控部门就如同内部的分析师角色，促使各级管理层密切关注提升资本市场所关注的价值创造成功要素。此部门负责推动价值管理的持续实施。

价值管理在西门子内的彻底实施加强了公司在绩效目标和企业文化方面的改革。参与 EVA 系统的经理人由 1999 年的 1500 人上升到了下一年度的 4000 多人。在同一年度阶段，收到股权的人数由 500 人上升到 1500 多人。正如高盛公司在一个关于公司的研究调查（2000 年 6 月 7 日）中所指出的：

"EVA 的实施和西门子管理层对于他们对股东的承诺这件事的认知不仅仅发生在少数的高层执行者中，西门子的管理层在推进这一进程中是主动和充满热情……一直到中层管理者。"

EVA 使管理者在解决商业问题上采取积极的行动。例如，公司废弃了一些无法达到绩效目标的商业单元，但是通过合并和并购加强了另外一些商业单元，它的目标就是使西门子在所有的市场领域中都取得前 3 名的位置。

(四) 实施效果

1. 满足投资者预期

西门子把 EVA 作为与投资者交流项目的一部分。以下部分摘自 2001 年度报告:

"在 2001 年财政年度,西门子在企业范围内继续推进它的整个管理系统向 EVA 集中。这包括以所有我们商业的世界顶尖竞争者为基准,将整个西门子作为一个整体,直接将管理报酬与营运部门 EVA 绩效相联系。"

公司的表现反映了新的项目所带来的改革 (详见表 9.2)。1998 年的 EVA 是负的 21 亿马克 (DM)。但是公司在 2000 年中消除了负的 EVA,很好地向前推进了内部计划并且满足了投资者预期。在 2000 年前 6 个月的 EVA 是正的 3.3 亿马克。

表 9.2 西门子公司近年来的业绩表现 单位: 百万马克,人

年份 项目	1995	1996	1997	1998	1999	2000 年 6 月 30 日
销售净额 (MM)	88763	94180	106930	117696	134134	144297
总资产 (MM)	81977	87501	98103	112024	120273	123563
员工人数 (M)	373	379	386	416	443	425
经济利润 (MM)				(2161)	(1287)	330

2. 提高了公司股票价格

EVA 价值管理驱动西门子的股票价格大幅度上涨。

《经济学家》杂志 (2003 年 2 月 15 日) 的评论表明这些改革已经成为管理过程的固定一部分。

"西门子正确地改革了它的内部文化,帮助避免了它的竞争对手的讽刺⋯⋯从 20 世纪 90 年代起它逐渐显现出比它的同期公司优势的地方。⋯⋯把西门子 10 年以前的追求规模性驱动成长方式和

现在关注于 EVA 的方法相对比，EVA 是一个流行的且有效的，帮助管理者在决策投资的时候进行资本定价的方式。"

（五）案例小结

改革西门子的文化是一项浩大的工程。原因就在于公司的规模化和多样性，同样，企业文化也习惯于公司处在一个平凡的状态。为了改革公司文化需要做一系列的、针对不同因素的协调一致的努力，这就要求上层管理者加强领导能力。决策者的不懈努力使西门子成为很长一段时间业内的佼佼者。

特别要注意的是，将 EVA 作为最主要的绩效衡量标准和将 EVA 作为评价新投资的标准这两点是十分重要的。EVA 的实施也离不开建立一个新的激励报酬系统，以满足执行者达到 EVA 目标的要求。广泛的培训和教育，和以沟通内部雇员和外部投资者为目标的体系同样是不可缺少的。进一步来说，首席执行官和首席财务官对此事的深入参与为这次改革提供了可信度并且帮助获得了下属各经理层的长期承诺。在绩效方面的快速增长使得公司上下对 EVA 的应用充满信心，推动了改革的纵深发展。

总的来说，这次改革是包含整个管理团队在内的一次巨大投资。但是，以改进后的利润来衡量的话，它的回报是可观的。这表现为公司更高的价值，投资者更多的回报，以及那些在公司寻求长期事业的雇员的更灿烂的未来。

案例二：SPX 公司——EVA 成为整个公司文化的价值核心

（一）公司概况

SPX 公司是美国《财富》杂志评选出的全球 500 强企业之一。它是一家从事工业制造和销售的公司，也是一家提供科技产品和系统、工业产品和服务、流体技术、冷却技术和服务以及服务解决方案的全球供应商。SPX 公司成立于 1911 年，其业务分布在全球 21 个国家，拥有 23000 名员工，是世界级汽车维修及检测设备研制开发生产的专业厂商之一，也是设计、制造和销售汽车专业维修检测设备、工具的大型跨国集团公司，在全球维修行业具有广泛的影响力和极高的知名度。在中国，SPX 公司建有 10 余家工厂，亚太区采购中心及 20 多个销售代表处。其中国区总部设在上海。

（二）实施背景

在 20 世纪 90 年代初，SPX 公司是一家经营业绩持续不佳的公司，其经济效益差，股票市值低。1995 年，约翰·布莱斯通（John Blystone）被任命为该公司的 CEO，随即公司宣布了一系列旨在转变其不良经营状况的行动计划。该公司 1995 年的年度报告写道："尽快实施 EVA 是这些行动计划中最重要的行动之一。"

（三）实施关键

1. 创造价值为中心的企业文化

在 SPX 公司的经验中，最具启发性的是它创造了一种企业文化，这种企业文化将价值创造置于所有关键管理程序和系统的中心地位。正如公司在其 1998 年的年度报告中所写的："EVA 是我们所有行为的基础……它是一种共同语言，它是关注焦点，它是我们行为的方式。"但是，尽管 EVA 及其基于价值创造的思想融合在所有公司的主要运营过程中，EVA 对该公司实现转变最重要的贡献是它在管理薪酬中的核心地位。虽然取得了如此骄人的进展，但 SPX 公司采取的特定行为既不特殊，也并非有什么特别的创新，任何能够胜任工作的管理者都应该熟悉它们。SPX 公司经验的核心之处不在于管理者是否有能力创造卓越的业绩，而在于决策者能否激励他们这样做。

2. 以价值为中心的管理者激励

通过使 EVA 成为价值创造的中心，SPX 公司成功地实现了管理方面的决定性转变。根据 1999 年的年度报告，该过程的要点之一是"驱动股东对收益的预期不断提高"。财富创造的关键在于它要超越反映在公司股票价格上的 EVA 增长预期。通过将个人红利同预定的 EVA 增长目标相联系，SPX 公司激励管理者执行价值管理，而这些目标是根据公司股票价格确定的。需要强调的一点是，这种管理存在一种激励机制，以便实现甚至超过 SPX 公司的股东已经支付成本的预期 EVA 增长。这种管理方式正是由价值决定的管理薪酬的核心内容，因为它将对管理者的激励和对股东的激励紧密联系起来。SPX 公司进一步利用股票期权来加强这些激励机制。因为股票期权创造的是强劲的、价值取向的管理者财富创造激励机制。

与许多执行 EVA 管理的公司一样，SPX 公司刚开始仅在其大部分高级管理者中推行 EVA 个人红利计划，但这很快就拓展到一个大得多的管理队伍。1996 年 1 月，185 名管理者进入 EVA 个人红利计划，6 个月后增加到 1000 人，到 1997 年 1 月，已有 4700 名管理者进入该计划。1997 年，外部董事们也分享到和 EVA 相联系的目标红利。

这些激励机制作用明显。于是 SPX 公司采取了各种各样的做法，这些做法都围绕着一个目标：为股东创造价值。

（四）实施步骤

SPX 公司 EVA 的实施，最值得借鉴的经验就是公司里由上到下所有的管理者都接受和理解 EVA 这种理念做法。在公司里，EVA 不仅仅只是一个价值核算体系，它变成公司文化里的主要价值核心。这个核心成为改变公司管理行为的催化剂。

1. 在董事会和管理高层中形成对 EVA 管理的认同

表 9.3 列出了 SPX 公司实施 EVA 管理的主要步骤。由于 EVA

及价值管理和行为改变、观念转变密切相关，取得公司成员的认同必须是第一个步骤。因此当初 SPX 公司决定实施 EVA 的建议是由首席执行官（CEO）提出来，并在实施过程中首先从首席执行官和董事会开始。如果公司员工看到价值管理的观念转变已经得到公司高层的承诺和完全认可，他们就会把 EVA 看做是一场深刻变革的驱动力量。为了 EVA 的实施工作能有效运转，SPX 公司的首席执行官和首席财务官们自始至终都以极大的热情积极进行宣传：在他们和管理班子的主要交流活动中，在任何公司内部交流媒介上，在和战略分析团队及证券管理人员的交谈中，都传递 EVA 的信息。而且，执行官还必须让公司所有人员清楚地明白：价值创造和公司长期发展并不矛盾，而恰恰相反，没有公司的长期发展，价值创造是不可能实现的。正是在这样一个不断宣传、不断强调的互相沟通中，才能将这种长期的价值创造理念深刻地种植在公司文化里，成为核心。

2. 做出关于 EVA 管理方案的主要战略性决策（征得广泛认可）

使董事会及高层管理者正确理解价值的概念仅仅是一个开端。当董事会、CEO 及其他高级管理者都接受了价值管理理念和 EVA 的用途之后。SPX 公司使得 EVA 成为公司管理方案的关键性战略决策。

例如，公司该如何确定 EVA 核算中心呢？或者说，EVA 核算需要进行到公司等级系统中哪个级别为止？在逻辑上，EVA 核算中心可以现存的利润中心为基础。这种方法有两个突出优点。其一，它将 EVA 核算限制于业务部门，这些业务部门对制作损益表和资产负债表负有重要责任。而在那些管理者没有这些职责的部门中，比起 EVA 数值本身，用 EVA 要素（通常称为价值创造要素）来评价部门业绩更为有效。其二，EVA 核算所需要的财务报表机制已经存在。唯一的重要区别是，EVA 核算还要求估计加权平均资本成本率（WACC）值以计算资本费用。尽管一些 EVA 顾问做了许多努力，试图使 EVA 核算深入到组织内部，但经验表明，这些努力极少取得成功。

表 9.3　　　　　　　　　　**EVA 管理实施步骤**

EVA 管理实施步骤

步骤 1：在董事会和管理高层中形成对 EVA 管理的认同。

步骤 2：做出关于 EVA 管理方案的主要战略性决策（征得广泛认可）。

如何确定 EVA 价值指标核算中心？

如何核算 EVA 值？

➤ 需要做哪些相关调整？

➤ 部门资本成本和公司整体资本成本的对比。

➤ 需要改变公司的会计体系吗？

➤ 多长时间进行一次 EVA 核算？

管理薪酬

➤ 哪些人员首先进入 EVA 管理薪酬方案，未来需要逐步增加参与者吗？

➤ 个人红利对实施 EVA 管理的激励作用。

➤ 报酬中是否存在递延成分？若有，对哪些管理者而言呢？

➤ 股票期权在管理薪酬方案中的作用。

➤ 各部门的 EVA 管理者红利和公司整体的或部门集团的管理者红利的对比。

➤ 管理薪酬和非财务措施之间的关系。

步骤 3：制定 EVA 管理实施计划。

步骤 4：确定人员培训方案。

哪些人员需要培训？

培训方案如何执行？

➤ 每个雇员所需的培训期数。

➤ EVA 管理的概念该如何阐述？

➤ 在实施初级阶段过后的继续培训。

　　关于如何核算 EVA，还需要考虑一个最关键问题：对于公司会计制度中已被发现的、对 EVA 管理会产生偏见和曲解的部分，是否需要做出调整？EVA 的实施者可以在大量的潜在调整因素中进行选择。若使用得当，这些调整因素可以创造出"更好"的 EVA 值，而 EVA 在现实经济中更具实际作用。然而，问题在于这些调整使核算体系复杂化，管理者因而较难理解它们。EVA 管理的决策制定者还需要考虑一点：是否存在足够强大的信息技术（IT）以支持 EVA 公布体系。另外，他们还需确定：由于信息技术的局限，多长时间对 EVA 进行一次核算并公布其结果呢？用于核算各部门 EVA 值的加权平均资本成本率是以公司统一比率为基础呢，还是随部门不同而变化呢？

确定 EVA 核算中心和如何核算 EVA 都很重要。然而，战略性决策的焦点是起激励作用的薪酬问题。有两个关键点需要立即提出来：第一，除非管理薪酬以一种制度化的方式与 EVA 密切联系，EVA 管理实施起来效果会很差，这是价值管理的核心所在；第二，有关薪酬原则的制定过程十分细致，无法委托他人制定，CEO 和其他高层管理者必须介入形成 EVA 个人红利计划的每一个步骤。

例如，哪些管理者将获得和 EVA 相关的个人红利？由 EVA 个人红利计划所确定的目标或预期报酬的百分比是多少？做出这些决策既需要从短期观点考虑（那些立即参与 EVA 计划的管理者的立场），又需要从长期观点考虑（那些将来参与 EVA 计划的管理者的立场）。SPX 公司的案例中简要介绍了一个普遍适用的方法：实施初期仅让高层管理者参与的计划，之后渐渐扩大到更为广泛的雇员群体。以下相关决策是必须确定的：EVA 个人红利能否敏锐地反映出与目标相关的低水平或高水平运营状况？管理薪酬是否存在递延成分？股票期权的作用如何？若存在非 EVA 措施（如非财务价值驱动因素）的话，它们在薪酬计划中的作用如何？

3. 制定 EVA 管理实施计划

在这些战略性决策完成之后，SPX 公司将重点转向制定一个 EVA 执行计划。并任命一名由一个工作委员会支持的全职协调员来制定这项计划。这个委员会确定技术支持的细节，如 IT 支持；确保方案的薪酬成分符合地方劳工法和税法的要求。例如，对参与个人红利计划的人而言，支付方式在税收上是否有利？

4. 确定人员培训方案

EVA 实施中最关键的任务之一是，制定一个培训方案以获得公司雇员对价值创造的真正认同。SPX 公司里，每年有超过 2000 名雇员要进行 EVA 管理的培训。这些培训通常是分期进行的。初始的培训有时不超过 30～45 分钟，向雇员介绍 EVA 的概念。其主要目的是解释 EVA 所包含的基本思想以及管理高层选择它的理由，解释的重点是 EVA 和确保公司获取竞争力的资本回报之间的关系。

接下来的培训则更详细地阐释 EVA，至少要花两个小时或半天时间。内容包括：EVA 核算；如何解释核算值；为了提高 EVA，雇员在其分公司或部门内该采取哪些行动等。本公司自己的或其他公司的简短案例学习尤其有帮助。还可以向雇员介绍和 EVA 相关的薪酬计划。与薪酬相关的任何问题都十分敏感，需要列入单独细致的培训。在任何情况下，我们通常都会推荐有关 EVA 的介绍，以及传达那些在其他会议上进行的有关个人红利的计算标准的详细讨论情况。

经过多次培训，SPX 公司发现期待雇员们在一次培训中消化所有的东西是不可能的。事实上，EVA 是和企业文化转变相联系的，这种转变是需要经过深思熟虑的。因此 SPX 公司在介绍性培训后，往往间隔几个星期再去进行更详细的操作性培训，并且将这些培训不断重复，给公司员工足够的时间去了解和学习 EVA 的知识理念。

（五）采取的行动

图 9.1 对 SPX 公司采取的做法进行了总结。

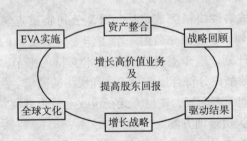

图 9.1　SPX 公司 EVA 操作规程

（1）SPX 公司关注其运营部门的生产质量和优良的运营水平。其中一个运营部门开创了次日送货服务，这个策略使其成为北美地区的市场领先者。1997 年，高运营效率和合理的资源配置创造了 12.5% 的利润增长。

（2）SPX 公司重新确定了自己的核心业务。1996 年，公司将专业服务设备作为自己的核心业务。但两年后，SPX 公司收购了General Signal 公司——一家生产工业用阀门、变压器、数据资料联网设备及各种其他产品的大型公司。现在，SPX 公司将服务方案提供、技术产品和系统、工业产品及机动车部件作为核心业务。

（3）SPX 公司进行一系列购并活动，目标绝大多数为小企业，以便推动它的价值创造战略。例如，1999 年它收购了 Barley 防火用品公司，这为它的救生系列用品增加了产品种类，以便拓展加拿大市场。同样，SPX 公司还收购了 Advanced Performance Technology公司，这将公司关注的业务从长期以来的汽车传送系统过滤设备拓宽到了其他过滤设备。

（4）SPX 公司进行部门合并，提高运营效率。例如，1996 年将 3 个部门合并成唯一的工具和设备部门，为汽车制造商服务；而其他 3 个工具和设备部门合并后进行售后服务。经过合并，关闭了两间生产厂、一处分销机构，并加强了销售、市场推广、生产监督和行政管理的职能。这次合并总费用约为 1800 万美元，但是到1998 年，预计每年可因此节约开支 2300 万美元。

（5）SPX 公司放弃那些对其他公司显然更为盈利的业务。例如，公司在其 1999 年的年度报告中说："在 Best Power 公司成为SPX 公司下属公司仅仅一年时间内，我们在相当程度上提高了它的业绩，该公司的经营利润率从 5% 提高到 13%。然而，Best Power的业务重心、市场份额和相对规模都使它对于其他公司更有价值，因此我们决定出售该公司。"

（6）SPX 公司采取许多基于财务的开创性措施，从而为股东创造价值。例如，1997 年它取消了季度分红，以方便股票回购。这是一种在税收上对股东较为有利的现金红利发放方式。

以上做法对股东财富的影响如何？1995 年底，当 EVA 管理刚刚开始执行时，SPX 公司的股票价格低于 16 美元；而到了 2000 年夏天，它的股票以接近 120 美元的高价进行交易。

这个例子表明，当评价和酬劳管理者是以 EVA 为标准时，比起那些不在实施 EVA 管理的公司供职的同行们，这类公司的管理者更愿意做出能够为股东带来卓越价值的运营、投资和融资决策。

（六）实施效果

EVA 的正式实施始于 1995 年底，仅到第二年底，公司的业绩就发生了引人注目的回升。和前一年相比，EVA 增加了将近 2700 万美元。自 1996 年全面实施 EVA 计划以来，SPX 公司的股票从 15 美元涨到 115 美元。该公司在 1996 年的年度报告中写道："EVA，即 EVA，是我们成功的标准。它既帮助我们改进公司运营，又帮助我们有效利用资金。更重要的是，它是迅速实现财务状况转变的催化剂，并推进了企业文化的改变。"

该公司继续执行 EVA 管理。第二年，公司在其 1997 年的年度报告中充满信心地写道："EVA 仍是我们成功的催化剂。公司境况从 1995 年开始好转，那时，SPX 公司的 EVA 为 5000 万美元的净负值。现在，将近 80% 的 SPX 公司合作者参与 EVA 激励薪酬计划，这使他们的利益和公司股东的利益保持一致。经过两年时间，EVA 显著提高。1998 年，我们将沿着将 SPX 公司塑造成一个 EVA 净增加的公司的道路前进。"

事实上，SPX 公司的累计 EVA 增长在 1998 年达到 6000 万美元，在 1999 年达到 1.3 亿美元。到 20 世纪 90 年代末，这个状态持续不佳的公司已转变成一个势头强势的价值创造者。

案例三：百力通（Briggs & Stratton）公司——将 EVA 管理机制落实到基层

（一）公司概况

美国百力通公司是美国的 500 强企业之一，是全球汽油发动机领域的佼佼者，其总部位于美国威斯康星州的密尔沃基市，分公司和子公司遍布全球十多个国家和地区，2000 年百力通公司的销售收入为 16.2 亿美元，其中出口 3.4 亿美元。百力通公司是全球最大的通用风冷式汽油发动机制造商，年产发动机达到 1200 万台。

百力通公司是 1909 年由史蒂夫·布里格斯（Steve Briggs）和亨利·斯特拉顿（Henry Stratton）共同创建的一个汽车零部件制造公司，最终火暴是因为开始制造电力机车。1919 年，他们获得了生产所谓的"史密斯车轮"配件的权力，这是这家公司制造的小马力空气冷却发动机的心脏。在 20 世纪 30 年代，这种发动机可以用于任何家庭和庭院机械设备的动力，包括洗衣机、播种机和电动木锯。割草机是百力通公司一个成功的产品。公司不仅生产汽车零部件，而且生产那些不太相关的产品，比如糖果架、纸巾盒、枪榴弹。当然，不很昂贵的空气冷却发动机是为公司赚钱的产品。百力通公司在 1929 年以后的 60 年里持续盈利，其间经历了 11 届美国总统和 3 场战争。

直到 1989 年，由于日本发动机制造商的竞争，在经过 60 年的盈利之后，百力通公司最终亏损了 2000 万美元。公司董事长决定进行重组，彻底改变公司。这场改革包括，出售百力通公司的最老的事业部，把整个公司分成 7 个经营单位，改变许多业务的经营地点。然而，最重要的改革措施是采取 EVA 管理模式。公司 CEO 罗伯特·埃尔德雷芝说："在我们做出的大量改革当中，选择实施 EVA 的时机是最妙的决策。"

（二）实施背景

像许多公司一样，百力通公司一直注重会计利润，严重忽视资产负债表项目的变动。公司变得规模庞大、拥有过多的库存、过多的设备、过多的员工。从 1979～1989 年间，百力通公司用于经营的资金增长了 3 倍，从 1.75 亿美元增长到 4.88 亿美元。会计利润和现金流保持稳定，但公司的 EVA，也就是扣除大量资金机会成本之后的净利润，却一路下滑。资金费用（capital charge）（等于加权平均资本成本×投入的资金总额）从 1979 年的 2440 万美元提高到 1989 年的 6470 万美元。公司总裁雪利说："在 70 年代末，公司经营资金和净利润的比率是 3∶1。也就是说，要投入 3 个美元在砖石、灰浆、厂房和设备上面，才能产生 1 个美元的净利润。到 80 年代末，这一比率已经上升到 9∶1。我们使用原来的 3 倍的资金去带来 1 个美元的净利润。"在 1989 年，会计数字显示公司亏损 2000 万美元，而 EVA 是负 6200 万美元。

公司 CEO 埃尔德雷芝说："我们不是合格的资金管理人，因而没有为股东带来回报。董事长弗雷德·斯特拉顿（Fred Stratton）决定为提高股东价值做些事情。"斯特拉顿采取的措施就是举起"大锤"重击发动机业务。1989 年 7 月，斯特拉顿宣布公司将重新专注于大批量、低成本的发动机业务，退出高档发动机市场。另外，公司将被分成 7 个独立的经营单位，每个经营单位都生产一个独立的产品或产品系列，每种产品都有自己的利润底线。

（三）关键步骤

1. 在整个公司中贯彻 EVA 管理模式

雪利是公司实施 EVA 时期的总经理，实施 EVA 后，他把注意力转向在整个公司中贯彻 EVA 管理模式。如果说，董事长弗雷德·斯特拉顿希望让他的经理们都像股东一样地思考问题，雪利则希望所有员工都像经理们一样思考问题。雪利知道，只有在公司的所有层面都做出不断的改进，才能持续地改善 EVA 指标。随着公司的改造，雪利要求每一个人都能理解，真正的目标并不是更高的经营利润，或者更低的次品率，或者更快的库存周转，或者其他任何经营效率指标。当然，所有这些指标都是有用的。但是雪利认为，只有当这些指标有助于创造更多的 EVA 时，它们才是有意义的。

百力通公司走向 EVA 管理模式之后，实施了"建立、经营和收获"的经营策略，公司开始出现一些重大的变化。管理层可以应用这些策略来改善企业的 EVA："建立"（build）是指新投资的回报必须高于资本成本；"经营"（operate）是指在不增加相关业务资金占用的条件下，带来更多的现金利润；"收获"（harvest）是指出售那些未能收回资本成本，并且没有良好前景的业务。斯特拉顿推行的公司重组，加上用 EVA 来度量各个业务部门的业绩，即各个业务部门对自己的 EVA 业绩指标负责，很快给公司带来了巨大的"收获"。雪利说："我们有一些业务，简直就是价值杀手。我们为别人配套的汽车启动器发动机和注塑产品业务无法赚回资本成本。在确信了这一点之后，我们放弃了这两项业务。"如上所述，百力通公司还停止生产赚钱的 Van-guard 发动机，而以更低的成本从其他制造商那里购买，节省的 7000 万美元资金则用于其他更加有利可图的业务。

以上做法的双重好处是，同时增加了经营利润和减少了资金占用，因而降低了资本成本。在实施 EVA 模式的前 4 年，百力通公司的销售收入增加了 28%，而流动资金基本上没有增加。会计利润在 1990 年消除了负数，EVA 在 1992 年转为正数，达到 200 万美元，3 年之后升到 6400 万美元。百力通公司的资金回报率从 1989 年的负 1.2% 上升到 1992 年的正 11.2%。在 1994 年，资金回报率再攀升到 20.2%，EVA 达到 3800 万美元。

2. 改变工作流程

采用 EVA 后，公司的各部门的制造流程都在很大程度上被改变了，用日本人的"中心工厂"（focus factories）和"单元制造"模式（cell manufacturing）替代了传统的批量制造方法（batch processing）。在批量制造流程中，类似的加工设备放到一块，操作人员分工负责自己的那一道工序，不必关心流水线的下一道工序。在单元制造流程中，不同的加工设备组合在一起，操作人员和装配工以团队为单位，完成一个完整的部件，甚至整个产品的装配。这种思路的目的就是削减制成品库存。这种方法在 Burleigh 大街的工厂里面已经成为一种标准的操作程序。

3. 将 EVA 作为业绩衡量标准

董事长斯特拉顿还决定，停止把每股盈余（earnings per share，EPS）作为度量公司业绩的指标。他认为，每股盈余并不能恰当地反映公司在资本支出方面所损失的财富。总裁雪利回忆道："我们在各个地方累积了那么多的现金，以至于我们的人并不认为这也有成本。"更严重的是，新的公司结构十分需要一种新的业绩度量指标。公司内控主管布伦指出："我们已经决定要在公司内部实行事业部化（divisionalization）。我们需要一种业绩度量指标，来准确度量这些新的事业部的业绩。"

随着公司的资本支出持续膨胀和利润下降，CEO 埃尔德雷芝开始关注 EVA 管理模式，以及 EVA 对资金成本的重视。董事会1991 年一致同意接受 EVA 作为度量业绩指标。公司管理高层认识到，EVA 可以迫使业务经理去考虑他们增加设备带来的成本。与许多其他公司业务经理的行为方式一样，只要公司总部批准他们的申请，他们购买这些设备就好像是免费的。但如果他们的损益表中包括了他们业务活动中所用资金的成本，这种态度很快就会改变。实施 EVA 业绩考核后，各个基层团组就开始关心整个工厂的 EVA业绩。尽管工厂经理、人事经理、会计经理负责计算工厂的 EVA并按月公布，员工们也开始关注自己所在团组的 EVA 业绩。在季度会议上，厂长和 EVA 计划推广人员（百力通公司派出的推行、落实 EVA 计划小组的负责人）将仔细阅读这些材料。厂长说，随着会议的进行，发现员工的参与程度越来越高。这一点可以从员工提出越来越多的改进意见中看得出来。比德纳还注意到，会议室里充满着一种明显的竞争气氛。他说："各个团组的业绩都被公布出来，所以你可以看到，究竟谁使工厂的 EVA 上升或下降。"公司对大多数普通员工进行了 EVA 概念的培训。按照 EVA 的观点，资产负债表上的资金成本应像损益表上的经营成本一样重要。公司要求每一个员工从自己的岗位职能出发，经常提出改进 EVA 的建议。

4. 建立与 EVA 挂钩的激励机制

公司将 EVA 作为员工薪酬制度的依据，并建立了新的奖金计划。董事会相信，EVA 度量指标和与之挂钩的员工薪酬制度，能够使管理决策保证股东财富的最大化。新的奖金计划包括了 100 名管理人员，而现在包括百力通公司的所有员工。奖金的多少取决于员工完成 EVA 计划改进目标的具体数量。如果整个公司或某一类业务实现了设定的 EVA 改进目标，管理人就得到了这笔奖金，奖金数量相当于基本工资的 20% ~ 80% 不等。斯特拉顿制定规则：管理层的奖金上不封顶，所以只要实现了 EVA 改进目标，他们就可以得到其中一定的份额。奖金计划对于百力通公司的管理人员有很强的激励作用；而在此之前，大多数管理人员的业绩都不符合享受奖金的标准。

1993 年，百力通公司进一步强化。EVA 激励机制，对管理高层推出"杠杆式股份期权"（leveraged stock option，LSO）。公司要求，这些管理人员必须用自己货币奖金的一个比重购买这种期权。与常规的期权相比，这种期权的股份更多，但是这种期权有两点特别之处。第一，管理人员得到的期权数量取决于 EVA 奖金的数量；第二，期权的行使价是不断升高的，因而只有当股东得到了更高的回报，管理人员才能从中得到好处。换句话说，只有管理人员的业绩良好，他们才能得到实际的支付。如果股票表现突出，管理人员可以得到巨大的回报。

经过与一个当地工会的艰苦谈判，公司最终决定让所有的员工参加 EVA 薪酬激励计划。甚至百力通公司在中国内地的一个合资企业也是这样。公司决定，基层员工的 EVA 薪酬激励部分不应高于年工资的 12%。未封顶的奖金适用于大多数管理人员，这些奖金需要存入一个奖金库。其中，一部分奖金是不能动用的，用于对冲今后 EVA 下降带来的损失。奖金库的作用是，防止管理人员为了短期利润而牺牲长期的业绩。但是比德纳认为，基层员工可能把奖金库视为管理人员的一个诡计，用来"收回"他们获得的奖金。

（四）实施效果

在公司总裁约翰·雪利的领导下，百力通公司将 EVA 管理模式一直贯彻到基层，公司业绩开始好转。实施 EVA 的结果是惊人的。公司的股票在 20 世纪 80 年代的 10 年中缺乏活力，而那时大多数股票都在牛市中得到了升值。但自从采用 EVA 之后，百力通公司股价的增长一直高于市场平均水平，到 1997 年，经过一次 2∶1 的股票分割之后，公司股价达到 53 美元。公司在股票市场上的喜人业绩反映了公司员工在工作方式上的巨大变化。

在推行 EVA 管理模式将近 10 年之后，约翰·雪利成为 EVA 最坚强的支持者。他说："EVA 是一个非常简单，然而十分精巧的概念。一个好的业绩度量指标必须有两个特点，一是容易被人理解；二是与价值创造紧密联系。通过少量的培训，EVA 可以为包括基层员工在内的任何人所了解，从而激励他们的行为，这种行为又转化成公司股票价格的升值。"

案例四：英国劳合银行——将股东利益置于首位

（一）公司概况

英国劳合银行是英国四大清算银行之一，也是英国伦敦票据交换所的交换银行之一。它创立于 1765 年，当时称泰勒·劳合公司，后来兼并了 50 余家银行，1889 年改称为现名。它的总行设在伦敦，在英国国内设有 2000 多家分支行，在世界 40 个国家和地区设有分行、附属行 500 多家，雇员 75000 多人。1982 年资产总额为557.51 亿美元，存款 491.20 亿美元。1993 年资产总额为 830.19亿美元，在世界 1000 家大银行位次中排列居第 62 位。其业务经营范围较广泛。零售业务有私人存款、贷款、账户透支、保险箱、发售支票和信用卡，代客买卖证券等，其盈利的 60% 左右为零售业务收入。劳合银行主要控制的有伦敦南美银行、伦敦蒙特利尔银行、劳合欧洲银行、劳合银行保险公司、新西兰银行、劳合联合飞机出租公司等。1971 年劳合银行所属的劳合欧洲银行与伦敦南美银行联合成立劳合·博尔萨国际银行。从 1972 年开始与英国米德兰银行、国民威斯敏斯特银行等联合开展信用卡业务。它与英国石油、钢铁、航运界保持着密切联系。

1983～1991 年，通过实施价值管理的变革，剥离不良资产，收缩业务重点，劳合银行的市值总额增长了 40 倍。但成功还受益于另一个因素：总裁领导下的公司价值管理行为的变革。

（二）实施背景

劳合银行的管理人员的观念转变源于 1986 年，当时劳合银行决定出售在加利福尼亚的零售银行业务。劳合银行于 1974 年并购了一家当地的银行。当时，银行的许多主管认为设立加利福尼亚劳合银行是进入世界上最大、最具影响力、增长最快的经济体的市场的重要一步。问题是，不论市场情况如何，劳合银行在那里绝无竞争优势。它在那里的市场份额微乎其微，根本无法与美洲银行这样的巨头竞争。

然而，还有其他事情使得劳合银行不敢从这个高速增长的市场中撤出。一个让人在感情上无法接受的词——"撤出"——不断被挂在嘴边："我们要撤出加利福尼亚，是吗？别人会怎么想？"

但是，最终没有人能提出有力的继续这项业务的经济依据。劳合银行计算的加利福尼亚银行的经济利润率未能高出其权益成本，尽管市场具备增长潜力，但管理层看不到收入大幅增长的前景。于是劳合银行将它拍卖，一家日本银行支付了一笔金额不大的价款将其买下——但劳合银行的股价却在一夜之间出现了上涨。

这一案例在劳合银行具有重要意义。它说明了一个事实，即尽管以股东价值为目标的管理不可避免要面对诸多困难，甚至要进行痛苦的抉择，但同样会得到回报。这使得管理层具备了足够的勇气,将股东利益置于首位——例如,将重点从注重规模、资产、地域的扩长转至盈利性——这成了公司复兴的阶段。

(三) 关键问题

1. 将创造价值作为衡量银行成功的唯一标志

布赖恩·皮特曼(Brian Pitman)担任劳合银行总裁后的第一项工作是召开董事会,后来是整个管理团队,就劳合银行如何才算成功达成某种共识。如果能就此达成共识,公司就可以设立一个单一的、恰如其分的业绩衡量指标,取代现有的一系列不明确的目标,诸如服务股东、服务客户、服务全社会,等等。此类笼统的指标不会对你产生任何影响——不够具体的东西无法对人们的行为产生影响。

劳合银行希望能够就成功归纳出一个单一定义,找到一个单一的衡量工具。缺乏重点就容易把事情搞乱,努力会因同时追求多重目标而被分散。通过两次会议,董事会最终同意——应当建立一个单一的管理目标,即提高股东价值。劳合银行应当将权益回报率作为业绩衡量指标,这是一个关键盈利性指标,投资者据之衡量公司对自己的钱使用的效率如何。劳合银行决定力争达到扣除通胀因素(当时为5%)之后的10%以上的权益回报率。

但是一位董事会成员,一位来自于壳牌的、曾经长期使用贴现现金流工具的高级主管认为,虽然权益回报是正确的指标,但劳合银行却设置了错误的目标。他建议,与其将权益回报率与通胀挂钩,不如将其与权益成本——可能购买公司股票的投资者期望的年回报率——做比较。当时劳合银行还从未计算过通过评估公司业务及运营风险加以确定的权益成本。所以高级管理团队,以最新的学术理论为工具,开始着手计算首先是公司整体,继而是各个单项业务的权益成本,及剔除资本成本率后的经济回报率。

管理层吃惊地发现,不论采用何种计算工具,劳合银行的权益成本总是在17%~19%之间的某个点上,他们知道公司很难有一项业务能达到类似的回报率。然而，如果劳合银行想提高股东价值，一个建立在权益回报，而不是通胀基础上的指标更为合理。所以在1984年，劳合银行不仅仅将权益回报作为财务表现的关键衡量指标，而且为各个业务设置了需要达到超出其权益成本的目标。在管理体系中也需要报告权益回报，国内、国际业务的指标最初单独计算，后来也实现了国家之间的统一。这一指标同时也被用于高级主管的薪酬制定；在此之前，管理人员的薪酬与通胀挂钩。至此，"提高权益回报"的声音在公司内处处可闻。

　　劳合银行重新定义了长期目标，坚持采用能够更好地反映公司以及各项业务的内在价值的指标。但劳合银行始终保持一个单一的整体目标：为股东创造更多的价值。事实上，劳合银行发现这一目标，比起那些漠视股东价值的目标，更能够为每个人创造价值。劳合银行的客户满意度在上升，劳合银行雇员得到了更好的报酬，劳合银行为所在的社会做出了更大的贡献。

2. 设定长期统一的有挑战性的价值创造目标

　　在20世纪90年代初期，劳合银行需要更有效的激励，让它们的高级经理更为雄心勃勃地创造价值。在计算高级经理人员的薪酬时，劳合银行设定的最初标准是超过英国竞争对手的权益回报以及相应的业绩指标。但是，董事会认为，这个指标未免太过容易。如果劳合银行希望达到世界水准，需要同世界级的公司作对比。于是劳合银行开始在美国的银行界寻找基准数据，但是它们当时都正处于苦苦挣扎的边缘，无法提供合适的目标数据。

　　最终，劳合银行决定在金融服务机构之外寻找，从美国最为成功的企业——不论何种行业——中寻找指标设定方法，借以进一步提升劳合的业绩。在这当中，劳合银行总裁布赖恩·皮特曼见到了可口可乐公司总裁。可口可乐总裁介绍了一种新的衡量指标：公司价值增加1倍所需的时间，可口可乐是3年。布赖恩·皮特曼回国后将之作为一个奖金决定指标，报告给了高层管理团队。普遍的反应是："你疯了吗？把我们和软饮料公司比？"

　　布赖恩·皮特曼的回答是："您的意思是说，银行业应当比软饮料更富竞争力？那是当然。"因此劳合银行进行了一项研究，考察各种行业的竞争环境。结果当时的金融服务业并不比软饮料更激烈；事实上，金融服务业排在名单的后端。最终，每一个人都同意在 3 年之内将市场价值增加 1 倍——事实证明了劳合银行能够做到这一点。设定具有挑战性的目标能够改变人们对自己以及对公司的看法。

　　当布赖恩·皮特曼用以业绩为基础的薪酬方案取代与通胀挂钩的方案时，一位布赖恩·皮特曼认识多年的业务部门的负责人来找布赖恩·皮特曼，希望能把他安排在新系统之外。他还有 3 年就要退休，而他的养老金将以他离职时的工资为基础。当时英国的通胀率几乎每年都达到 10% 左右。他不想冒风险失去在通胀挂钩体系下所能得到的有保障的加薪。布赖恩·皮特曼告诉他说，他属于高层经理，而布赖恩·皮特曼不希望他的团队中有任何人会认为劳合银行的表现会赶不上通胀率。该负责人最后怒气冲冲地离去了。然而令人高兴的是，他最终得到了比他在旧体系下所能想到的多得多的报酬。

　　这不仅仅令高级管理人员受益。劳合银行为整个组织设定高业绩标准，在达到标准时，对他们进行奖励。当然指标是多种多样的。劳合银行不能让检查人员提高他所从事工作的权益回报。劳合银行通过他所能够控制的项目对他进行衡量，诸如关键价值驱动要素、生产率与准确度。但是，不论指标如何，公司都要确保这是股东价值的一个有机组成部分。

　　近来，每个人都拥有了股票期权。劳合银行曾经收到一些负面评论，说银行有太多的百万富翁经理——这在当时的一些英国人的眼中不甚荣耀。然后一家报纸发现，银行的一位邮差拥有价值 25 万英镑的股份，这改变了人们的观点。通过股票期权，人们可以得到迄今为止通过储蓄无法拥有的财富。

3. 转变观念，真正接受价值管理的信念，有勇气抛弃非盈利非主营业务

打算采用股东价值创造战略的人们，必须对之坚信不已。例如，他们必须相信，价值创造比规模增长更为重要，后者从所有者的角度来看，通常是在毁损价值。他们必须相信集中精力于有经济利润潜力的业务，撤出其他业务的重要性。如果他们真正接受此类信念，而不仅仅是说说而已，就会改变他们从事业务的方式。

在布赖恩·皮特曼任职初期，对劳合银行进行了一项全面分析，以确定哪些业务在创造价值，哪些在毁损价值。布赖恩·皮特曼发现，很少的一部分公司业务创造了大部分的价值，而一半以上的业务盈利都未能超过权益成本，继而拖累了布赖恩·皮特曼的股价。这项分析使得劳合银行退出了诸如加利福尼亚市场，其权益回报率为 8%，权益成本却是这个数字的两倍多。

这项分析同样使得劳合银行开始将重点越来越集中于英国金融服务。尽管劳合银行的传统零售银行业务利润不是特别高，但劳合银行注意到了它的分支机构网络与客户关系所带来的渠道优势。因此劳合银行开始销售保险产品，开始是作为代理，后来银行并购了一家名为 Abbey 人寿的保险公司。还并购了 Cheitenham & Gloucester，一家专门从事家庭抵押业务的建房互助协会，类似于美国储蓄及贷款协会。在这两项并购中，被并购方都依旧保留自己的品牌，只是通过劳合银行的分支机构销售产品。1995 年与 TSB 的并购极大地扩充了劳合银行的分销能力，继而增加了公司的价值。

不论是在内部还是外部，劳合银行的价值管理重构并非都一帆风顺、毫无阻力。采用价值创造哲学需要强有力的纪律。而一只眼睛盯着自己的奖金的人们，会想尽办法逃避以股东价值为基础的指标，时常会试图采用别的、看上去与价值相关的指标。而且，人们的信念是如此的难以改变。在劳合银行的经历当中，曾经不得不放弃了将劳合银行变为一家全球性的银行，为所有的人提供所有的服务的念头。管理层承认更为正确的是缩减规模，待在英国国内市场，将重点集中于单调的产品，诸如抵押与保险，而退出深孚众望的诸如投资银行与外汇交易业务。

更大的阻力来自于业务剥离。去除不盈利的产品、去除不盈利的客户、退出不盈利的市场是一些最有效的增加股东回报的方法——但这同样是一些人们最难面对的事情。

看一看劳合银行的商业银行与投资银行业务的故事。1987 年的金融大爆炸伦敦金融市场的解禁时期，劳合银行内部的许多人坚信应当大幅度扩张商业银行业务。如同劳合银行的许多竞争对手一样，它们担心，落在后面的银行无法为公司客户提供包括商业银行业务在内的全面服务。

于是劳合银行派出了一位负责商业银行业务的高级管理人员去日本一个主要的商业银行市场。他发现大的美国的投资银行早已在那里投下了巨额资金以开拓投资银行业务——而劳合银行在那里要谈的只是一个 5000 万美元的小项目。他的结论是银行不太可能在日本有出色的表现。不仅如此，进一步的研究表明，劳合银行甚至在英国本土的市场上也不能很好地与美国的投资银行竞争。

尽管他一开始表示反对，但后来还是——不是被别人，而是被他自己——说服，承认剥离业务是正确的决策。结果是劳合银行关闭了投资银行业务，尽管这是一个不受欢迎的决定，却为劳合银行节约了大量的财富。把自身资源投在虽然增长但并无竞争优势的市场中，对劳合银行和劳合银行的股东而言都是毫无道理的。

并不是每一个人都能如此迅速地看清问题。当公司所做的事情与大众的看法不一致时，转变观念就变得更为困难。劳合银行曾经取消了一项不盈利的类似于税收准备的业务，结果报纸批评劳合银行抛弃消费者，业务运作失败。劳合银行的反应是什么？"这一切只是表明，我们应当更好地向人们解释我们为什么要这样做。"

但是当观念真正转变之后，公司内部的批评家们也会发生转变。即便是因价值创造行动而遭受损失的人们也会承认其合理性。一次，劳合银行决定关闭在世界某处的外汇交易业务，这将减少

20 个职位。当时布赖恩·皮特曼正计划访问这一地区，一位同事说道："上帝，人们对你的接待会充满敌意。"但布赖恩·皮特曼还是去了。结果布赖恩·皮特曼从交易员那里听到的是："我们实在痛恨你这样做，但我们能理解你为什么这样做。"

4. 公司从上到下的不断探索、学习、参与和改进

你不能将一种理念强加于人们。要在学习的过程之中形成理念，先让人们认为这一目标值的重要，然后让他们应用自己的才华去深化认识。这一过程时常会伴有激烈的争论，事实上，发现分歧是达成一致的关键。没有分歧，人们只会简单统一，而不会对进程有真正的认识。

毫无疑问的是，总裁同样也包括在这一学习过程之中。布赖恩·皮特曼刚开始时并没有一个成套的如何将劳合银行转为注重价值创造的组织的现成答案。布赖恩·皮特曼仅仅是创造了一个鼓励、探讨的环境。而且，不出意料的是，人们提出了各式各样的实现目标的思路。聪明的人们，提出了聪明的问题，广泛地参与了这一努力。

事实上，这是一项劳合银行的所有人都参与了的活动。深入公司内部，探寻何种产品创造价值是一项诱人的工作。尽管最初的确定权益成本的工作也十分有趣——那位用整个周末研究自己的公式的高级经理就是明证。劳合银行所有的人都潜心钻研学术资料，自学资本资产定价模型来确定加权平均资本成本率等。

这种持续多年的文化学习使得劳合银行能够不断地对公司以及业务部门的战略进行重新评估。人们或许会说，某种战略有效。劳合银行的回答是，还会有更好的战略，只是还没有被发现而已。

劳合银行用以激励讨论的方法是，要求业务部门针对每一个目前所面临的问题，至少提供三种备选方案。劳合银行不接受假想对手，需要各式各样的选择。不对业务单元进行大量深入思考，也就无法制定出这样的备选方案。这要求人们学习。随后这些备选方案将被讨论如何能为公司创造出最多的价值。

　　除了制定备选方案以外，这项措施同样会为业务部门带来更高水平的主动性与自主经营激励。由于要考虑备选方案如何影响价值创造，部门经理对战略制定变得越来越是重要。这减少了高层经理将战略强加于业务部门的情形，意味着在战略的执行过程中更需要自我反思与警醒。毕竟，比起别人制定的战略，人们对于自己制定的战略执行得更好。

5. 持续的价值增长依然是公司长期表现与健康程度的最佳衡量指标

　　价值管理实施中最为重要的是，让人们就若干核心价值理念交换意见，这些理念将决定他们的行为，最终决定公司的行为。你无须通过独裁的方式达到这一目的，你可以通过领导人们学习，向人们展示新的、关于如何为你们的股东创造价值的观点。

　　作为公司指导准则，股东价值近期变得炙手可热。市值庞大的公司在顷刻之间垮台。拥有巨额股票期权的高级管理人员们被控通过提高公司短期股价增加自己的财富。但是尽管有触目惊心的管理失误与贪婪，持续的价值增长依然是公司长期表现与健康程度的最佳衡量指标，同时也是整个社会经济总体健康状况的最佳指标。这一点依旧是最大的管理挑战以及管理成果。

（四）实施效果

　　1983 年布赖恩·皮特曼被任命为劳合银行的总裁，2001 年布赖恩·皮特曼退休，在此期间劳合银行的市值从 10 亿美元增长到了 400 亿美元。在此期间包括分红再投资的综合年平均股东回报率达到了 26%——不仅仅胜过英国银行界的竞争对手，同样使得劳合银行足以与可口可乐、通用、吉列等资本市场明星媲美。这里最重要的一点是，价值管理远远不仅仅只是采用一些时尚的新型业绩指标或是会计工具。让人们关注如何为股东创造真正的价值需要一些别的东西：理念的转变。

第二节 我国企业应用 EVA 的
必要性与可行性

一、建立 EVA 业绩考核体系的重要性

把 EVA 的理念和方法引入考核，以 EVA 为核心构建新的业绩考核体系将大大改进传统的业绩考核方法，其考核过程更加规范，考核结果更加科学，改进措施更有针对性，有利于实现国有资产保值增值和国有企业做大做强的目标。对国资管理机构而言，EVA 对其所监管企业的经营和发展起着导向性的作用，这是股东价值的集中体现，也是股东监控企业的有效手段，还是价值管理的有益尝试；此外，EVA 还有利于国资管理机构建立国有资产专业化管理体系，并协助完成其战略目标和历史使命，促进国有企业的资源配置、资产重组和战略投资的有效管理。对企业而言，把 EVA 应用于业绩考核工作是促进企业强化、完善管理和提升价值创造能力的一条捷径。

（一）EVA 业绩考核体系是国有资产监督管理机构落实国有资产经营责任的重要手段

纵观世界各国的国有资产管理机构，虽然它们与我国的国有资产管理机构在规模、体制以及运行机制方面不尽相同，但中外各国国资管理的宗旨无一例外地都是保证国有资产保值增值，通过科学的考核，实施有效的监管，使国有资产的运营效率得以提高，为国民经济的发展和社会稳定、繁荣做出重要贡献。因此，我国的国有资产管理机构需要借鉴国际先进的企业经营业绩考核方法，引入以 EVA 为核心的业绩考核体系，并以其作为完善国有资产管理机制

和强化管理职能的切入点和突破口，最终实现国有资产管理的战略目标和历史使命。

（1）有利于高度关注和追求国有资本的效率，提升国有资产的价值。世界上最好的国有企业都专注于资本的有效利用，国家股东在行使其在国有企业的所有权时，都专注于资本回报的最大化。国有资产管理机构应向国有企业负责人强调，无论是债务融资所得还是股权融资所得的资本，都不是企业自己的，而是投资者的，使用任何资本都是有成本的，而且股权成本由于投资者担负了更高的风险因而所要求的回报也更高。因此，要高度关注和追求资本的利用效率。对资本利用效率最好的测度是 EVA，它综合考虑了负债和股权资本以风险为基础的机会成本。注重资本回报最大化将促进国有企业更好地改善生产经营业绩，提高资本利用效率，从而有利于提高国有资本的盈利能力，最终提升国有资产的价值。为了推广这种注重股东价值创造的做法，国有资产管理机构应要求其所监管的企业改进其会计系统和记账方法，使之符合财政部颁布的《企业会计准则》的要求，并便于国有资产管理机构在此基础上对每一个企业的 EVA 进行计算并对它们的经营绩效进行评估。促使国有企业专注于资本效率的一个重要举措就是突出主业，剥离由于过度扩张而建立的低盈利的非相关业务，使之进一步提高核心业务的竞争力。

（2）有利于完善对企业经营业绩的考核，强化对国有资产的管理。国有资产管理机构对其监管的国有企业通常不是直接参与其经营，而是通过以业绩考核为工具，结合其他专业化职能来实现其管理的目标。因此，制定科学、合理、公平的业绩评价体系是完善对企业经营业绩进行衡量、考核、控制和管理的客观要求。我国对国有企业的管理经历了实践、提升，再实践、再提升的不断演变的过程，但到目前为止，所有采用过的或正在被采用的绩效考核方法都由于缺失某些重要方面或有种种不足而不能成为一套完整有效的业绩考核体系。国有资产管理机构自成立以来，一直在研究如何能建立一个完整、科学、客观、规范的考核体系，以解决国有企业业绩考核问题，以适应形势发展的要求。EVA 价值管理体系的首要功能即是业绩评价，同时结合与之配套的激励手段，形成一个全面完整的以股东价值创造为核心的 EVA 业绩考核体系。因此，构建EVA 为核心的考核体系能够较好地满足这方面的需要，有利于进一步强化对国有资产的管理。

（3）有利于加快国有经济布局和结构的战略性调整，培育一批具有国际竞争力的大企业。从战略上调整国有经济布局和结构，目的是提高国有经济的整体素质，增强国有经济的活力和竞争力，进一步发挥国有经济的主导作用，巩固和完善以公有制为主体、多种所有制经济共同发展的基本经济制度。借助以 EVA 为核心的业绩考核体系，能够比较科学、客观、准确地在需要国有经济发挥主导作用的领域遴选出一批优秀的企业，在此基础上把企业成长性好、升值空间大、资本利用率高、股东回报率高的经营方向确定为发展的主营业务，而把一些盈利水平低、创造价值小的业务视做非主营业务。借助国有资产管理机构管理资产的手段和市场的力量，通过资产的流动、重组，有进有退、有所为有所不为，把有限的资源配置到这些企业的主营业务上，尽量剥离或限制发展非主营业务，提高企业的核心竞争能力，促使企业迅速发展壮大起来，成为能够在国际市场上可以与世界著名企业同台竞技、一决高下的大企业、大集团，或成为对地方经济有举足轻重影响的优势企业，从整体上提升国有经济乃至国民经济的竞争能力。

（4）有利于建立科学、公平、公正的业绩考核体系，更加客观准确地评价企业负责人的经营业绩。没有考核，就没有真正意义上的管理。"建立业绩考核，不仅是国有资产监管制度的创新，而且也是出资人必须要履行的重要职责"。建立科学的考核体系，必须是硬约束，强激励。建立科学的业绩考核制度、建立激励和约束相结合的责任机制也是广大企业经营者的内在要求。但如何使考核更加科学、公平，是国有资产管理部门面临的一个重要课题，因为企业情况千差万别。中央企业主要存在以下几个方面的差别：①中央企业行业差别很大；②中央企业规模差别很大；③中央企业发展基础差别很大；④中央企业地区差别很大。

为了消除这些差异，《中央企业负责人经营业绩考核暂行办法》的要求是企业负责人自树目标，自加压力，由企业负责人提出年度考核目标和任期考核目标，再由国资委根据总体发展目标和行业情况及企业特点，在同行业之间大体保持平衡的原则审定，这在起步阶段是不可避免的，符合中央企业的实际情况，但也就不可避免地存在一定程度的"讨价还价"。

EVA 以行业为基准，以同行业国际先进企业为标杆，综合考虑利益相关者对资本回报和风险的要求，引进了可以进行横向比较的资本成本率，从而在一定程度上消除了由于规模差异、行业差异等对业绩评价的不可比性问题，使考核更加客观公正。

（二）EVA 业绩考核体系对引导国有企业重视价值创造具有重要的促进作用

国际上最佳企业的商业战略和经营集中体现于其资本的有效利用，一个能真正关注资本运作效率的企业才能在资本成本的约束下改善各个经营环节的效率以发展成为具有国际竞争力的公司。EVA 价值管理体系在国外广泛应用于近 400 家知名企业，所涉及行业的范围也非常广泛：首先应用于竞争激烈的消费品、结构单一的制造业，并逐渐渗透到石油、电信、电力、航空等运营更为复杂的资本密集型企业及垄断性企业，最后进入了对风险资本要求严格的金融行业，由此可见 EVA 价值管理体系应用的广泛性和实用性。

我国由于长期的所有者职能缺位，许多国有企业没有资本的成本概念，所追求的目标也不是国有资本的回报最大化，缺少一套行之有效的经营责任考核和追究制度，致使企业领导人往往追求规模经营、盲目投资，形成缺乏资本成本硬约束、资本回报率低下的状况。随着市场经济体制的逐步完善，市场成为企业经营最为重要的约束，这促使国有企业更为主动地关注市场、消费者和股东价值回报。我国加入世界贸易组织以后，我国企业处于全球竞争的环境之中。一方面，外国企业正虎视眈眈地想从全球最大的市场中分一杯羹，国内企业必须做好准备，迎接挑战；另一方面，全球经济一体化也为中国企业提供了参与全球商品和资本市场竞争的机会。因此，我国企业就必须关注为股东创造价值，因为资本的选择性变得越来越大，而价值创造和股东回报的大小决定了资本的去向；同时价值管理还有利于企业建立起良好的治理机制，形成资本纪律，这对提升我国企业竞争力并成为世界级企业具有长远影响。国有企业更应顺应潮流，通过引入 EVA 业绩考核体系，提高企业管理水平，增强市场竞争能力，更好地迎接挑战，打造政治素质好、经营业绩好、团结协作好和作风形象好的企业。

（1）有利于企业正确评价自身业绩。由于 EVA 考核体系体现了价值管理的要求，考虑了资金机会成本和股东回报，以此考核企业的经营业绩较为客观，考核结果剔除了由于企业规模、非经常性收入以及其他因素带来的影响，企业可以自我纵向比较，也能够与其他企业进行横向比较。因此，这种考核方法有助于企业正确评价自身的经营业绩，清醒地看到自己与其过去比较以及与其他企业比较的优劣，找出自身的不足，确定改进和努力的方向。

（2）有利于企业提升市场竞争能力。引入 EVA 作为业绩考核指标，可以在国有企业中树立资本成本的意识，并以回报必须高于投资成本的标准对国有企业的新增投资进行管理。只有这样，才能使国有企业逐渐脱离政府的庇护，并按照商业化模式、市场规律和投资者期望来经营，从而通过合理投资、改善管理、提升业绩、扩大资产和调整资本结构等手段增强国有企业的竞争能力。对于关系国家安全和国民经济命脉的重要行业和关键领域的国有企业，其运营状况影响到国计民生，其竞争能力更应引起格外的关注，应当大力实施大企业大集团战略，运用 EVA 体系来扶持它们迅速成长起来，提高国际竞争能力，在日趋激烈的国际竞争环境中立于不败之地。

（3）有利于企业关注资本效率。引入 EVA 考核体系，可以使企业避免盲目投资，提高国有资本使用效率。EVA 倡导所有的资本都是有成本的，国有股权也不例外，而且股权成本往往比债务成本还高，因而国有企业投资决策的标准也必须是基于回报高于国有投资成本的预期，否则就是在损毁国家财富。EVA 的资本成本的导向作用使国有企业的投资决策更为谨慎和科学，有利于实现国有资产的保值增值。

（4）有利于企业的长远发展。采用 EVA 考核体系，可以使国有企业克服短视行为，落实科学的发展观，专注于企业长期业绩的提升。EVA 不会鼓励企业以牺牲长期利益来夸大短期效果，而是要求经营者着眼于企业的长远发展。EVA 管理体系中科学的会计调整鼓励企业的经营者进行能给企业带来长远利益的投资决策，这对经营者业绩的考核更加公平，使他们能够在短期内加大这方面的投入来换取企业持续的发展，从而为企业和国家持续创造财富。

二、我国企业应用 EVA 的必要性与可行性分析

（一）我国企业应用 EVA 的必要性

1. 应用 EVA 是我国企业融入国际市场的需要

我国加入 WTO 后，对外开放的步伐将进一步加大，我国企业将进入国际市场，这就需要与国际接轨的业绩评价方法和管理体系。EVA 企业管理系统在全球范围内的广泛应用和在许多著名公司（如：西门子、索尼、可口可乐等）提高业绩的事实，使 EVA 的科学性、有效性得到了充分的证明。因此，我国企业建立 EVA 业绩考核体系有助于增强我国企业与国际市场企业的可比性，使我国企业更快地融入国际市场。

2. 应用 EVA 是我国企业提高资源管理效率，改善经营业绩的需要

经济学认为，资本总是流向利润率高的地方。同样，现代财务

理论也认为投资者是理性的，他们希望其风险投资至少获得最低的投资机会报酬，否则他们就会把资金投向别处。基于这一财务理论，企业若想获得更多的社会资源，就必须加强管理，提高经济效益，满足投资者的预期期望，从而促使社会资源得以合理有效的配置。而 EVA 已帮助西门子、索尼、可口可乐、莱利制药、麦德隆等全球企业提高业绩。当美国一家主要电子零售商贝斯商业（BestBuy）宣布将 EVA 作为企业治理体系基础时，其股价当天迅速上涨了 10%。由此可见，EVA 能促进企业有效合理地配置社会资源，从而改善经营业绩。

如果我们关注一下中国上市公司的业绩，就更能感觉到应用 EVA 的必要性。2000 年中国 1000 多家上市公司中大约有 44% EVA 为负，这表明，盈利不足以弥补资源投入的经济成本。EVA 为负的企业比例与西方国家大致相同，因而这个数字并不算太糟，毕竟在一个竞争经济中除非强制建立长久的进入壁垒，长期回报应该与资本成本趋向一致。而且，对于中国这样一个多年保持快速增长的经济体来说，盈利能力不足的企业数量会比较少，而如果经济放缓，如何提高企业资源管理效率，就将是管理者必须面对的更为严峻的挑战。西方国家的企业拥有更丰富的公司治理经验，但中国企业可以从它们的成败中汲取经验，迎头赶上。

3. 应用 EVA 是我国企业建立良好信用的需要

市场经济必须建立良好的信用秩序。美国政治家、科学家富兰克林指出："时间就是金钱，信用也是金钱。"具有良好信用的企业可以更好地利用别人的财富使自己增加财富。而我国目前伪劣产品层出不穷，欺诈、坑骗行为屡禁不止，在这样混乱的信用秩序下，企业靠什么使别人相信自己呢？

讲究信用，企业要从自己做起。实行 EVA 机制的企业可以从内部提高自己企业的信誉度。这是为什么呢？因为在传统体制下，经营者对薪酬、奖金乃至期权的要求，就像债权人一样考虑问题，股东代表董事会制订薪酬政策也少不了思量，担心能否起到良好的激励作用。在 EVA 机制下则不然，经营者对激励的态度已经理顺，双方互相放心从而加强了信任关系。更重要的是，实行 EVA 系统，社会上就会知道企业的绩效可信，EVA 证明企业在良好的运行中。所以在美国，企业一旦实施 EVA 业绩评价系统，股价即刻上升。有专家称：EVA 是股票分析师工具箱中一个强有力的工具。EVA 的这种贡献对我国企业有特殊意义。

（二）我国企业应用 EVA 的可行性

尽管思腾思特公司渐渐淡出了中国，尽管我国还没有完全应用 EVA 的成功公司，但是，EVA 作为一种管理思想，其本身具有强大的功能，国外也不乏成功运用 EVA 的大公司的案例，因而，EVA 管理体系在我国还有较大的应用空间。

1. 资本市场不断完善

虽然很多实证研究的结果表明，我国资本市场仍处于弱式有效状态，但是随着我国资本市场的不断发展与完善，企业进行债务融资将会得到越来越公平的待遇，企业的融资方式将会趋向于理性化，同时，资本市场的完善将会使资本市场的许多理论得以充分利用。使用 EVA 进行评价也将会越来越公平。

2. 公司治理问题得以改善

我国上市公司已经基本完成股权分置改革工作，上市公司股票的全流通将极大地促进上市公司治理进一步完善，实现控股股东和中小股东的利益相容，上市公司将改变一股独大的局面，更加多元化的股东结构将有利于股东对上市公司的监督，形成管理层只向股东负责的机制，提升上市公司治理水平，保护中小股东的利益。同时，上市公司控制权市场将得到长足发展，有利于高成长性企业利用资本市场进行并购重组，有利于从整体上提高上市公司的质量，增强社会公众股东的持股信心。从根本上讲，公司治理的改善，将有效地提高上市公司的经营效率，为投资者带来更高的投资回报。公司治理结构合理了，EVA 作用的基础也就形成了。

3. 会计信息日趋真实、可靠

随着资本市场的完善，随着会计制度、会计准则与审计准则的不断完善，我国企业的会计信息将会日趋真实、可靠。EVA 计算的基础将会日趋合理，应用 EVA 的条件将会日趋成熟。

我国 2006 年的企业会计准则改革，同国际会计准则基本相同，正是为了规范上市公司的会计行为，进一步提高上市公司的会计信息质量。

三、我国企业应用 EVA 存在的一些障碍

（一）我国企业实施 EVA 存在的障碍

尽管 EVA 在企业发展中具有较为重大的意义，但是在我国企业中，实施 EVA 还存在一定的障碍。

1. 资本市场的有效性

EVA 计算体系中，资本成本是一个非常重要的因素，但在我国，一方面，我国的信贷政策一直偏向于国有企业，因而国有企业的债务融资成本比较低，非国有企业债务融资成本相对较高，就造成了一些上市公司具有股权融资偏好的倾向，因而形成了 EVA 评价的不公平性。

另一方面，EVA 计算中需要利用资本资产定价模型来确定权益融资成本，而这一模型是建立在半强式或强式有效市场假设基础之上的，这样才能准确确定 β 系数，而我国的证券市场仍然处于弱式有效市场，β 系数的准确确定还存在一定的困难。

2. 公司治理结构不合理

在中国，上市公司的治理结构往往是以国有产权为主导的治理结构，国有股"一股独大"的现象较为普遍。股东会的决策权主要集中于国有股东，小股东几乎不能影响董事会成员的选举和更换，因而产生了主要代表大股东利益的董事会。大股东通过只在形

式上存在的董事会聘任和解聘经理人员，形成了中国股份公司中高层经理人员基本上来源于被改造的原公司，而来自其他法人股东或从外部招聘的情况较少的局面。由于经理阶层的产生不是通过市场，而是通过行政或行政干预产生的，因此，经理人员更注重在其任期内公司的业绩，这样就很难避免短视行为。所以，更倾向于长期激励的 EVA 很难在中国找到其发挥作用的基石。

3. 会计信息失真问题较为严重

EVA 的计算是以企业会计报表为基础而进行调整的，而 EVA 无法保证会计报表的真实性和可靠性。一方面，由于会计法规、会计制度与准则的不完善性造成了会计信息失真；另一方面，由于"人的有限理性"而造成会计信息失真；还有，会计信息的监管不力也造成了大量的会计信息失真，EVA 的创始人思图尔特指出，尽管"EVA 在中国应该比在美国的作用和潜能更大，但要使它真正发挥出威力来，还必须要有独立、客观的第三方进来形成一种压力"。这里的"第三方"主要是指审计，审计在我国经济中的作用没有完全发挥造成了很多会计信息失真现象的存在。

（二）我国企业在计算 EVA 指标时存在的障碍

1. 股权资本成本确定的障碍

由于我国资本市场诞生较晚，发育不成熟，还属于弱式有效市场，而资本资产定价模型是建立在半强式或强式有效市场假设之上，这使 β 系数的确定存在很大问题。对于无风险收益率的确定而言，国外一般都选取的是长期国债利率，如美国选取的就是 20 年期的国债利率。在我国缺乏作为无风险基准收益率的国债市场，居民的无险投资以银行存款为主。此外，市场组合的风险溢价反映整个证券市场相对于无风险收益率的溢价，美国股市的风险溢价为 6%，计算方法是将 60 年左右的时间段里的准普尔指数的年平均收益率与 20 年期的国债的年均收益率相减。而我国证券市场产生只有 10 年左右，各年的指数收益率相差较大，采用这种方法所得到的市场组合风险溢价不能准确反映证券市场的真实情况。

2. 对账面价值调整的障碍

在我国，会计信息披露制度不够完善，主要表现在两个方面：一是会计信息披露不充分，一些进行 EVA 所需的重要信息没有披露，如重组费用、战略性投资、研究开发费用等信息，影响了披露的 EVA 的确定，从而影响了 EVA 对资本市场资源再配作用的发挥；二是会计信息披露不真实。由实证研究表明，我国会计信息失真问题特别严重。由于 EVA 的计算和调整是建立在会计信息基础之上的，这直接影响了 EVA 系统的质量。

第三节　我国企业应用 EVA 的相关建议

一、我国企业应用 EVA 存在的一些误区

我们通过对国内一些应用了 EVA 的企业现状的分析，发现其中有些企业在其应用过程中均存在一定的偏差和教训，主要集中在以下几个方面：一是简单认为实施 EVA 只不过是其财务部门简单计算一下 EVA 的数值后，就以其作为从股东的角度计算的当期业绩就可以了；二是所采用的 EVA 方案缺乏足够的科学性和权威性；三是实施时或急于求成，一步到位，在短时间内就将 EVA 考核方案推行到基层员工，或浅尝辄止，管理层缺乏持久实施的足够决心；四是企业内部培训和员工广泛接受程度不够。

国内企业应用 EVA 的这些教训，归根到底，国内企业尚未完全意识到 EVA 管理体系是一套完整的战略性管理体系和管理机制；尚未完全明确 EVA 的理念和计算公式；尚未掌握 EVA 的实施策略。当然也有不少外部因素。主要有：资本市场的不健全给 EVA

的衡量带来很大挑战；EVA 计算中所需的企业基础财务数据可信度不够高。对此，我们要有足够的认识。我们绝不能简单地照搬 EVA 的概念，而是应该就企业所处发展阶段和自身能力加以调整，才能保证它的实施效果。以 EVA 为核心的价值管理体系在国内刚刚起步，在实际操作层面上还有一段路要走。对于希望实现全球化扩张的企业，在 EVA 的办法要大胆一些，走得更快一些。

（一）EVA 不是简单的数字计算，它是一套完整的价值管理体系

应用 EVA 绝非只是简单地计算一下 EVA 的数字那么简单，EVA 是对资产负债表和利润表的综合考量；它在计算时考虑了股东的机会成本，反映了资本成本率和资本使用效率；此外，EVA 通过在计算时所进行的会计调整，更真实反映了企业的真实业绩，避免了会计扭曲。

EVA 是评价企业所有决策的统一指标，可以作为价值管理体系的基础，用以涵盖所有指导营运、制定战略的政策方针、方法过程，以及作为业绩评价指标。如管理高层在做出决策时以长期的经济价值而不是短期的盈利影响为依据。在 EVA 价值管理体系下，管理决策的所有方面全都囊括在内，包括战略规划、资源分配，并购或撤资的估价，以及制定年度计划预算。采用 EVA 作为统一的经营业绩指标，会促进企业形成资本使用纪律，引导其谨慎使用资本，为股东的利益做出正确决策。

（二）EVA 实施方案设计必须有足够的科学性和权威性

国内一些企业在计算 EVA 时，没有按 EVA 的理念进行相应调整，而是直接用财务数据或行业数据加以替代，不能真正体现 EVA 的导向作用，缺乏权威性和合理性。主要表现在：

（1）以净利润（损益表中的税后利润）来代替税后净营业利润。以净利润代替税后净营业利润的不合理性在于净利润包括了补

贴收入、营业外收支等非主营业务的内容，不能真实体现主营业务的经营结果。此外，净利润扣除了资本占用中的付息负债所产生的财务费用，而在计算资本占用的资本成本时可能又包含上述财务费用，因此，一起计算 EVA 时可能重重复扣减。

（2）以净资产（资产负债表中的总资产减总负债）来代替资本占用额。以净资产代替资本占用额的不合理性在于净资产只包括了股权投入未包括企业的负息债务，不能完全体现企业的资本占用情况。

（3）用行业平均净资产收益率代替加权平均资本成本率来计算资本成本。加权平均资本成本率是对企业的负息债务成本率和股权成本率的综合反映，是企业运营应达到的最低成本率，计算过程较为复杂；而净资产收益率是企业净资产能够达到的盈利水平，与资本成本率没有直接关系。

（4）普通员工工资总额应该与反映 EVA 关键驱动因素的关键指标（KPI）挂钩，而且挂钩的比例也不宜过高。有些企业在实行 EVA 时，将高级管理层的薪酬和员工工资总额中的绩效工资（约占工资总额的 60%）与 EVA 指标直接挂钩。将高管的薪酬与 EVA 挂钩是对的，这样可以鼓励企业管理层对企业价值的长期创造。由于普通员工只涉及生产环节的一部分，因此 EVA 不应与其工资总额进行直接挂钩，而应在员工所属的部门内或与其所属的生产环节直接相关的下一生产环节寻找影响 EVA 的关键驱动要素，并将关键驱动要素分解为相应的关键绩效指标（KPI），从而以 KPI 结合平衡计分卡来考核普通员工，而且所挂钩的比例也不应过高。

（三）应制定恰当的实施策略，循序渐进

国内有些企业 EVA 价值管理体系在实施时采取一步到位的方式，只用了不到一年的时间就在全公司内从管理层到普通基层员工都全面实行了 EVA 薪酬制度。从国外成功实施 EVA 公司的经验中

可以看到，EVA 在实施中不能太快，要循序渐进，由上到下逐步推行，不应该在短时间内大批量同时推广；同时要做好对管理层和各级员工的培训工作，真正做到管理理念的转变：从原来重规模和利润到重价值，从重短期目标到重长期价值创造。

（四）EVA 的实施需要较长的时间，管理层应对持久实施抱有足够的决心和信心，不应浅尝辄止

许多公司受到价值管理理论简单化的影响，期望太早见效，并且在实践中却放弃得太早，有些企业在其局部进行 EVA 短时间的试点后，由于管理层对其期望过高，在短期内没有见到预期的效果后就基本停止了在企业内部的实施。从国外成功实施 EVA 公司的经验中可以看到，EVA 的实施需要较长的时间，而且在实施开始阶段不应对其期望过高；此外，在实施的过程中，管理层必须对其始终抱有足够的决心和信心，不应浅尝辄止。EVA 是一种管理理念和文化的根本转变，EVA 的实施不是对现有管理体系的完全推翻，而是一个结合的过程。

（五）实施 EVA 时需要在企业内部进行广泛的培训

从国内有些企业对 EVA 的实施分析中可以看到，真正实施 EVA 的时间较短，而且对管理层和员工的培训不充分，对不同部门没有设计针对性的培训内容，因此除财务部门对 EVA 的计算方法认识较充分外，其余部门和员工对其接受程度都不高。反观国外成功实施 EVA 的公司，它们都将对所有员工的培训作为在内部实施 EVA 最关键的部分，并在培训方面投入了大量的时间和资金，并且分别对不同部门和不同级别的员工设计了有针对性的培训内容，例如对市场部员工强调供应、需求和定价等影响 EVA 的关键驱动要素的分析，对财务部员工进行财务预算模型设计、成本结构和对标工作。

二、对国有企业推行 EVA 考核方案的建议

与传统的目标考核体系相比，以 EVA 为核心构建新的业绩考核体系将大大改进传统的考核方法，使考核过程更加规范，考核结果更加科学，改进措施更有针对性，有利于实现国有资产保值增值和国有企业做大做强的目标。对国有资产管理机构而言，引入 EVA 进行业绩考核，对其所监管企业的经营和发展起着导向性的作用，这既是股东价值的集中体现，也是股东监控企业的有效手段，同时还是价值管理的有益尝试；EVA 考核还有利于国资管理机构建立国有资产专业化管理体系，改善国有企业的资源配置、促进资产重组和加强战略投资的有效管理。对企业而言，把 EVA 应用于业绩考核工作是促进企业强化、完善管理和提升价值创造能力的一条捷径。

（一）应用 EVA 过程中需要重视的环节

开展 EVA 业绩考核需要考虑到一些关键因素（见表9.4），特别要重视以下环节：

一是切实加强领导。领导重视是做好各项工作的重要保障，推广 EVA 改善业绩考核工作更是如此。实施 EVA 考核是一项系统工作，需要各个方面协调配合，共同推进，但领导者的决心和信心至关重要，对工作的成效有决定性的影响。因此，无论是国有资产监督管理机构还是开展 EVA 考核的企业，有关负责人要从思想上高度重视这项工作，全面接受 EVA 的理念，了解考核方法，坚定决心，明确价值创造的重要职责，以此加强企业的经营管理工作，在激烈的市场竞争中立于不败之地，并做大做强，实现国有资产的保值增值。在实际工作中，通过 EVA 考核，把出资人的意图传递、贯彻到企业的各个环节，督促企业的各级管理者高度关注资本成本和股东回报，并激励和指引企业员工努力创造最高

的股东价值。

表 9.4　　　　　　应用 EVA 业绩考核系统需要考虑的相关因素

	EVA 应用的关键因素	国外成功经验企业
理念导向	致力于股东价值增值	√
	CEO 明确承诺价值创造	√
	管理层正确理解并接受资本成本概念	√
操作技术	技术方案要有科学性和权威性	√
	技术操作应简单可行	√
实施策略	针对企业实际，科学、正规地制定 EVA 实施策略和实施方法	√
	广泛深入地开展 EVA 培训	√
	循序渐进，由上到下逐步推行	√
结果运用	将 EVA 与激励制度挂钩	√
	将 EVA 导入管理流程，渗透到决策程序中	√

　　二是制订可行的方案。要把 EVA 考核付诸实施，需要制订系统的、可行的方案。制订 EVA 考核方案时，应当考虑国情、行业特点和企业的实际情况，区别对待，不搞一刀切，增强 EVA 业绩考核评价的针对性、适用性，真正促进企业提高效益。国有资产监督管理机构按照总体方案，建立起适合中国国情的 EVA 考核体系——从目标管理到平衡计分卡再到以价值管理为核心的考核体系。在此过程中，企业内部也应根据自身的相关情况，结合原有的业绩考核办法，制订详细的工作方案，实现到 EVA 业绩考核方法的过渡。

　　三是技术操作简单易行。国外应用 EVA 的实践表明，大多数应用 EVA 不成功的公司过多地关注于会计项目的调整上，这样做不仅成本巨大，而且缺乏实际操作性；成功实行 EVA 的公司往往只对会计体系做少量针对性的调整。

　　开展 EVA 考核需要对会计项目进行调整和计算资本成本率。在实施过程中，这些技术操作应该尽量简化、便于操作。EVA 会计调整是一个行为导向，在 EVA 的实行运用中，调整项一般应该只需要 4~5 项，主要内容是影响决策判断和鼓励长期发展的重要因素，数据基本来源于财务报表。资本成本率以最低标准 5% 要求并根据不同行业和企业的特点进行确定，计算资本成本的关键和难点在于如何区分行业差异；在企业高层管理者的任期考核中，可以在同一任期内采用同一个资本成本率，但同时提出一个预期的资本成本率，要求必须在任期中达到，以实现价值管理的目标。

四是循序渐进。EVA 的实施决不是一蹴而就的事情，许多成功应用 EVA 的公司都不追求一步到位，以防止浅尝辄止。它们大多从高层开始，一步一步清除旧制度，并向员工灌输 EVA 理念，循序渐进地达到最后的成功。国有资产监督管理机构应当先做试点，在试点成功的基础上积极推进、稳步实施。试点企业必须是管理体制较健全的企业，最好是主营业务必须相对集中、对 EVA 有一定实施基础的企业。

五是将 EVA 与激励制度挂钩。EVA 主要是解决价值导向的问题。EVA 公式本身并不能解决问题，实施 EVA 必须建立相应的配套方案，包括配套的激励机制。将价值创造放到考核体系中，将高层管理人员的薪酬、职务任免同考核体系紧密挂钩，促使高层管理人员不断强化 EVA 的思想，有助于高层管理团队抓住每一次机会，把价值创造的目标变为现实。

可以通过设立奖金库，对超过目标或低于目标可以设定奖惩机制，采用一定比例计算奖惩额。通过与目标业绩的一定比例（斜率）来计算奖惩金额，对业务波动性大的企业，其斜率不能定得太高，不能使奖惩额过大，还可以通过设立奖金库来储备部分超额奖金和减额罚金，从而以业绩好的年度弥补业绩差的年度，抵消业务波动性带来的影响。从本质上来说，设立斜率来计算奖惩金额是对当年业绩的激励，设立资金库则是对中长期业绩的激励。

六是开展自上到下的培训。EVA 的培训应当从上而下，从董事会到管理层，再到基层员工，目的是增强员工对 EVA 的理解，在公司达成一致的认识。

通过培训，使企业建立起适应 EVA 的新环境。这些培训必须涵盖所有层次的员工：对他们进行 EVA 基础性概念和成功实施 EVA 的意义等方面的培训，进行如何发现其部门的关键 EVA 价值驱动要素以及如何对各种结果做出合理解释等方面的培训。譬如，市场部员工需要关注的是供应、需求、定价分析，以及如何将这种分析与 EVA 的概念相结合；财务部员工则需要关注 EVA 模型设计、成本结构分析以及财务对标工作。

（二）对国有资产监督管理机构开展 EVA 考核试点工作的总体建议

在总结国内外完全或部分实施 EVA 价值管理体系案例经验的基础上，结合国有资产监督管理机构的监管目标以及企业的实际情况，对国有资产监督管理机构开展 EVA 考核试点工作提出以下几点总体建议：

1. 国有资产监督管理机构领导坚定对 EVA 进行考核的决心

从实施 EVA 价值管理体系的案例经验中，我们可以看到领导层的决心和支持力度对实施的效果和持续性是最重要的保障，也是实施成败的最关键一环。国有资产监督管理机构作为国有资产的出资人代表和监管者，必须在国有企业中实施 EVA 考核抱有坚定的信心和决心，大力支持 EVA 考核方案的深入实施和广泛推广。

2. 国有资产监督管理机构和试点公司分别成立开展 EVA 考核试点工作的领导小组及工作机构

国有资产监督管理机构在确定选择试点企业的标准并最终确定了试点公司的范围后，试点公司需要与国有资产监督管理机构分别设立相应的试点工作领导小组及工作机构，为试点企业业绩考核方案的形成、确定、执行和反馈建立完整的支持和监控体系，并利于企业与监管机构在考核过程中的及时沟通和总结实施经验，为方案在下一步的大规模推广奠定坚实的基础。

3. 对 EVA 考核的试点工作应该坚持"积极推进、稳步推广"的原则

在对 EVA 考核刚开始推行时，所选择的试点公司不宜过多，而且试点公司所涉及的行业也不宜过多；在试点公司实施经验相对成熟的基础上，应稳步扩大试点公司的数量和所涉及的行业，最终将重点监管企业及其他监管企业纳入 EVA 考核的范围内。

4. 按照"从上而下、导向性、渗透式"的方式全面推进

"从上而下"指的是在企业内部实行 EVA 考核时，不能一开始就将 EVA 与企业的全体员工的激励制度相挂钩，而应首先将 EVA 用于对管理层的考核，并将考核结果与管理层的激励制度进行挂钩；在企业员工对 EVA 充分了解的基础上，将影响 EVA 的关键驱动要素（如销售额、应收账款周转天数、原材料周转天数、固定资产周转率等）作为考核指标对员工进行考核，并将关键驱动要素的考核结果与各部门的激励制度进行挂钩。"导向性"是指企业内部在建立 EVA 考核体系后，应以 EVA 作为企业活动的指引和导向，将长期价值创造作为企业的最终目标。"渗透式"是指 EVA 价值管理体系的实施不是一步到位、一蹴而就的，这方面的经验和教训在国内外的 EVA 实施企业中已经得到明显的体现，而应以建立 EVA 考核体系为切入点，逐渐将 EVA 管理体系的内容引入到企业原有的管理体系中，从而建立持续创造价值的管理机制。

5. 加快与 EVA 考核配套的激励体系改革

在实施 EVA 考核体系的同时，应同时做好与 EVA 考核结果相配套的激励体系，建立包括基本工资、年度奖金和中长期资金在内的激励体系，鼓励管理层的长期价值创造；并适时引入"奖金库"方案，避免由于行业周期性变化对奖金的影响，以丰补歉，为企业留住人才。

三、对集团公司实施 EVA 价值管理体系方案的建议

集团公司制订对下属企业的 EVA 价值管理体系方案时，可以采取如图 9.2 所示的工作步骤和内容。

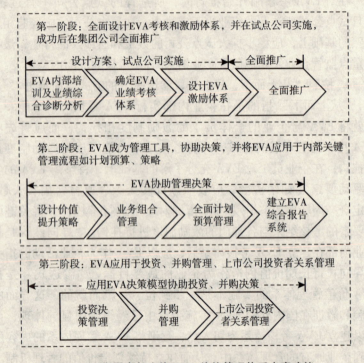

图 9.2　集团内部实施 EVA 价值管理体系方案建议

（一）第一阶段：全面设计 EVA 考核和激励体系，并在试点公司实施，成功后在集团公司全面推广

1. EVA 内部培训及业绩综合诊断分析

（1）对集团和下属公司管理层进行有关 EVA 的核心内容的培

训，有关内容包括 EVA 的理念、导向、4M 管理体系、计算公式、调整事项、资本成本率以及实施方法等。

（2）分析集团及下属公司的战略定位、战略规划、运营理念、目前在管理上所面临的主要挑战、阶段性重点工作和行业竞争优势。

（3）收集和整理集团及下属公司的财务数据及会计政策，并对现有的财务结果和会计科目、会计政策进行检查，从中发现那些对公司价值造成主要扭曲的会计制度，以及评估价值扭曲程度的大小。

（4）确定 EVA 调整项目和资本成本率。

①按照80/20原则和能显著影响员工行为的原则对过去3~5年的财务报表（主要为利润表和资产负债表）进行分析，初步确定计算税后净营业利润和资本占用时所需要做出的主要会计调整项目。

②分析下属公司的资本占用情况，结合下属公司各行业的风险的分析，初步确定资本成本率。

（5）根据集团及下属公司的历史和未来预测的财务报表数据，以及初步确定的会计调整项目，初步测算集团和下属公司的历史和未来预测的 EVA 数据；并将测算与分析结果与下属公司的管理层进行沟通，并确认是否较真实地反映了企业现状。

（6）收集对标公司及行业信息，将测算结果与自身历史业绩及对标公司业绩进行对标分析。

①收集行业业务统计数据，并收集对标公司历时3~5年的财务报表和业务发展信息。

②从收集的数据中分析对标公司资本成本率的信息，如资产负债结构、公司最优惠贷款利率、信用评级等。

③将集团与下属公司的 EVA 测算结果与自身历史业绩及对标公司的业务、EVA 和财务指标进行对标分析。

2. 确定 EVA 业绩考核体系

分析集团及下属公司的战略回顾、关键成功因素及相应的战略举措。结合集团及下属公司各自战略回顾，分析其关键成功因素和战略举措，从而明确相关企业的主营业务和核心竞争力。

（1）收集、整理和分析下属公司对现有考核方案的意见，并开展对下属公司现有考核方案的专题讨论。

（2）设计下属公司的 EVA 指标及其他关键指标和权重。

①根据各下属公司的战略回顾，明确其战略定位，并结合其按照战略要求需要完成的主要工作，并设计 EVA 绝对值指标和 EVA 回报率指标以及其他关键指标，如规模指标、风险管理指标、行业指标和定性指标；

②确定各指标在考核方案中的权重，其中 EVA 绝对值指标和 EVA 回报率指标应占据主要权重。

（3）确定考核指标目标值确定原则、参数及模型。

①分析各下属公司的详细计划预算数据；

②对各下属公司的财务预算进行 EVA 模拟预测；

③具体设计各考核指标目标值的确定原则，并采用战略规划年度化目标、年初计划数、对标公司平均数据、自身或对标公司最好时期数据等数据群为参数建立目标值计算模型。

（4）初步计算相关考核指标的具体目标值和设计指标计分区间。

①从目标值计算模型中选择最优数据参数初步计算相关考核指标的具体目标值，并以年初计划数为对象进行模拟考核，评估模拟考核结果的合理性；

②设计指标计分区间。

（5）与集团及下属公司管理层就初步考核方案和与人事激励分配挂钩的原则进行深入讨论和沟通。

（6）根据集团及下属公司的反馈对初步方案进行修改，确定最终考核方案和与从事激励分配挂钩的原则。

（7）对集团和下属公司相关人员进行培训。

3. 设计 EVA 激励体系

（1）研究现有的人事激励分配方案，分析与 EVA 激励方案的差异；

（2）以对结果的考核作为激励的重点，并占据主要的奖励部分；

（3）结合 EVA 奖金库原理，设计与年度和中长期奖励相挂钩的激励方案。

在集团及下属公司的 EVA 考核方案和激励方案都设计好后，选择试点积极性高、市场化程度较高且基础较好或 EVA 较差，但资产规模大、有较大改善空间的下属公司作为 EVA 考核方案和激励方案的试点公司。

4. 在集团内全面推广 EVA 业绩考核体系和激励体系

EVA 考核体系和激励体系在试点公司的实施获得成功后，应在集团内的所有下属公司全面推广。

（二）第二阶段：EVA 成为管理工具，协助决策，并将 EVA 应用于内部关键管理流程如计划预算、策略

1. 设计价值提升策略

针对集团及下属公司 EVA 的诊断结果，寻找影响 EVA 的主要驱动因素，并从四个主要方面分析提升现有价值的有效途径：

（1）提升现有资产使用效率。企业可以通过采取减少存货、降低应收账款周转天数、提高产品质量、丰富产品种类、增加高盈利产品的产量、寻找价格更合理的原材料供应商或改变销售策略等手段来提升现有资产的使用效率，进一步提升现有资产的收益率高于资本成本率。

（2）处置不良资产，减少不良资产对资本的占用。对不符合企业战略规划及长远来看回报率低于资本成本率的业务，则应采取缩减生产线、业务外包或行业退出的手段来处置，从而减少对资本

的占用。

（3）投资于回报率高于资本成本率的项目，提高总体资产的价值创造能力。对现有创造价值的业务，企业可以继续加大投资以扩大业务规模；此外，企业也应对外寻找回报率高于资本成本率的新项目，从而提高总体资产的价值创造能力。

（4）优化财务和资本结构，降低资本成本率。通过对财务杠杆的有效使用，扩大融资的途径，从而降低负息债务的利息率；或对上市公司通过股票回购等方式降低股权成本，从而最终实现资本成本率的降低，提高 EVA 回报率。

2. 业务组合管理

利用"市场价值增长和 EVA 回报率"矩阵来分析集团现有的不同业务板块公司的业务特点，并确定各板块公司在未来的不同发展模式，提出不同的价值增长策略。

（1）对售出获利型业务，管理层应从提升价值的角度出发来考虑这些业务是否还有必要继续经营，或者在市场对其预期较高的时候将其出售获利。

（2）对调整型业务，由于这类业务出售较困难，管理层需要考虑对这些业务是否还有提高盈利能力的空间，否则应考虑将其进行清算。

（3）对投资型业务，管理层应考虑是否可以通过提高这类业务的盈利能力来创造更多的价值。

（4）对规模扩张型业务，管理层应考虑是否可以通过继续投资扩大规模，创造更多的价值。

3. 全面计划预算管理

基于企业战略回顾的内容较为空泛，尚不能做到将战略规模合理分解为年度战略目标并在此基础上制定详细的年度业务计划，以及部分下属公司虽然编制了详细的年度业务和财务计划预算，但其所制定的目标与年度化的战略目标没有很好地进行衔接的情况，需要重新设计基于价值的计划预算流程和内容。

（1）从战略规划和年度化的战略目标出发，并根据管理层和市场的预期制定年度业务和财务计划预算的目标；

（2）充分考虑企业整体运营的风险和行业发展状况，并以可靠的行业及竞争对手对标和业务财务数据分析作为依据，通过对EVA 价值驱动要素的分析来验证业务和财务目标的合理性；

（3）以详细合理的业务计划作为财务预算的基础编制，其内容包括预算分析、预算执行预警和模拟不同财务风险和经营风险为基础的风险财务预算，从而为管理层的价值提升决策提供支持，实现对预算编制、修改和预算完成分析全过程的实时监控。

4. 建立 EVA 综合报告系统

（1）将 EVA、关键驱动要素指标、相关比率分析的计算、对标的过程系统化、自动化，实现与预算报表和财务报表的自动同步完成和输出；

（2）对价值诊断的结果和对预算分析的结果应以报告的形式向管理层进行汇报，并据此提出相关价值提升改进措施。

（三）第三阶段：EVA 应用于投资、并购管理、上市公司投资者关系管理

1. 投资决策管理

针对集团或下属公司投资部门在投资评估中无论投资项目的大小，基本都是采用静态的定点现金流贴现分析、缺乏对项目的风险进行量化分析，以及对项目投资后的后评估及项目运行绩效跟踪缺乏重视及配套机制的现状，需要制定以 EVA 为核心的投资决策管理。

（1）根据项目的不同特点及行业特性，考虑采用由简单到复杂的全面、充分的投资决策评估方法和工具，包括静态的定点现金流贴现分析、情景分析、敏感性分析、蒙特卡罗分析及实物期权分析；

（2）在投资项目实现产出后，按照投资项目可行性评估中对项目收益的估计进行绩效跟踪评估，并将跟踪评估结果与项目可行性评估负责人的业绩考核进行挂钩。

2. 并购管理

EVA 在企业并购的过程中是一个计算并购对未来企业业绩影响的重要判断标准，它可以用来判断企业的并购行为能否在未来为股东创造价值，或为企业带来其他方面，如规模、市场占有率和降低渠道成本的优势。

在企业并购中运用 EVA 的步骤如下：

（1）在企业战略规划中应详细分析并购对实施企业战略的意义和影响；

（2）在选择并购目标时对并购目标的历史及预测业绩进行 EVA 诊断分析，并对其 EVA 关键驱动要素进行详细的对标分析和历史分析；

（3）对并购目标除采用传统的净现值和内部收益率方法进行估值外，还应采用累计贴现 EVA 来衡量并购目标的未来价值创造；

（4）在并购完成后，建立以 EVA 为核心的业绩考核、管理和激励体系，并鼓励其与投资者对并购后的整合进行充分的沟通。

3. 上市公司投资者关系管理

公司需要建立以下的程序来完善其与投资者的关系：

（1）制定比分析员的价值模型更详细、更具体、更真实的公司财务模型，以协助公司管理高层更好地把握公司目前业绩及对未来业绩的预测，并且能够快速分析某些参数的影响可能对业绩预期变动的影响；

（2）制定关于价值分析、变动管理方面的报告，作为沟通、信息披露的补充内容；

（3）披露未来提升股东价值的具体建议并披露相关的定性内容，指引投资者调整对公司未来的预期。

参考文献

大卫·格拉斯曼、华彬主编：《EVA 革命：以价值为核心的企业战略与财务、薪酬管理体系》，社会科学文献出版社 2003 年版。

[英] 思腾恩著，曾嵘等译：《EVA 挑战——实施经济增加值变革方案》，上海交通大学出版社 2002 年版。

国务院国有资产监督管理委员会业绩考核局编：《企业价值创造之路——经济增加值业绩考核操作实务》，经济科学出版社 2005 年版。

[美] 格兰特著，刘志远等译：《经济增加值基础》，东北财经大学出版社 2005 年版。

胡燕、杨有红、高晨、柯剑：《国有企业经营者业绩评价——以经济增加值（EVA）为导向》，经济科学出版社 2008 年版。

王化成、刘俊勇：《企业业绩评价》，中国人民大学出版社 2004 年版。

赵治纲编著：《最新企业会计核算实用指南》（第三版），经济科学出版社 2009 年版。

[美] A. I. 埃巴著，凌晓东等译：《经济增加值——如何为股东创造财富》，中信出版社 2001 年版。

张蕊：《企业经营业绩评价理论与方法的变革》，载《会计研究》2001 年第 12 期。

孙铮等：《经济增加值：盛誉下的思索》，载《会计研究》2003 年第 3 期。

张先治：《股票期权理论及在公司激励中的应用研究》，载

《会计研究》2002 年第 7 期。

张友棠等：《基于 EVA 的年薪制度设计》，载《财会月刊》2002 年第 4 期。

周首华、杨济华：《论财务危机的预警分析——F 分数模式》，载《会计研究》1996 年第 8 期。

张先治：《EVA 理论与应用的研究》，载《求是学刊》1997 年第 1 期。

李春瑜、黄卫伟：《EVA 计算所涉及调整事项的必要性分析》，载《北京工商大学学报（社会科学版)》2003 年第 18 期。

艾志群：《企业财务管理目标：EVA 最大化》，载《上海会计》2002 年第 4 期。

陈琳、王平心：《EVA 与传统会计指标关系的实证研究》，载《南开管理论丛》2004 年第 9 期。

梁颖、安同良：《基于 EVA 的业绩评价与薪酬激励研究》，载《现代管理科学》2005 年第 3 期。

初敏：《EVA：企业业绩评价的新视角》，载《价值工程》2006 年第 1 期。

张蔚虹、党春霞：《EVA 业绩评价方法及其在我国的应用》，载《现代审计与经济》2007 年第 1 期。